Gunter Holzweißig   Die schärfste Waffe der Partei

Gunter Holzweißig

DIE SCHÄRFSTE WAFFE DER PARTEI

EINE MEDIENGESCHICHTE DER DDR

2002

BÖHLAU VERLAG KÖLN WEIMAR WIEN

Die Deutsche Bibliothek – CIP-Einheitsaufnahme

Holzweißig, Gunter:
Die schärfste Waffe der Partei : eine Mediengeschichte der
DDR / Gunter Holzweißig. - Köln ; Weimar ; Wien : Böhlau, 2002
ISBN 3-412-14301-4

Umschlaggestaltung: Kerstin Koller, Köln, unter Verwendung der Abbildung
„24. Oktober 1963. Johannes R. Becher - Gedenksendung" aus den Bildarchiv
Walter Ulbricht (Bundesarchiv / SAPMO) sowie zweier Abbildungen aus dem
Bildarchiv des Verfassers.

© 2002 by Böhlau Verlag GmbH & Cie, Köln
Ursulaplatz 1, D-50668 Köln
Tel. (0221) 9 13 90-0, Fax (0221) 9 13 90-11
vertrieb@boehlau.de
Alle Rechte vorbehalten
Druck und Bindung: Krips b.v., Meppel
Gedruckt auf chlor- und säurefreiem Papier
Printed in the Netherlands

ISBN 3-412-14301-4

Inhalt

Vorbemerkungen

„Unsere Presse – Die schärfste Waffe der Partei" lautete im Februar
1950 das auf Lenin zurückgehende und von Stalin übernommene
Motto einer Konferenz des SED-Parteivorstandes. Auf dieser so genannten Pressekonferenz lasen Wilhelm Pieck und Hermann Axen
wegen der „Unterschätzung" dieser im Grunde immer stumpf gebliebenen „Waffe" den versammelten Parteijournalisten die Leviten. Zum
Abschluss der Konferenz ließ die SED-Führung eine Resolution
„Über die Entwicklung der Presse der SED zu einer Presse von neuem Typus" nach sowjetischem Vorbild verabschieden. Obwohl sich in
den folgenden Jahrzehnten die Agitprop-Sprache der SED allmählich
weniger martialisch gab, blieben die medienpolitischen Dogmen
Lenins – so auch seine unentwegt zitierte Forderung, die Zeitung müsse als „kollektiver Propagandist, Agitator und Organisator" wirken –
bis zum Ende der SED-Herrschaft sakrosankt. Sie waren jetzt natürlich nicht nur für die Printmedien, sondern auch für den Hörfunk und
das Fernsehen verbindlich. Langeweile und ein dürftiger Informationsgehalt waren damit vorprogrammiert.
Die Mediengeschichte der SBZ/DDR ist auf das Engste mit ihrer
Herrschaftsgeschichte verflochten. Daher findet die von der SED be-
anspruchte und tatsächlich auch skrupellos wahrgenommene „führende Rolle" im Staat und in der Gesellschaft und deren Auswirkungen
auf die Print- und die elektronischen Medien innerhalb der Darstellung eine besondere Beachtung. Dies ist schon deshalb erforderlich,
weil in den letzten Jahren zahlreiche, zumeist äußerst subjektiv ge-
färbte Erinnerungen von einstmals prominenten DDR-Journalisten
erschienen sind, die in der Auswahlbibliographie aufgeführt werden.

VIII

Diese Zeitzeugen beanstanden zwar teilweise das Verhalten von führenden SED-Medienverantwortlichen, doch sie halten – mit Ausnahme des selbstkritischen Günter Schabowski – einen richtig betriebenen „sozialistischen Journalismus" nach wie vor für erstrebenswert. Dabei unterstellen sie nicht selten, in der heutigen Bundesrepublik stände es um die Pressefreiheit nicht besser als früher in der DDR. Ein methodischer Vergleich zwischen der Medienpolitik im Dritten Reich und unter dem SED-Regime wäre hier angemessener.

Das erste und umfangreichste Kapitel „Die Medienanleitung und -kontrolle der SED-Agitationsbürokratie" weicht von der überwiegend chronologisch angelegten Darstellungsweise ab, weil hier die seit den vierziger Jahren bis Ende 1989 in der DDR bestehenden Konstanten und Grundzüge der SED-Medienherrschaft beschrieben werden. Die schon in der einschlägigen Literatur behandelte Film- und Buchproduktion der DDR, die im Gegensatz zur Presse und zu den elektronischen Medien lückenlos der parteiamtlichen Anleitung und Vorzensur unterworfen war, wird nicht berücksichtigt.

Das Manuskript stützt sich partiell auf frühere, dem neuesten Forschungsstand angepasste einschlägige Veröffentlichungen des Verfassers. Das Buch soll und kann nicht ein notwendiges Standardwerk ersetzen. Geboten wird statt dessen erstmals für den kompletten Zeitraum der Existenz der SBZ/DDR ein Grundriss ihrer Mediengeschichte mit weiterführenden Hinweisen.

Dank für die kritische Durchsicht des Manuskriptes und PC-technische Hilfe gilt meinem Kollegen Horst Noetzel sowie Harald S. Liehr für seine engagierte Betreuung von Seiten des Verlages.

Gunter Holzweißig, im April 2002

1. Medienanleitung und -kontrolle der SED-Agitationsbürokratie

1.1 „Zensur ohne Zensor" – Parallelen zum NS-Regime?

Der ostdeutsche Schriftsteller Joachim Walther hält nichts von der These, es hätte in der SBZ/DDR keinen institutionalisierten Zensor gegeben. Deshalb könne man seiner Ansicht nach auch nicht von einer „Zensur ohne Zensor" sprechen. Schließlich seien doch Joachim Herrmann, der letzte ZK-Sekretär für Agitation und Propaganda, gegenüber Journalisten oder der stellvertretende Kulturminister Klaus Höpcke gegenüber Schriftstellern wie „Zuchtmeister" aufgetreten. Deshalb hätte es bei ihnen auch keines Türschildes „Zensor" bedurft, um zu wissen, was in deren Dienstzimmern geschah.[1]

Walther übersieht indes die erheblichen organisatorisch bedingten Unterschiede zwischen der Totalüberwachung der Literaten oder der Filmemacher von der Vorlage ihres ersten Exposés bis zur Abnahme beziehungsweise des Verbots ihres Werkes und der wesentlich fein gesponneneren, jedoch nicht minder effektiven Medienlenkung.[2] Joachim Herrmann und seine Vorgänger gefielen sich zwar tatsächlich in der Rolle des Zuchtmeisters der Journalisten, doch formal beschränkten sie sich in erster Linie darauf, den Medien „Empfehlungen" zu erteilen, die natürlich als strikt zu befolgende Weisungen zu verstehen waren. Wurden sie in den Veröffentlichungen nicht beachtet, traten die Nachzensoren in Aktion, was zu fatalen Konsequenzen für die Betroffenen führen konnte. Die verinnerlichte Selbstzensur beziehungsweise die „Schere im Kopf" gehörten deshalb bei Journalisten, Schriftstellern und Künstlern zum wichtigsten Arbeitsgerät, wollten sie ihren Beruf nicht aufgeben.

Bei der Durchsetzung ihres Meinungs- und Nachrichtenmonopols verließen sich die Machthaber der beiden deutschen Diktaturen des 20. Jahrhunderts auf die Verknüpfung ihrer Vorgaben mit dem vorauseilendem Gehorsam der Journalisten. Deshalb verzichteten sie – zumindest in Friedenszeiten – auf die Einrichtung einer Zensurbehörde.

Zu den klassischen, in den fünfziger Jahren von Hannah Arendt, Carl Joachim Friedrich und dessen damaligen Mitarbeiter Zbigniew K. Brezinski definierten Merkmalen eines totalitären Staates zählen unter anderem das Vorhandensein einer allgemeinverbindlichen Ideologie, die Alleinherrschaft einer Partei und das Nachrichtenmonopol.[3] Die Kontrolle der Medien ist für den Einparteienstaat als Herrschaftsinstrument ebenso wichtig wie seine Geheimpolizei oder die politische Strafjustiz. Beiden fällt es in einer Diktatur zu, das Nachrichtenmonopol abzusichern und bereits Ansätze von Kritik, oppositionellem und widerständigem Denken in den Redaktionen im Keim zu ersticken. Ihre Aufgabe besteht hauptsächlich darin, nicht selbst recherchierte Informationen und Meinungen zu verbreiten, die ihnen die Partei oder die von ihr gelenkten staatlichen Stellen vorschreiben. Folgerichtig setzen totalitäre Regime sofort nach ihrem Machtantritt die Grundrechte der Presse- und Meinungsfreiheit außer Kraft.

Wer allerdings als westdeutscher DDR-Forscher vor dem Zusammenbruch des SED-Regimes die DDR für einen totalitär regierten Staat hielt, befand sich nicht im Einklang mit dem Zeitgeist und galt bei seinen „system-" beziehungsweise „kritisch-immanent" forschenden Kollegen als unverbesserlicher „Kalter Krieger". Aus deren Sicht wäre es allenfalls politisch korrekt gewesen, die DDR als ein autoritär regiertes oder – so im heutigen Politologendeutsch – als ein „durchherrschtes" Staatsgebilde zu betrachten. Der Göttinger Medienwissenschaftler Wilfried Scharf rückte den „kritisch-immanen-

ten" Forschungsansatz in die unmittelbare Nähe der Konvergenz-
theorie.[4] Deren Verfechter beriefen sich auf Egon Bahrs, von Willy
Brandt allerdings nie benutzte Formel vom „Wandel durch Annähe-
rung" – einem vermeintlichen Königsweg zur Auflösung des Ost-
West-Gegensatzes. „System-immanent" orientierte westdeutsche
DDR-Forscher waren zwar in der Regel keineswegs Sympathisanten
des SED-Regimes. Sie setzten sich jedoch dem Verdacht der Schönfärberei aus,[5] weil sie lediglich die SED-Dokumente auf ihren Rea-
litätsgehalt überprüften und im Gegensatz zu den so genannten „To-
talitarismusforschern" auf Wertungen weitgehend verzichteten – eine
Methode, die folgerichtig auch auf das Dritte Reich angewandt, zu
fragwürdigen Ergebnissen geführt hätte. Oftmals nahmen auch „sy-
stem-immanente" Forscher die SED-Verlautbarungen für bare Mün-
ze. Diese Gutgläubigkeit ging einher mit der Utopie von der Reformierbarkeit des Sozialismus/Kommunismus. Die Wirklichkeit konnte oder wollte man sich nicht so vorstellen, wie sie Günter Schabowski
in seiner Anhörung vor der Enquete-Kommission des Bundestages
selbstkritisch beschrieb: Er und seine Politbüro-Kollegen hätten keineswegs unter Realitätsverlust gelitten, sondern vielmehr Realitäts-
verdrängung zur eigenen Machterhaltung betrieben.[6] Realitätsbe-
zogene westdeutsche DDR-Forscher und wohl auch die meisten
„gelernten" DDR-Bürger konnten sich durch dieses Eingeständnis
Schabowskis bestätigt fühlen.

Die erwähnten Merkmale eines totalitären Regimes kennzeich-
nen sowohl den NS- als auch den SED-Staat. Damit ist ein Vergleich
beider deutscher Diktaturen des letzten Jahrhunderts, der unter Beachtung der hinlänglich bekannten Unterschiede keine Gleichsetzung
bedeutet, nicht nur zulässig, sondern im Hinblick auf mögliche, von
welcher Seite auch immer drohenden Gefährdungen der deutschen
Demokratie sogar zwingend erforderlich. Zu dieser Einsicht kam
selbst der ostdeutsche Zeithistoriker Gerhard Lozek, zu DDR-Zeiten
ein unermüdlicher SED-Propagandist und Verleumder der westdeut-

schen DDR-Forschung, der mit diesem Argument die PDS nachdrücklich davor warnte, sich einem Systemvergleich zu verweigern.[7] Auch der ehemalige Bundespräsident Roman Herzog beschäftigte sich Ende März 1996 vor der Enquete-Kommission des Bundestages „Überwindung und Folgen der SED-Diktatur im Prozeß der deutschen Einheit" mit den Unterschieden und den Gemeinsamkeiten der beiden deutschen Unrechtsstaaten. Herzog insistierte darauf, die Herrschaftsmethoden – wie beispielsweise die Ausübung der Pressezensur – seien identisch gewesen.[8] Wenn es auch weder im Dritten Reich – abgesehen von den Kriegsjahren – noch in der DDR einen im klassischen Sinne für die Medien zuständigen institutionalisierten Zensor gab, glichen sich in der Tat die Methoden der Medienlenkung in beiden Systemen aufs Haar. Auch für den Kriegsfall hatte die SED-Führung übrigens auch detaillierte Pläne zur Einführung der Zensur vorbereitet.

Das NS- und das SED-Regime verließen sich – anders als beispielsweise das kommunistische Polen oder die Sowjetunion – auf ihre durch die Nachzensur effizient funktionierende Medienlenkung, ohne einen amtlich bestellten Zensor zu beschäftigen. Journalisten fürchten im Übrigen eine Nachzensur angesichts deren Unberechenbarkeit mehr als die Vorzensur, die sie immerhin der persönlichen Verantwortung für ihre Manuskripte weitgehend enthebt. Doch auch die Nachzensur konnte für die Betroffenen verheerende Folgen haben: Im NS-Staat wie in der SBZ/DDR drohten bei gravierenden „Verfehlungen" Zuchthausstrafen oder zumindest Berufsverbot. Selbst den strikt auf Parteilinie schreibenden Journalisten gelang es dabei nicht immer, sich im Dschungel der sich ständig ändernden, teilweise sogar widersprechenden Weisungen, Tagesparolen, Sprachregelungen und „Empfehlungen" zurechtzufinden. Diese waren in Wahrheit nichts anderes als absolut verbindliche Gebote und Verbote.

Die Medienlenkung verlief im Prinzip im Dritten Reich nach dem gleichem Schema wie später in der DDR. Die SED-Führung ließ, wie im nächsten Abschnitt erläutert werden wird, dienstags und donnerstags Medienvertreter zur Befehlsausgabe versammeln. Ausgewählte Journalisten erhielten vom Propagandaministerium auf der von Joseph Goebbels sofort nach der Machtergreifung verstaatlichten Reichspressekonferenz Verhaltensrichtlinien und Sprachregelungen zur Weitergabe an ihre Redaktionen. Der Leiter der Reichspressekonferenz hatte zuvor von Goebbels auf der sogenannten Ministerkonferenz – in ihrer Zusammensetzung der Agitationskommission beim SED-Politbüro ähnlich – in Gegenwart von NS-Funktionären, einigen hochrangigen Parteijournalisten, Vertretern des Auswärtigen Amtes und anderer Ministerien seine Instruktionen erhalten.

Die Meinungsmonopolisten beider totalitärer Systeme wollten ihre immer umfangreicher gewordenen Tabu-Listen unter keinen Umständen der Nachwelt zugänglich machen. Deshalb sollten die schriftlichen Aufzeichnungen der Sprachregelungen nach deren Umsetzung vernichtet werden. Daran hielten sich glücklicherweise einige Journalisten nicht, so dass der Forschung – insbesondere für die NS-Zeit – hierzu aussagekräftiges Quellenmaterial zur Verfügung steht.[9]

Lässt man den unterschiedlichen ideologischen und historischen Kontext unberücksichtigt, gleichen sich die Sprachregelungen der SED und der NDSAP in ihrer Substanz auf frappierende Weise. Erfolgspropaganda stand jeweils an erster Stelle. Probleme durften nur thematisiert werden, wenn sie lösbar waren. Eine eher auf Desinformation statt auf Informationsvermittlung angelegte Medienpolitik beruhte nicht zuletzt auf der paranoiden Furcht vor Regimekritik im In- und Ausland. Deshalb waren Personal- beziehungsweise Kaderfragen der Führungscliquen für die Medienberichterstattung ein absolutes Tabu. Dies galt selbstverständlich auch für human-touch-storys über die Politprominenz. Insbesondere wirtschaftspolitische Interessen und Abhängigkeiten gaben häufig Anlass zur Ermahnung, in der außenpolitischen Berichterstattung und Kommentierung Zurückhaltung zu üben, um nicht unnötig Porzellan zu zerschlagen. Bei Konflikten zwischen ausländischen Staaten versuchte man deshalb, nach Möglichkeit Neutralität zu wahren. So rügten die NS-Medienlenker auf der Reichspressekonferenz während des italienischen Abessinien-Feldzuges Sympathiebekundungen einiger Zeitungen für das überfallene afrikanische Land. Die SED-Agitationsbürokratie sorgte im Krieg zwischen dem Iran und Irak von vornherein für eine publizistische Gleichbehandlung der Kontrahenten, indem sie für beide Seiten jeweils exakt die gleiche Zeilenzahl in der Berichterstattung über den Kriegsverlauf verbindlich vorschrieb. Die Medienlenker der beiden deutschen Diktaturen ließen immer dann ausgewählte ausländische Pressestimmen in ihren Medien veröffentlichen, wenn sie damit eigene Stellungnahmen vermeiden konnten oder glaubten, sich dadurch innenpolitisch legitimieren zu können.

Würde man beim Vergleich der Sprachregelungen auf die Herkunftsangabe verzichten, so könnte man vor allem auf den Gebieten des Außenhandels oder auch der Versorgung der Bevölkerung mit Wirtschaftsgütern nicht ohne weiteres erkennen, welchem Regime sie zuzuordnen wären. Dazu einige willkürlich herausgegriffene Beispiele: „Kein Wort über Erdöl" (SED); „Über die Einfuhr von Vollblutpferden soll nichts berichtet werden" (NSDAP); „Absolutes Tabu: Produktion von Lkw und Pkw" (SED); „Die Werbung für erhöhten Kohlverbrauch ist nunmehr einzustellen" (NSDAP) oder „Nichts über Bratwurststände (die Leute essen schon genug Fleisch)" (SED). Um die Meldungen für die Bundesrepublik noch attraktiver zu machen, scheute der „Deutschlandsender" im Oktober 1953 nicht einmal davor zurück, auf die publizistische Form der „Sondermeldung" zurückzugreifen, die die Nationalsozialisten während des Krieges eingeführt hatten.[10]

Die Wesensverwandtschaft zwischen nationalsozialistischer und kommunistischer Agitation und Propaganda ist keineswegs zufällig, denn auch Protagonisten der braunen Diktatur haben sich von der bolschewistischen Agitprop-Arbeit inspirieren lassen.[11] Goebbels, der sich in seiner Jugend einmal schwärmerisch als „deutscher Kommunist" bezeichnet hatte,[12] dürfte sich bei seinem intensiven Studium der Schriften Lenins auch mit dessen Pressetheorie vertraut gemacht haben. Lenins Lehre von der Presse „neuen Typus" war aber natürlich auch ein fester Bestandteil der „Rotlichtbestrahlung" in der Leipziger Journalistenausbildung.

Die Frage, ob es sich sowohl beim NS- als auch beim SED-Regime überhaupt um totalitäre Systeme gehandelt habe, ist auch im Hinblick auf deren Medienpolitik gestellt worden. Dabei wurde argumentiert, im Dritten Reich habe sich – und das gilt natürlich im verstärkten Maße für die SBZ/DDR – der Anspruch der Herrschenden auf die totale Indoktrination der Bevölkerung faktisch nie einlösen lassen. Denn die Bürger hätten schließlich die Möglichkeit gehabt, das Meinungsmonopol der Staatspartei zumindest durch den Empfang von außerhalb ihres Machtbereichs stationierten Sendern zu unterlaufen. Mit dieser Argumentationslinie sollen offenbar die totalitär verfassten Strukturen des NS- und des SED-Regimes relativiert werden. Dem ist entgegenzuhalten, dass der zentral gelenkte Einsatz aller öffentlichen Kommunikationsmittel zur massenpsychologischen Mobilisierung ebenso als Merkmal totalitärer Herrschaft verstanden werden kann wie die zum Unterlaufen des staatlichen Nachrichtenmonopols entwickelten Verhaltensweisen von Teilen der Bevölkerung.[13] Der Jurist Siegfried Mampel bringt dies im Hinblick auf die DDR auf den Punkt: „Entgegen der Ansicht von Gegnern der Totalitarismuskonzeption durchbrach in der DDR die Möglichkeit des Empfangs ‚westlicher' Sender das Medien- bzw. Informationsmonopol niemals; denn die Herrschaft über die Medien im Inland war gesichert. Wer das Gegenteil behauptet, dem fehlt es am Verständnis des Normativen eines Herrschaftssystems."[14] Es gibt deshalb in der Tat bei aller Gegensätzlichkeit der Ideologien, der andersartigen Herrschaftsstrukturen und des unterschiedlich praktizierten Staatsterrorismus zwischen der braunen und der roten Diktatur frappierende methodische Parallelen bei der Medienlenkung und der Indienstnahme der Massenmedien zur Unterdrückung der Meinungsfreiheit.

1.2 Die Medienbürokraten im Zentralkomitee

Agitation und Propaganda dienten den regierenden kommunistischen Parteien als die wichtigsten Instrumente zur Indoktrination und damit zum Machterhalt. Beide Begriffe sind außerhalb totalitärer Denkstrukturen überwiegend negativ besetzt. Sie gehen auf Lenin zurück, der in der „Iskra" (Jg. 1901/Nr. 4) in seinem Leitartikel „Womit beginnen?" verlangt hatte, die Zeitung müsse ein „kollektiver Agitator, Propagandist und Organisator" sein. Lenins Epigonen wiesen diese Funktionen auch den elektronischen Medien zu. Neben der Presse – nach Lenin die „schärfste Waffe der Partei" – schienen Hörfunk und Fernsehen noch effektivere Möglichkeiten zur vergeblich angestrebten „Massenwirksamkeit" der kommunistisch gelenkten Medien zu bieten. Lenin schrieb allerdings seinen im deutschen Exil verfassten Artikel mit Blick auf die Organisation der vorrevolutionären konspirativen Arbeit. Das Informationsbedürfnis des Zeitungslesers dürfte ihn kaum interessiert haben. Dennoch erhob die SED bei der Übernahme der stalinistisch geprägten sowjetischen Medienstrukturen Lenins Forderung zum Dogma. Der im Untergrund wirkende „kollektive Organisator" der Revolution mutierte zum Planerfüllungsgehilfen der kommunistischen Kommandowirtschaft. Die Tätigkeitsmerkmale des Agitators und des Propagandisten grenzte man in der Praxis nie eindeutig ab. In dem Kürzel „Agit/Prop-Arbeit" verwischten sich vielmehr deren Aktionsfelder. Eigentlich sollte die Propaganda eher nach innen gerichtet sein und – beispielsweise in der Parteischulung – der theoretischen Unterweisung der Eliten dienen. Die Agitation hatte demgegenüber vornehmlich tagespolitische Bezüge und sollte die breite Öffentlichkeit mit den jeweiligen Winkelzügen und Kursänderungen der Partei in dem für erforderlich gehaltenen Umfang kurzfristig vertraut machen. Der parteiinterne Spott brachte den Unterschied zwischen Agitation und Propaganda auf die Formel: Die Propaganda sei die wissenschaftlich-methodische Darstellungsweise der großen breiten Straße in die lichte Zukunft des Kommunismus, während die Agitation mit der Durchsage der Umleitungen dorthin vollauf beschäftigt sei.

Die SED hatte bereits nach der Abschaffung der bis 1947 von der sowjetischen Besatzungsmacht ausgeübten Vorzensur ausgeklügelte Lenkungsmechanismen für ihre Parteipresse und den Hörfunk geschaffen. Sie wurden im Prinzip seit Anfang der fünfziger Jahre nicht mehr verändert, sondern lediglich perfektioniert und der technologischen Entwicklung angepaßt. An der Spitze der SED-Medienbürokratie stand der Generalsekretär. Sowohl Ulbricht als auch Honecker mischten sich nachhaltig – wie seinerzeit übrigens auch Hitler – in die Medienlenkung ein. Die Erfüllungsgehilfen der SED-Generalsekretäre waren die jeweiligen ZK-Sekretäre für Agitation und Propaganda – zuletzt der bei DDR-Journalisten in besonders unrühmlicher Erinnerung gebliebene Joachim Herrmann. Ihm unterstanden unter anderem die Agitationskommission beim Politbüro und die ZK-Abteilung Agitation. Die letztere war für die direkte Anleitung der Medien zuständig, erteilte die Sprachregelungen und kontrollierte deren Befolgung systematisch. In der Regel dienstags, jeweils nach den Politbürositzungen erläuterte Herrmann in der Agitationskommission im Kommandoton vor wenigen ausgewählten SED-Spitzenjournalisten aus den zentralen Printmedien, dem Fernsehen und dem Hörfunk die für die Medienberichterstattung bedeutsamen Politbüro-Beschlüsse. Außerdem legte der Chefredakteur des SED-Zentralorgans „Neues Deutschland" auf diesen Sitzungen seine redaktionelle Planung für die kommende Woche vor, an der sich die anderen Medien unter Berücksichtigung ihrer Zielgruppen zu orientieren hatten.

Donnerstags versammelten sich schließlich 60 bis 80 leitende ost-berliner SED-Journalisten und Medienfunktionäre beim Leiter der ZK-Abteilung Agitation zur so genannten Argumentation, der „Donnerstags-Argu", wie sie im Parteijargon genannt wurde. Die „Argus" glichen Befehlsausgaben, deren Zweck darin bestand, keinesfalls zu veröffentlichende, jedoch für notwendig erachtete Hintergrundinformationen zu vermitteln. Zum anderen sollten die Teilnehmer die „Empfehlungen" für die Berichterstattung unverzüglich in ihre Redaktionen weiterleiten. Tägliche Telefonate und Fernschreiben aus der ZK-Abteilung Agitation, dem ihr unterstellten Presseamt beim Vorsitzenden des Ministerrates und dem Allgemeinen Deutschen Nachrichtendienst (ADN) – Nachrichtenmonopolist wie das Deutsche Nachrichtenbüro (DNB) in der NS-Zeit – sorgten vollends für die sattsam bekannte Uniformität der DDR-Medien.

Einen Tag nach der Zwangsvereinigung der SPD und der KPD zur SED trat am 23. April 1946 der neugewählte SED-Parteivorstand zusammen, um die Arbeitsbereiche des 14 Personen umfassenden Gremiums festzulegen. Die Parteivorsitzenden Wilhelm Pieck und Otto Grotewohl – beziehungsweise deren Vertreter Walter Ulbricht und Max Fechner – behielten sich die Anleitung des am gleichen Tage erstmals erschienenen Zentralorgans „Neues Deutschland" und der theoretischen Parteizeitschrift „Einheit" vor. Zu den Aufgabenbereichen der beiden Vorstandsmitglieder Otto Meier – zuvor Chefredakteur des eingestellten SPD-Organs „Das Volk" – und Anton Ackermann gehörte vorübergehend auch die Aufsicht über die Abteilung Presse und Information beim Parteivorstand, der späteren Abteilung Agitation. Zunächst beschäftigte sich die Abteilung Presse und Information mit der Kontrolle der SED-Presse in der SBZ. Später erstreckte sich ihre Weisungsbefugnis auf die SED-Parteiorganisationen in der Nachrichtenagentur ADN, den Ämtern für Information in den Ländern, den Hörfunksendern und den Zeitungen der Massenorganisationen. Die Zeitungen der Blockparteien wurden zunächst von den Sowjets und später von den Ämtern für Information kontrolliert. Die

Abteilung Presse und Information hat man in der Folgezeit mehrfach umstrukturiert und umbenannt. So unterzeichnete der Abteilungsleiter Willi Köhler am 11. Juli 1946 einen kritischen Vermerk über das SED-Organ „Thüringer Volk" an Meier und Ackermann unter dem Kopf „Presse, Rundfunk und Information".[15] Otto Winzer, der spätere Außenminister der DDR, wird auf der Sitzung des Zentralsekretariats am 11. Januar 1947 zum Leiter der Abteilung „Werbung – Presse – Rundfunk" bestellt.[16] Am 10. Juni des gleichen Jahres beschließt das Zentralsekretariat die Einrichtung eines Referates „Information" bei der Abteilung Werbung – Presse – Rundfunk, das „sich ausschließlich mit der Erforschung der öffentlichen Volksstimmung" befassen sollte.[17] Dieses Referat hatte die Aufgabe, das „einlaufende Material" zur „internen Orientierung" des Zentralsekretariats zu sichten, aber vor allem auch für die Argumentation „in der Agitation, in Presse und Rundfunk" zu berücksichtigen. Zu den Aufgaben der Abteilung zählte neben der Auswertung und Anleitung der Parteipresse und des Rundfunks die Herstellung eines Parteipressedienstes und eines Informationsbulletins.

Am 2. Februar 1949 beschloss das Kleine Sekretariat des SED-Vorstands, aus der Unterabteilung Werbung der Abteilung Werbung – Presse – Rundfunk eine selbständige Abteilung Massenagitation unter Leitung des FDJ-Funktionärs und späteren Politbüromitgliedes Hermann Axen zu bilden.[18] Zu deren Aufgaben gehörte auch die Kontrolle und Koordinierung der Agitation der Massenorganisationen, der Verwaltungen, des Rundfunks, des Films und der Presse. In den fünfziger Jahren fanden zahlreiche organisatorische Veränderungen statt. 1950 wurden die Abteilungen Presse und Massenagitation zur Abteilung Agitation zusammengefasst und gleichzeitig eine Abteilung Propaganda gebildet. Ende 1952 legte das Zentralkomitee wiederum neue Strukturpläne vor. Nunmehr nahm die Abteilung Presse und Rundfunk die Medienlenkung wahr; sie ging im Januar 1954 jedoch neuerlich in der Abteilung Agitation auf. 1957 wurden die

Abteilungen Agitation und Propaganda zusammengelegt. Von 1961 bis zur Auflösung im Jahre 1989 gab es dann wieder eine Abteilung Agitation, deren Sektoren und Leitungsstrukturen sich jedoch ständig veränderten. Die grundsätzlichen Aufgabenzuweisungen blieben jedoch bis zuletzt erhalten.

Dem Abteilungsleiter Heinz Geggel unterstanden Anfang 1989 vier stellvertretende Abteilungsleiter. Die Abteilung umfasste insgesamt acht Sektoren, wobei die Sektoren Agitation, Sichtagitation, WAS UND WIE (Redaktion einer gleichnamigen monatlich erscheinenden Agitationsschrift), Bibliothek und Zeitungsarchiv und der B-Sektor (Vorbereitung auf den Mobilisierungsfall; geleitet vom NVA-Oberst Kurt Langnese) nicht primär in die Medienlenkung involviert waren. Dies traf vielmehr auf den Sektor Presse (Leiter: Dieter Langguth) und den Sektor Rundfunk/Fernsehen (Leiter: Eberhard Fensch) und – soweit die Beeinflussung ausländischer und westdeutscher Journalisten versucht wurde – auf den Sektor „Arbeit mit den ausländischen Korrespondenten in der DDR" zu, den Hans-Joachim Kobert leitete. In die Zuständigkeit des vierten stellvertretenden Abteilungsleiters Erwin Müller fiel die allgemeine Agitationsarbeit, mit der die meisten der insgesamt 39 politischen Mitarbeiter der Abteilung Agitation beschäftigt waren. Heinz Geggel war mit 15 Jahren der am längsten amtierende Abteilungsleiter. Zu seinen Vorgängern, die alle später im Partei- und Staatsapparat Karriere machten, gehörten Hans Modrow (1971-1973), Werner Lamberz (1966-1971), der spätere Chefredakteur von „Neues Deutschland" und Vorsitzende des Staatlichen Rundfunkkomitees Rudolf Singer (1963-1966) oder auch Horst Sindermann, der von 1953 bis 1963 Abteilungsleiter war. Seine Vorgänger waren die Altkommunisten Georg Wilhelm Hansen und Robert Korb, der zum Generalmajor im Ministerium für Staatssicherheit aufstieg.

Die ZK-Abteilungen Agitation und Propaganda unterstanden dem Sekretär des Zentralkomitees für Agitation und Propaganda. Diese Funktion nahmen Albert Norden (1955-1967), Werner Lamberz (zunächst nur als Sekretär für Agitation, später bis zu seinem Tode im Jahre 1978 verantwortlich für beide Abteilungen) und Joachim Herrmann von 1978 bis 1989 wahr. Anfang der fünfziger Jahre waren Hermann Axen (1950-1953) und anschließend bis 1955 der drei Jahre später aus dem Politbüro entfernte Fred Oelßner als ZK-Sekretäre für die Medien verantwortlich.

Die jeweiligen Sekretäre des ZK für Agitation und Propaganda waren zugleich auch Vorsitzende der Agitationskommission beim Politbüro. Sie wurden dort von den Abteilungsleitern Agitation vertreten. 1953 richtete das Politbüro eine „Kommission für Presse und Rundfunk" ein, die am 15. März 1955 die Bezeichnung „Kommission für Agitation beim Zentralkomitee" erhielt. Mit deren Leitung wurde der ZK-Sekretär Albert Norden beauftragt. Hauptamtliche Mitglieder waren Horst Sindermann, Emil Dusiska (Wirtschaftsfragen), Erich Glückauf (Westdeutsche Angelegenheiten) und Gerhard Kegel (Außenpolitik und andere Fragen). 1964 verzeichnete der Strukturplan unter der neuen Bezeichnung „Agitationskommission beim Politbüro" acht hauptamtliche und 17 ehrenamtliche Mitglieder. Zu den letzteren gehörten Spitzenfunktionäre aus dem Medienbereich wie die Chefredakteure von „Neues Deutschland" und der „Berliner Zeitung", Hermann Axen und Joachim Herrmann, der Presseamtsleiter Kurt Blecha, der Intendant des Deutschen Fernsehfunks Heinz Adameck und leitende Funktionäre aus dem Parteiapparat. Die funktionsbezogene Zusammensetzung der ehrenamtlichen Mitglieder der Agitationskommission blieb im Wesentlichen bis 1989 erhalten, woraus sich naturgemäß eine ständige personelle Fluktuation ergab.

Grundsatzdokumente zur Aufgabenstellung der Agitationskommission beim Politbüro aus der ihr formal unterstellten Abteilung Agitation liegen hauptsächlich aus dem Bestand der Büroakten Albert Nordens vor. Mit seiner ideologischen Intransigenz und seinem überzogenen Pathos trat er in der Öffentlichkeit als intellektueller Lautsprecher Ulbrichts auf. Sein flexibler wirkender Nachfolger Werner Lamberz galt im Parteiapparat demgegenüber als Hoffnungsträger und wurde unter Hand als Nachfolger Honeckers gehandelt. Der letzte Agitationssekretär Joachim Herrmann machte sich hingegen durch seine intellektuelle Schlichtheit, seine rüden Umgangsformen und als rigoroser Vollstrecker der häufigen medienpolitischen Eingriffe des SED-Generalsekretärs Erich Honecker einen unrühmlichen Namen.

Die grundverschiedenen Charaktere der Agitationssekretäre prägten auch den jeweilig unterschiedlichen Stellenwert der Agitationskommission. Während Norden sie zum wichtigsten Instrument seiner Medienpolitik machte, verlor sie unter Lamberz an Bedeutung. In Herrmanns Büroakten fanden sich kaum noch Unterlagen über deren Aktivitäten. Zuletzt waren in der Agitationskommission fünf hauptamtliche Mitarbeiter tätig, die sich als Spezialisten mit Fragen der Innen-, Außen-, Wirtschafts- und Landwirtschaftspolitik beschäftigten. Sie leiteten insbesondere das Presseamt beim Vorsitzenden des Ministerrates im Hinblick auf die Koordinierung der so genannten Staatlichen Öffentlichkeitsarbeit an. Darunter war indessen eher die euphemistische Verschleierung beziehungsweise die Unterdrückung von allgemein interessierenden Fakten und Zusammenhängen zu verstehen. Insbesondere die innenpolitische Nachrichtengebung der staatlichen Nachrichtenagentur ADN hatte sich danach zu richten.

Auf der konstituierenden Sitzung der umstrukturierten Agitationskommission beim Politbüro am 14. März 1963 verlangte Albert Norden „einen völlig neuen Arbeitsstil".[19] Die Herausgabe von Tagesinformationen für die Medien sollte gegenüber der Behandlung von Grundfragen der Massenarbeit in den Hintergrund treten. Auf der Basis eines Arbeitsplanes sollten in regelmäßigen Abständen, „am besten alle 14 Tage", Vollsitzungen mit allen haupt- und nebenamtlichen Mitgliedern stattfinden. Als Beispiele für die Medienarbeit der Kommission nannte Norden „die massenwirksame Behandlung ökonomischer Probleme in Presse, Rundfunk und Fernsehen. Außerdem regte er an, sich mit der Redaktion einer Bezirkszeitung – „wir denken da an den ‚Neuen Tag' in Frankfurt" – zusammenzusetzen, um „unmittelbar einzugreifen und für die Verbesserung der Arbeit eine unmittelbare Hilfe zu leisten". Ein weiteres Thema werde der „politisch-ideologische Einfluß im Deutschen Fernsehfunk" sein. Dazu müssten einzelne Mitglieder in Zusammenarbeit mit anderen ZK-Abteilungen Vorlagen erstellen, beraten und auch erschließen, sofern dafür nicht das Sekretariat zuständig sei.

Walter Ulbricht forderte in seinem Schlusswort auf der konstituierenden Sitzung der Agitationskommission die „leitende Genossen" auf, mehr auf „gescheite und richtige Vorschläge" und berechtigte Kritik aus der Bevölkerung einzugehen.[20] Was aber die öffentliche Kritik angehe, so mahnte Ulbricht zur Vorsicht, „weil der Gegner gegenwärtig nur wenig Material gegen uns hat". Er lebe in dieser Hinsicht „nur von unseren Veröffentlichungen". Statt dessen sei es notwendig, in den Partei- und Gewerkschaftsversammlungen die mündliche Agitation zu intensivieren: „Wir dürfen uns nicht darauf beschränken, nur schriftliche Argumente herauszugeben, sondern es muß die Ordnung herrschen, daß man in den Versammlungen mehr sagt und auch mehr sagen darf, als in den Zeitungen steht. Es soll nicht so gehen, daß nun jedes Wort aufgeschrieben und veröffentlicht wird. Dann kann man überhaupt nicht mehr reden, höchstens das, was vom Außenministerium genehmigt ist. Man muß daher eine solche Ordnung schaffen, daß die wirkliche Agitation in der Partei mündlich durchgeführt wird und daß in den Parteiaktivtagungen und Betriebsversammlungen von den Arbeitern alles gesagt werden kann. Es muß nicht alles in die Presse kommen. Bei Veröffentlichungen von Neuerungen muß man sich das immer reiflich überlegen." Für das letztere nannte Ulbricht ein Beispiel: „Vorgestern gab es im Fernsehen eine Veranstaltung, wo Geschenke verteilt wurden. Als jemand von den Teilnehmern nach der Uhr sah, sagte der Ansager: Ich nehme einmal Ihre Uhr weg und gebe Ihnen meine. Ich habe eine neue, eine elektronische! – Das sagte er so nebenbei. Hatte er die Genehmigung, das zu sagen?" *Zwischenruf von Willi Janns: ‚Bestimmt nicht!'* Das stand aber im ‚Neuen Deutschland'! Es handelt sich um eine Ruhlaer Uhr. Die Sache ist durch die ganze Presse gegangen. [...] Warum stelle ich diese Frage? Ich bin nicht gegen diese Uhr. Aber diese Uhr ist momentan noch nicht in der Serienproduktion. Ich kontrolliere das selber. So wichtig ist die Sache." Anschließend entwickelte sich eine Diskussion über den Werkleiter, der ohne Genehmigung Journalisten eingeladen und informiert hatte. Darauf Ulbricht: „Da habt ihr kein Recht, das abzudrucken. Da habt ihr beim Volkswirtschaftsrat, Abteilung Presse anzurufen." Er selbst besitze bereits die vierte Uhr aus dieser Produktion, die nun endlich funktioniere. Man habe ihm erklärt, er hätte die anderen nicht richtig behandelt. Da die Uhr aber noch nicht serienreif sei, dürften die Medien nichts darüber berichten. Ulbrichts abschließendes Verdikt zu diesem typischen Beispiel für den ständigen informationspolitischen Eiertanz der SED lautete: „Also, Genossen, in der Frage des wissenschaftlichen Weltniveaus muß Ordnung herrschen. Sonst kann es zu unangenehmen Folgen kommen. Wenn wir sie in Serie herstellen, machen wir Propaganda. Selbstverständlich ist das Weltniveau, selbstverständlich haben wir die Schweiz und die USA und die anderen geschlagen. Aber erst müssen wir soweit sein. Selbstverständlich ist die besser als die schweizer. Weder die Schweiz noch die USA haben solche Uhren. Aber Garantien bitte! Garantieschein für ein Jahr brauche ich. Da liegt der Haken."

Die neuerliche Legendenbildung, Ulbricht habe nicht nur die Wirtschaft, sondern auch die „unsäglich langweiligen DDR-Medien" reformieren wollen, wie sie der langjährige parteifromme ND-Redakteur Harald Wessel betreibt, entbehrt jeder Grundlage.[21] Wenn auch Ulbrichts kabarettreife Diktion nicht dem üblichen Verhandlungsstil der Agitationskommissions-Sitzungen entsprochen haben dürfte; für die Hilflosigkeit der parteiamtlichen Medienlenkung war sie jedenfalls charakteristisch. Einerseits sollten die Presse, der Rundfunk – so die in der DDR gebräuchliche Bezeichnung für den Hörfunk – und das Fernsehen interessanter, lebensnaher und attraktiver informieren und unterhalten. Andererseits durften Probleme jedoch nur dann öffentlich diskutiert werden, wenn sie lösbar waren. Da dies aber nur selten möglich war, mussten auch die von Norden veranlassten häufigen Veränderungen der Arbeitsweise der Agitationskommission erfolglos bleiben. Sein missionarischer Eifer bei den von ihm inszenierten Propagandafeldzügen gegen Politiker und Institutionen der Bundesrepublik Deutschland wirkte zudem eher kontraproduktiv.

Ein Politbüro-Beschluss über neue Aufgabenbereiche der Agitationskommission vom 11. Dezember 1965[22] trägt eindeutig Nordens Handschrift. Darin wird verlangt, unter der Bevölkerung auftauchende aktuelle Fragen und Probleme seien zu beantworten und man müsse rascher auf „Argumente des Feindes" offensiv reagieren. Es sei deshalb erforderlich, kurzfristig wirkungsvolle Argumentationen für die Auswertung in der Presse, dem Funk und dem Fernsehen zu erstellen. Außerdem erhielt die Agitationskommission den Auftrag, sich mit der Erforschung und Beeinflussung der öffentlichen Meinung zu beschäftigen. Durchzuführen war dies auf der Grundlage von Informationen der ZK-Abteilung Parteiorgane, der Analyse von Leser- und Hörerbriefen und der Ergebnisse von Umfragen des Instituts für Meinungsforschung und „anderer Materialien" – gemeint waren damit wohl auch die des Ministeriums für Staatssicherheit. Künftig sollte die Agitationskommission regelmäßig alle drei Wochen zusammentreten, um „prinzipielle Argumentationen zu den Hauptargumenten in der DDR und des Gegners" anzufertigen. Der Leiter der Agitationskommission, also Albert Norden, erhielt den Auftrag, eine ständige enge Zusammenarbeit mit dem Chefredakteur von „Neues Deutschland", dem Vorsitzenden des Staatlichen Rundfunkkomitees und dem Intendanten des Fernsehfunks zu gewährleisten. Das Politbüro ordnete an, dass die „Hinweise" der Agitationskommission für die Presse, den Hörfunk, das Fernsehen und das SED-Zentralorgan „Neues Deutsch-

land" verbindlich seien. Ferner wurde eine „aus drei Genossen bestehende aktuelle Argumentationsgruppe" gebildet, die kurzfristig zu
neu auftauchenden Fragen der Bevölkerung und zum Kontern neuer
Argumente des Gegners wirkungsvolle Argumentationen erarbeiten
sollte. Die Argumentationsgruppe wurde dem Leiter der Abteilung
Agitation unterstellt. Diese Entscheidung sorgte zumindest für Klarheit darüber, dass die Zuständigkeit für die unmittelbare Anleitung der
Medien fortan bei der Abteilung Agitation lag, während die Sitzungen
der Agitationskommission den Charakter eines Debattierklubs annahmen, auf denen sich die Teilnehmer allenfalls mittel- oder langfristige Strategien für die Medienlenkung ausdachten. Deren Realisie-
rung scheiterte indes in der Regel an den Unwägbarkeiten der Tages-
politik.

Die vorhandenen Struktur- und Stellenpläne der ZK-Abteilung
Agitation beziehungsweise der Abteilung Presse und Rundfunk aus
den Jahren 1950 bis 1966 vermitteln keine wesentlichen Erkenntnisse
über die tatsächlichen Arbeitsabläufe dieser Abteilung. Es lassen sich
daraus jedoch Aufgabenveränderungen aus organisatorischen oder
politischen Gründen ablesen. So nahmen noch in den fünfziger Jahren die Anleitung der westdeutschen KPD-Presse, die Auslandspropaganda, die Auswertung der „feindlichen" Medien oder die Herausgabe eines Pressedienstes einen breiten Raum ein. Diese Aufgaben haben später teilweise andere Abteilungen übernommen. Ungeachtet der
zahlreichen strukturellen Veränderungen lag der Schwerpunkt der
Medienarbeit der Abteilung Agitation kontinuierlich auf der Kontrolle und der Anleitung der gesamten SED-Presse und der Massenorganisationen, des Rundfunks und des Fernsehens sowie der Nachrichtenagentur ADN, des Journalistenverbandes, der Fakultät beziehungsweise der Sektion Journalistik an der Karl-Marx-Universität
Leipzig sowie der Kaderlenkung und -auswahl in den genannten Redaktionen und Institutionen. Für die Anleitung der Presse der Blockparteien diente das Presseamt als Transmissionsriemen.

In der Amtszeit Albert Nordens überschnitten sich häufig die Aufgaben der Agitationskommission und der Agitationsabteilung. So erteilten beide direkte Anweisungen an die Redaktionen und übten eine Nachzensur aus. Ein Beispiel für die eigentliche Aufgabe der Agitationskommission, die mittel- und langfristige Argumentationsführung, ist die Erfindung des legendären Polit-Kampfbegriffs „antifaschistischer Schutzwall", der erstmals in einer Vorlage an das Politbüro vom 1. August 1962 – also ein Jahr nach dem Mauerbau – auftaucht. Unmittelbar vor dem ersten Jahrestag der gewaltsamen Einschließung Ost-Berlins hatte die Kommission ein umfangreiches Strategiepapier unter dem Betreff „Vorschläge für eine offensive politische Kampagne gegen die Ultras in West-Berlin und Westdeutschland" entworfen, das verschiedenen Institutionen einschließlich des MfS Aufgaben bei der ideologisch-propagandistischen Rechtfertigung im Innen- und Außenverhältnis zuwies.[23]

Hans Modrow, der selbst einmal unter Werner Lamberz die Agitationsabteilung geleitet hatte, beschreibt im Rückblick die Bandbreite des Verhältnisses zwischen den ZK-Abteilungen und den von ihnen kontrollierten Institutionen zwischen offener und nicht selten grober „Kommandiererei" über „kollegiale Zusammenarbeit" bis hin zu „annähernd konspirativen Methoden", wenn beide Seiten bei der Parteiführung etwas „herausholen" wollten.[24] Allerdings hätten die ZK-Mitarbeiter es im Übrigen gar nicht nötig gehabt, sich eines Kommandotons zu bedienen, denn was sie „kollegial empfahlen, hatte ohnehin den Charakter einer Anweisung, die nicht zu beachten äußerst gefährlich werden konnte." Modrow machte diese Erfahrung selbst, als er eigenmächtig aus einer von Erich Honecker zur Veröffentlichung bestimmten Liste, die einen Preisvergleich zwischen der Bundesrepublik Deutschland und der DDR enthielt, die Posten Kalbshaxe und ungarische Salami strich, da man beides in den DDR-Läden kaum bekam. Auf der Sekretariatssitzung hielt man Modrow deshalb vor, er sei doch nicht bei Dubček. Der Generalsekretär entscheide allein, was gestrichen werde.[25] Modrow bemühte sich offenkundig im Gegensatz zu seinem Nachfolger Heinz Geggel um einen „kollegialen" bis „konspirativen" Arbeitsstil, weil er bestrebt war, die Glaubwürdigkeit der Medien im Rahmen der von der SED-Führung selbst auferlegten ideologischen Fesseln zu erhöhen.

Die ZK-Abteilung Agitation und die Agitationskommission beim Politbüro waren die Schaltstellen der SED-Medienherrschaft. Sie mussten bei ihren Versuchen versagen, die Quadratur des Kreises zu vollbringen. Denn angesichts des nahezu ungehinderten Informationsflusses aus der Bundesrepublik Deutschland waren ihre Bemühungen vergeblich, ihren ideologischen Anspruch mit einem durchaus ernsthaft gemeinten Bestreben nach Akzeptanz der eigenen Medien in Einklang zu bringen. Die medienpolitischen Erfüllungsgehilfen Ulbrichts und Honeckers versuchten beides mit unterschiedlicher Akzentuierung. Es bleibt jedoch festzustellen: Zu keiner Zeit gab es in der SBZ/DDR echte Freiräume für die Medien. Entweder handelte es sich um eine aus taktischen Gründen temporär gewollte Flexibilität, um systembedingte, jedoch nicht oppositionell genutzte Spielräume, um Pannen in den Lenkungsmechanismen oder aber gelegentlich auch um Eigenmächtigkeiten einzelner Journalisten. Ihnen wurden bei der „Nachbehandlung" durch die SED-Agitationsbürokraten unverzüglich ihre Grenzen deutlich gemacht

1.3 Blockparteipresse am Gängelband des Presseamts

Dem im ehemaligen Sitz des Reichspropagandaministeriums residierenden Presseamt oblag es, die Blockparteizeitungen mit der SED-Presse gleichzuschalten und, als Ausnahme von der Regel, die Vorzensur bei den Kirchenzeitungen wahrzunehmen.

Im September 1949, in den letzten Tagen der SBZ, gab die sowjetische Besatzungsmacht grünes Licht für die Bildung einer

„Hauptverwaltung Information" innerhalb der von der SED majori-
sierten „Deutschen Wirtschaftskommission", der Vorläuferin des
DDR-Ministerrates. Die Leitung dieser Hauptverwaltung übernahm
Gerhart Eisler, der Bruder des Komponisten Hanns Eisler. Gerhart
Eisler war kurz zuvor aus seinem Exil in den Vereinigten Staaten ge-
flüchtet, weil dort gegen ihn wegen illegaler politischer Betätigung Er-
mittlungen liefen.

Unmittelbar nach der Konstituierung der DDR erhielt Eisler im
Oktober 1949 die Leitung des neu geschaffenen „Amtes für Information" der DDR-Regierung, dem Ministerpräsident Otto Grotewohl
die früher von der sowjetischen Besatzungsmacht wahrgenommene
Kontrolle der Verlage und Druckereien übertrug. Dazu gehörten auch
die Lizenzerteilung für sämtliche Druckerzeugnisse und die Papier-
kontingentierung. Bis zur Liquidierung der Länder im Jahre 1952 gingen Landes-Informationsämter der ostberliner Zentrale zur Hand.

Seit dem 1. Januar 1953 firmierte das Berliner „Amt für Information" unter der neuen Bezeichnung „Presseamt beim Ministerpräsidenten der Regierung der Deutschen Demokratischen Republik". Die
Nachfolge des zeitweise wegen seiner Westemigration in Ungnade ge-
fallenen Gerhart Eisler trat Anfang 1953 Fritz Beyling an, den 1958
sein Stellvertreter Kurt Blecha ablöste. Bis zum November 1989 leitete Blecha das Presseamt, das Modrow anschließend zum „Presse- und
Informationsdienst" seiner Regierung, mit seinem Vertrauten Wolfgang Meyer an der Spitze, umwandelte. Daraus bildete wiederum
Modrows Nachfolger, Lothar de Maizière, ein weitgehend kompe-
tenzloses Medienministerium, wobei er einen großen Teil des altgedienten Presseamts-Personals übernahm.

Der aus dem nordböhmischen Aussig stammende Blecha (Jahrgang 1923) dürfte als kompromissloser Erfüllungsgehilfe der SED-Informationsdiktatur das höchste Dienstalter aufzuweisen haben. Bei
seinen Untergebenen im Presseamt und natürlich bei den von ihm
drangsalierten Journalisten war er gleichermaßen verhasst und ge-

fürchtet. Blecha, der 1941 in die NSDAP eingetreten war, geriet 1943 als Gefreiter eines Grenadierregimentes in sowjetische Gefangenschaft, in der er sich im kommunistisch gelenkten Nationalkomitee Freies Deutschland aktiv betätigte. Nach seiner Entlassung nahm er 1946 am ersten Journalistenlehrgang der SED-Parteihochschule teil und arbeitete anschließend bis zu seinem Eintritt in das „Amt für Information" als Redakteur des SED-Organs „Schweriner Volkszeitung".

Blechas jahrelange enge Anbindung an das MfS belohnte Mielkes „Juristische Hochschule" in Potsdam-Eiche 1971 mit akademischen Ehren. Zusammen mit dem damaligen Leiter der MfS-Agitationsabteilung, Oberst Günter Halle, und Blechas seinerzeitigem Stellvertreter im Presseamt, Günter Köhler, promovierte er mit „magna cum laude" zum Dr. jur. über das im grotesk-martialischen MfS-Deutsch formulierte, aber nichtsdestoweniger die wahre Rolle des Presseamtes entlarvende Thema: „Die Lösung von Aufgaben der staatlichen Öffentlichkeitsarbeit zum Schutz der DDR durch Kooperation des Ministeriums für Staatsicherheit und des Presseamtes beim Vorsitzenden des Ministerrates unter besonderer Berücksichtigung der Durchführung gemeinsamer Aktionen im Kampf gegen die subversive Tätigkeit des Feindes". Zu den Erkenntnissen der Autoren zählte auch, es sei politisch unzweckmäßig, „ja falsch und schädlich" für die Arbeit des MfS, mit bestimmten Informationen an die Öffentlichkeit zu treten. Daraus ergebe sich für das Presseamt eine spezifische Anleitungs- und Mittlerrolle gegenüber den Zeitungen der LDPD, CDU, NDPD und der DBD, zu denen das MfS bis auf wenige Ausnahmen keine direkten Kontakte unterhalte.[26]

Die Zuständigkeiten des Presseamtes veränderten sich seit Anfang der fünfziger Jahre nur geringfügig.[27] Es entfielen unter anderem die in Zusammenarbeit mit dem MfS zunächst übernommene Betreuung von westdeutschen und ausländischen Journalisten, die Subventionierung der Nachrichtenagentur ADN und des auf westliche Presse spezialisierten Zeitungsausschnittsdienstes „Globus" sowie die Verantwortung für die Herausgabe der Auslandspropaganda-Publikationen. Beim Presseamt verblieben hingegen bis zu dessen Auflösung die Lizenzvergabe für alle Presseerzeugnisse, die Koordination der Öffentlichkeitsarbeit der Ministerien einschließlich des dreimal wöchentlich herausgegebenen Regierungspressedienstes „Presse-Informationen", die penible Registrierung des Imports dienstlich benötigter westlicher Zeitungen und Zeitschriften in die DDR, die Redaktion der Monatszeitschrift „Presse der Sowjetunion" und vor allem die von der Abteilung Lektorat/Lizenzen betriebene Anleitung der Blockparteipresse und der Vorzensur der Kirchenzeitungen. Keine dieser Aufgaben durften die sich permanent überfordert fühlenden rund 50 Mitarbeiter des Presseamts im Grunde eigenverantwortlich wahrnehmen. Selbst Routinemeldungen, wie beispielsweise die alljährliche Mitteilung über den Beginn der Sommerzeit, bedurften der engen und zeitraubenden Abstimmung sowohl mit den verantwortlichen Ministerien als auch mit der Agitationsbürokratie oder anderen fachlich zuständigen Abteilungen des SED-Zentralkomitees.

Zu den Aufgabenbereichen der zuletzt von Arnold Hofert geleiteten, auch innerhalb des Presseamtes streng abgeschirmten Abteilung Lektorat/Lizenzen gehörten die Lizenzerteilung und -überwachung aller Printmedien, die später im Kapitel 5 behandelte Vorzensur der Kirchenzeitungen und in erster Linie die tägliche, systematische Nachzensur der Blockparteizeitungen, von denen auch regelmäßig Inhaltsanalysen angefertigt wurden. Gefahndet wurde dabei insbesondere nach Eigenmächtigkeiten in Wort- und Bildbeiträgen, wobei man auch pedantisch die Einhaltung der angeordneten Platzierungen kontrollierte.

Die Berliner Chefredakteure der bürgerlichen Zentralorgane und die Agitationssekretäre der Blockparteien mussten sich donnerstags – unmittelbar nach der Instruktion der SED-Medienvertreter in der ZK-Agitationsabteilung im „Großen Haus" – bei Blecha oder seinem

Vertreter zur Befehlsausgabe im Presseamt einfinden. Die ihnen erteilten, auf die vermeintlichen Bedürfnisse der Blockparteizeitungen zugeschnittenen „Hinweise und Empfehlungen" waren zur Unterrichtung ihrer Redaktionen bestimmt. Sie flossen zum Teil in hektographiertes Informationsmaterial ein, das strenger Geheimhaltung unterlag und nur wenige dienstlich befugte Redakteure zu Gesicht bekamen. So belehrte man beispielsweise die Journalisten der CDU-Presse Anfang September 1987 vor dem Honecker-Besuch in der Bundesrepublik, man solle Emotionen bei diesem Ereignis nur dort wiedergeben, wo sie am Platze seien, und dabei nicht in allzu großen Jubel verfallen. Vor der Veröffentlichung des SPD-SED-Papiers „Streit der Ideologien und die gemeinsame Sicherheit" galt die Parole, friedliche Koexistenz bedeute keinesfalls ideologische Koexistenz, doch die Auseinandersetzungen in der Frage des Klassenkampfes sollten – offenbar im Hinblick auf den bevorstehenden Honecker-Besuch – „kulturvoll" geführt werden. Anschließend folgten detaillierte Regieanweisungen für die CDU-Zeitungen zur publizistischen Behandlung des von der SPD und der SED gemeinsam erarbeiteten Ideologie-Papiers: „Es wird empfohlen, über die Pressekonferenz auf Seite 1 zu berichten. Das ND wird das Dokument im Wortlaut veröffentlichen. Wir sollten Auszüge aus dem Dokument im Wortlaut in gebührender Länge bringen (keine ganze Zeitungsseite)! ND bringt zu dem Thema am 29. 8. einen Kommentar."[28] Auf dessen Grundlage sollte man anschließend selber kommentieren. Ergänzend lieferte man einen Argumentationskatalog zur Rechtfertigung der außerhalb Ost-Berlins auf heftige Kritik gestoßenen materiellen Bevorzugung der „Hauptstadt" anlässlich der 750-Jahr-Feier sowie einen eindringlichen Hinweis auf „riesige Probleme" bei der Ernte, die in „dieser dramatischen Situation nicht mehr von der S. 1 wegkommen" dürfe. Zu guter Letzt kam noch die Ankündigung, ADN-Zentralbild werde zum 75. Geburtstag Honeckers für die Bilderseite 35 Fotos anbieten, wovon man jedoch nicht zu viele Jugendbilder auswählen solle.

Bei Verstößen gegen solche „Empfehlungen" – und selbst bei Übermittlungs- oder politisch verfänglichen, jedoch offensichtlichen Druckfehlern – lasen Blecha beziehungsweise Hofert persönlich den Chefredakteuren in so genannten „Auswertungsgesprächen" die Leviten. Sie ergaben meist Disziplinarmaßnahmen gegen die „Schuldigen", falls der Chefredakteur nicht schon von sich aus gegenüber seinen verantwortlichen Redakteuren tätig geworden war. Der langjährige LDPD-Vorsitzende Manfred Gerlach will sich indes bei Beschwerden über seine Parteizeitungen stets hinter die Redaktionen gestellt haben. Anders habe sich jedoch der Chefideologe seiner Partei, Rudolf Agsten, verhalten. Jener sei in „Journalistenkreisen [...] sowohl gefürchtet als auch verachtet" gewesen. Gerlach sei hingegen in einer stärkeren Position gewesen, weshalb er auch versucht habe, in die Offensive zu gehen, sofern er von Joachim Herrmann, Kurt Blecha oder Waldemar Pilz, dem ZK-Abteilungsleiter „Befreundete Parteien", angesprochen worden sei. Überdies hätte Gerlach seine Chefredakteure ausdrücklich ermutigt, kritische Artikel und Kommentare zu schreiben und sich bei diesbezüglichen Eingriffen des Presseamts auf ihn zu berufen.[29] Bewirkt hat er damit wohl so gut wie nichts, zumal Gerlach in seiner Selbstüberschätzung den Sozialismus lediglich kosmetisch mit einem liberalen Anstrich verbessern wollte. Es lag nicht in seiner Macht, Korrekturen am Parteiauftrag des Presseamtes anzubringen, das als Transmissionsriemen für die Blockpartei-Politik der SED-Führung zu fungieren hatte. Dazu gehörte auch die finanzielle und materielle Benachteiligung der insgesamt 18 Blockparteizeitungen, die 1988 vom Presseamt nur einen Anteil von 8,6 Prozent an der 9,7 Millionen Exemplare betragenden Gesamtauflage aller Tageszeitungen zugebilligt bekamen. Eine Spätfolge dieser gezielten Diskriminierung war der Niedergang der bürgerlichen Zeitungen nach 1989, während sämtliche SED-Bezirksorgane mit Hilfe westdeutscher Verleger Monopolstellungen in den neuen Bundesländern einnehmen konnten.

1.4 Zeitschriften im Kompetenzgerangel der Kontrolleure

Die DDR-Presse und die elektronischen Medien unterlagen einer eng-
maschig gestrickten Kontrolle und Anleitung. Demgegenüber erscheint auf dem ersten Blick die Einflussnahme der SED-Agitationsbürokratie auf die 1989 in der DDR insgesamt erschienenen 543 Zeitschriften geringer gewesen zu sein. Dieser Eindruck ergibt sich auch
aus der selbst von einstigen Insidern gelegentlich vertretenen Meinung, insbesondere Redakteure und Autoren von wissenschaftlichen
und Literaturzeitschriften hätten über Freiräume verfügt. Doch hier
gilt nichts anderes als für alle anderen Medien: Es gab sicherlich vereinzelt von der Parteiführung aus taktischen Gründen geduldete oder
sogar gewollte Spielräume, die allerdings auch durch Pannen des permanent überlasteten Kontrollapparates entstehen konnten. Hinzu
kam allerdings auch der Umstand, dass die umfangreiche Zeitschrif-
tenpalette anders als die Zeitungen und die elektronischen Medien
nicht nur aus der SED-ZK-Abteilung Agitation gesteuert werden
konnte. Die Kompetenzen der Kontrolleure, die in verschiedenen ZK-
Abteilungen, aber auch in Ministerien und im Presseamt saßen, waren
nicht eindeutig geregelt und überschnitten sich gelegentlich. Davon
konnten die Zeitschriftenredakteure profitieren, denen sogar in einigen Fällen kein direkter Ansprechpartner im Partei- oder Staatsapparat zugewiesen war. 1976 ermittelte eine direkt dem Ministerratsvorsitzenden unterstellte „Arbeitsgruppe Organisation und Inspektion",
für 47 von 515 in der DDR erschienenen Zeitschriften sei kein staatliches oder gesellschaftliches Organ zur Anleitung und Kontrolle beauftragt worden. Für 345 Zeitschriften seien Leiter staatlicher Organe zuständig und für 95 Periodika zeichneten Parteien, gesellschaftliche Organisationen und Verbände verantwortlich.[30]

Für periodisch erscheinende Druckerzeugnisse musste eine Lizenz beantragt werden. Diese erteilte gemäß der „Verordnung über die
Herausgabe und Herstellung aller periodisch erscheinenden Presseer-

zeugnisse" vom 12. April 1962[31] de jure das Presseamt beim Vorsitzenden des Ministerrates, dem dann in erster Linie die Überwachung der Einhaltung der formalen und materiellen Lizenzbedingungen wie Auflagenhöhe oder Papierverbrauch oblag. Lizenzen konnten laut Verordnungstext erteilt werden an Staatliche Organe, Institutionen, Akademien, Parteien, Massenorganisationen, Vereinigungen, Verlage und Einzelpersonen. Im Paragraphen 3 der Lizenzverordnung waren alle Vorkehrungen getroffen, dass nur der Partei genehme beziehungsweise von ihr veranlasste Anträge auf Lizenzerteilung zum Zuge kommen konnten. Denn es hieß in den willkürlich auslegbaren Bedingungen, der Charakter der Publikation müsse den DDR-Gesetzen entsprechen und die erforderlichen Druckkapazitäten sowie das Papier müssten vorhanden sein. Einen Rechtsanspruch auf die Herausgabe einer Publikation gab es deshalb nicht. Eine Lizenzvergabe stand ebenso wie die im Artikel 27 der Verfassung auf dem Papier gewährte Meinungsfreiheit unter dem Vorbehalt der in Artikel 1 fest geschriebenen „führenden Rolle" der SED.

Der Weg zur Lizenzerteilung für eine Zeitschrift führte in der Regel über eine Vorlage des zuständigen Fachministeriums beziehungsweise einer gesellschaftlichen Organisation an die federführende Fachabteilung im SED-Zentralkomitee. Diese leitete die Vorlage an das ZK-Sekretariat weiter. Tatsächlich fiel hier - und gelegentlich sogar im Politbüro - die Entscheidung über die Zulassung, die Einstellung oder auch die Neugründung einer Zeitschrift. Das Presseamt stellte anschließend lediglich die Lizenzurkunde aus. Die Kulturabteilungen bei den Räten der Bezirke erteilten Lizenzen für Betriebszeitungen und regionale Mitteilungsblätter. Bis zum Erlass der Lizenzverordnung waren das Amt für Literatur- und Verlagswesen beziehungsweise später die Hauptverwaltung für Verlage und Buchhandel im Kulturministerium für die Lizenzierung der Fachzeitschriften und Mitteilungsblätter zuständig.

Aus den im Bundesarchiv noch vorhandenen Akten des Presse-

amtes geht hervor,[32] dass man dort in den siebziger Jahren in der Abteilung Lektorat/Lizenzen, der in erster Linie die Kontrolle und Anleitung der Blockparteizeitungen und der Kirchenpresse oblag, besonders intensiv im Rahmen der so genannten staatlichen Öffentlichkeitsarbeit „Verfehlungen" von Redakteuren bei Fachzeitschriften
nachspürte. Dabei konnte es sich beispielsweise um mangelnde Sorg-
falt bei der „Gewährleistung von Ordnung und Sicherheit" handeln,
womit hauptsächlich Verstöße gegen Geheimschutzbestimmungen
gemeint waren. Auch so genanntes „politisch falsches Verhalten" fiel
darunter – etwa bei in Zeitschriften enthaltene Danksagungen an westliche Institutionen und Personen oder auch bei Vertriebsangaben im
Impressum über Auslieferungsadressen außerhalb der DDR, wenn
dort etwa die Bundesrepublik und West-Berlin gesondert aufgeführt
und nicht alphabetisch unter die anderen Länder eingereiht waren. Die
„Arbeitsgruppe für Organisation und Inspektion" unter der Leitung
eines direkt dem Ministerratsvorsitzenden unterstellten Staatssekretärs nahm sich mit Akribie auch solcher „Vorkommnisse" an.

Gravierende Folgen konnten Veröffentlichungen in DDR-Print-
medien nach sich ziehen, wenn sie von westlichen Medien aufgegrif-
fen wurden. Dabei brauchten nicht einmal die ohnehin kaum nach-
vollziehbaren Geheimhaltungsvorschriften verletzt zu werden, sondern es reichte aus, wenn Zeitschriften Hinweise auf „konzeptionelle
Arbeitsrichtungen" enthielten,[33] da dem „Klassenfeind" weder Einblicke in interne Vorgänge gewährt noch Angriffsflächen für „Propagandazwecke" geboten werden durften. So ergab 1972 eine Abspra-
che des Presseamts mit dem Außenministerium, bei der Streichung des
Adjektivs „deutsch" aus Zeitschriftentiteln müsse mit Bedacht vorgegangen werden, um nicht den Eindruck einer Kampagne zu er-
wecken.[34] Diese Sorge hatte auch Egon Krenz, als er noch in seiner
Funktion als FDJ-Vorsitzender in einem Schreiben an den ZK-Sekretär Paul Verner vom 7. September 1977 im Hinblick auf die bereits
damals geplante Einstellung der leicht aufmüpfigen Studentenzeit-

schrift „FORUM" zur Vorsicht riet, wenn in deren letzten Ausgabe eine diesbezügliche Mitteilung stehen würde: „Diese Mitteilung hat den Vorteil, daß alle Leser erreicht werden. Der Nachteil besteht darin, daß der Gegner sicher auch im Zusammenhang mit Bahro die Einstellung des „FORUM" als eine Reaktion auf die konterrevolutionäre Tätigkeit Bahros zurückführen wird."[35] Krenz lag sicherlich nicht falsch, wenn er hinzufügte, der „Gegner" würde auch dann die gleichen Mutmaßungen anstellen, wenn keine offizielle Mitteilung erschiene und die Abonnenten nur einen Brief erhielten.

Im Gegensatz zu allen anderen Printmedien hatte die DDR-Regierung allerdings ein erhebliches ökonomisches Interesse am Export wissenschaftlich-theoretischer Zeitschriften. So gingen 1975 beispielsweise 92 Prozent der Auflage der „Zeitschrift für anorganische und allgemeine Chemie" ins nichtsozialistische Ausland, womit man 370.000 Valutamark (eine Valutamark entsprach einer D-Mark) erwirtschaften konnte. Der Akademie Verlag, bei dem 52 Zeitschriften erschienen, brachte es im gleichen Jahr auf fast vier Millionen Valutamark Gewinn. [36] Deshalb konnte die Behandlung von Zeitschriften auch zu einer Gratwanderung zwischen ideologischer Bevormundung und – mit Rücksicht auf die dringend benötigten Devisen – nicht ganz freiwilliger Konzessionsbereitschaft geraten.

Unberechenbar für jeden Autor und Redakteur waren die Nachzensoren in der jeweils für die Zeitschrift zuständigen Fachabteilung des Zentralkomitees. So entspann sich um die kurzlebige literarische Zeitschrift „Temperamente", die nur von 1976 bis 1981 erscheinen durfte, ein zähes Ringen zwischen ihrem wechselnden Redaktionsstab und zahlreichen selbst ernannten „Ideologiepolizisten" im Partei- und Staatsapparat. Eine Vorstellung darüber, wer im einzelnen bei den in die Schusslinie geratenen „Temperamenten" beteiligt gewesen war, vermittelt ein Begleitschreiben zu einer Neukonzeption dieser Zeitschrift vom FDJ-Vorsitzenden Egon Krenz an den auch für Kulturpolitik zuständigen ZK-Sekretär Kurt Hager vom 18. April 1977.[37]

Daraus ist zunächst ersichtlich, dass der Auftrag für die Neukonzeption im Januar 1977 vom SED-Politbüro dem Zentralrat der FDJ erteilt worden war. Krenz teilte Hager nunmehr mit, er habe den Entwurf der Konzeption auch an weitere Personen übersandt. Dazu zählten: Der auch für Jugendfragen zuständige ZK-Sekretär Paul Verner, der Kulturminister Hans-Joachim Hoffmann, der damalige ZK-Abteilungsleiter für Jugendfragen Wolfgang Herger sowie die als besonders doktrinär geltende Ursula Ragwitz, die Leiterin der Abteilung Kultur im SED-Zentralkomitee.

Während sich die Zeitungslandschaft in der DDR seit den fünfziger Jahren bis zum Herbst 1989 nur geringfügig veränderte, herrschte insbesondere auf dem gesellschafts- und kulturpolitischen Zeitschriftensektor eine ständige Fluktuation. Sie beruhte keineswegs nur auf dem sicherlich permanent vorhandenen Papiermangel, mit dem die SED-Agitationsbürokratie Einstellungen von Zeitschriften in der Regel begründete. Diese erfolgten jedoch eher im Kontext zu innen- und außenpolitischen Kursänderungen sowie zur Verschleierung des sich abzeichnenden wirtschaftlichen Niedergangs. So veranlasste 1979 der ZK-Wirtschafts-Sekretär Günter Mittag aus damals schon durchsichtigen Gründen die Einstellung der von der Zentralverwaltung für Statistik herausgegebenen Monatszeitschrift „Statistische Praxis" oder 1983 die des einzigen informativen Fachblatts „Die Wirtschaft".[38]

Welchen Pressionen Zeitschriftenredakteure ausgesetzt sein konnten, wird aus einem Hilferuf von Ursula Hertel, der Chefredakteurin von „Deine Gesundheit", in einem Schreiben vom 18. September 1988 an den ZK-Sekretär für Agitation Joachim Herrmann deutlich.[39] Sie berichtete darin über eine inquisitorisch verlaufene Besprechung mit dem Staatssekretär im Gesundheitsministerium, einem Mitarbeiter der ZK-Abteilung Gesundheitspolitik und hochrangigen Vertretern des Verlages. In deren Verlauf seien ihr „politische Sorglosigkeit bis hin zur Verantwortungslosigkeit" vorgeworfen worden, was man damit begründet hätte: „Mit der Zeitschrift würde Unruhe in der Bevölkerung verbreitet, staatliche Stellen sollten unter Druck gesetzt werden, die Partei solle Lügen gestraft werden. Zum Beleg für diese Anschuldigungen wurden einzelne Sätze aus den verschiedensten Heften (z. B. 12/87, 7/88, 8/88 und andere) …[angeführt – G. H. Das Verb fehlt im Original]. Das Ganze gipfelte in der Bemerkung des Genossen Staatssekretärs, daß – sollten wir noch ein Heft dieser Art machen – ,die Köpfe rollen' werden."

Die ZK-Abteilung Gesundheitspolitik erwartete von Ursula Hertel, dass sie ihre „falschen Grundpositionen korrigiere", ansonsten würde sie als Chefredakteurin abgelöst. Sie bat nunmehr den Agitationssekretär um eine Erklärung „von kompetenter Seite" für diese Einschätzung der Arbeit ihrer Redaktion, die schließlich noch kurz zuvor am 1. Mai 1988 mit dem „Banner der Arbeit" ausgezeichnet worden sei. Der lapidare Aktenvermerk des persönlichen Referenten Herrmanns vom 14. Oktober 1988 ist charakteristisch für die in der DDR-Endzeitstimmung zögerliche und verhaltene Art und Weise der Konfliktregelung: „Brief in Übereinstimmung mit Genossen Heinz Geggel [ZK-Abteilungsleiter Agitation; G. H.] am 20. 9. 1988 an Genossen Karl Seidel [ZK-Abteilungsleiter Gesundheitspolitik; G. H.] übergeben, damit noch in der angekündigten Sitzung der Parteileitung am 21. September eine Klärung eingeleitet werden konnte. Genosse Seidel teilte am 13. Oktober 1988 mündlich mit, daß alle Fragen geklärt worden sind und Genossin Hertel damit ihren Brief als beantwortet betrachtet."[40]

Der ostdeutsche Historiker Stefan Wolle beschreibt aus persönlicher Erfahrung am Institut für Allgemeine Geschichte der Akademie für Wissenschaften die verschlungenen Pfade zur Veröffentlichung beziehungsweise zur Makulierung wissenschaftlicher Manuskripte: „Zunächst lasen, diskutierten und bewerteten – auch ideologisch – Angehörige der Abteilung oder Arbeitsgruppe des Instituts den Text. Dann ging er zur Genehmigung an den zuständigen staatlichen Leiter, der es entweder selbst prüfte oder Kollegen damit beauftragte. Erfolgten keine Beanstandungen, wurde er offiziell abgesegnet und kam zum Verlag oder zur Zeitschriftenredaktion. Im Laufe der achtziger Jahre erschienen zusätzliche interne ‚Publikationsordnungen', die sogar die disziplinarische Ahndung ungenehmigter Veröffentlichungen innerhalb der DDR vorsahen."[41] Im Regelfall hätte jedoch, so Wolle, das System der Konfliktbereinigung im Vorfeld – und natürlich auch die „Schere im Kopf" der Autoren – ausgezeichnet funktioniert. Dennoch konnte ein geübter „Zwischen-den-Zeilen-Leser" bei der Zeitschriftenlektüre durchaus Erfolgserlebnisse haben, entweder weil sich die Kontrolleure im Kompetenzgerangel verfingen oder nicht selten wohl auch schlicht überfordert waren.

1.5 Das Informationsmonopol der Nachrichtenagentur ADN

Am 10. Oktober 1946 erteilte die Informations- und Propagandaabteilung der Sowjetischen Militäradministration 16 sowjetzonalen Zeitungsverlagen sowie dem Hörfunk angehörenden Gesellschaftern die Lizenz zur Gründung des Allgemeinen Deutschen Nachrichtendienstes (ADN), der ersten deutschen Nachrichtenagentur im Nachkriegsdeutschland. Unter dem Deckmantel der „Überparteilichkeit" und des „antifaschistisch-demokratischen Aufbaus" bezog man auch bürgerliche Lizenznehmer in die ADN GmbH ein. Sie nahmen jedoch in der sogleich von SED-Funktionären beherrschten Agentur lediglich eine Alibifunktion ein. Mit Wirkung vom 1. Mai 1953 wandelte die DDR-Regierung ADN in eine staatliche Institution um. In der Folgezeit unterlag die Nachrichtenagentur formal dem Weisungsrecht des Ministerpräsidenten. Es wurde, zumindest bei Routinevorgängen, durch das ihm unterstellte Presseamt ausgeübt. Am 1. Januar 1956 erfolgte die Vereinigung von ADN mit der bis dahin selbständigen Bildagentur „Zentralbild". Ende der achtziger Jahre beschäftigte ADN knapp 1400 Mitarbeiter. 1992 verkaufte die Treuhandanstalt

ADN an den Deutschen Depeschen Dienst, der die personell drastisch reduzierte Agentur mit der Regionalberichterstattung aus den neuen Bundesländern beauftragte.

Zu DDR-Zeiten besaß der 1986 in 87 Staaten akkreditierte ADN das Monopol für die Auslandsberichterstattung. Lediglich „Neues Deutschland" und die elektronischen Medien verfügten in wenigen Ländern über eigene Korrespondenten. Die meisten der von ADN-Auslandskorrespondenten verfassten ausführlichen Hintergrundberichte waren nicht für die Veröffentlichung bestimmt, sondern dienten der exklusiven Information der Partei- und Staatsführung. Nicht wenige ihrer Berichte entstanden auf Veranlassung der Hauptverwaltung Aufklärung des MfS. Andererseits veröffentlichten die DDR-Medien auch Berichte von ADN-Korrespondenten, die ohne deren Mitwirkung in Ost-Berlin angefertigt worden waren. Dem Bonner ADN-Korrespondenten Ralf Bachmann haben nach eigenem Bekunden mehrere derartige, von ihm nicht geschriebene, jedoch mit seinem Namen versehene Artikel den meisten Ärger in Bonn eingebracht.[42]

Verbindliche ideologische Arbeitsrichtlinien für ADN-Redakteure ließ die Partei in dem im DDR-Gesetzblatt vom 14. Juli 1966 verkündeten ADN-Statut unmissverständlich verankern. Danach hatte sich die Wort- und Bildberichterstattung von ADN nach dem SED-Programm sowie nach den Beschlüssen des SED-Zentralkomitees und der staatlichen Organe zu richten. Außerdem bestand für ADN die Verpflichtung, „zur Entwicklung und Festigung des sozialistischen Bewußtseins aller Schichten der Bevölkerung" durch eine „parteiliche" Informationsvermittlung beizutragen. Das bedeutete: ADN fungierte in erster Linie als Weiterleiter der Informationsgebung oder besser gesagt der Informationszuteilung der SED-Führung. Alle DDR-Medien waren gehalten, ausschließlich ADN-Meldungen zu verwenden, wobei häufig gleich deren genaue Platzierung in der Berichterstattung der Medien angewiesen wurde.

Die unmittelbare Anbindung von ADN, des Fernsehens und des Hörfunks an die SED-Führung verschleierte man nach außen hin und erweckte stattdessen den Eindruck, sie unterstünden nicht nur fachlich, sondern auch administrativ dem staatlichen Presseamt. Dies missfiel dem Agitationssekretär Joachim Herrmann. Er beschwerte sich darüber im November 1988 bei der Anforderung von Investitionsmitteln für ADN und die elektronischen Medien beim zuständigen ZK-Wirtschaftssekretär Günter Mittag. Obwohl diese Medien „der politischen Führung unmittelbar durch das ZK der SED unterstehen" würden, beklagte sich Herrmann, behandele man sie bei Bedarfsanforderungen als nachgeordnete staatliche Organe und benachteilige sie damit auch finanziell gegenüber den Parteizeitungen.[43]

Nur ADN war es gestattet, die Sendungen westdeutscher und ausländischer Nachrichtenagenturen zu empfangen und, falls es politisch opportun erschien, zur Veröffentlichung in den DDR-Medien aufzubereiten. Manipuliert wurde dabei nicht mit plumpen Fälschungen, sondern nach dem Vorbild von Karl Eduard von Schnitzlers „Schwarzem Kanal" vorzugsweise durch sinnentstellende Verkürzungen und die Unterschlagung von Fakten, so dass für den Normalbürger die westdeutschen elektronischen Medien als komplementäre Informationsquellen unentbehrlich waren. Für die Spitzengenossen lieferte die Informationsabteilung von ADN mehrere, fachlich untergliederte Hintergrunddienste mit unterschiedlichem Vertraulichkeitsgrad, der sich auf die Funktion des Empfängers bezog. Am begehrtesten war – schon aus Statusgründen – das mit einem grünen Querbalken versehene, als „Streng vertraulich" eingestufte Bulletin. Es enthielt ungefilterte, für die DDR relevante Meldungen ausländischer Nachrichtenagenturen. Lediglich von der sowjetischen Agentur TASS erschien darin nichts, weil die Botschaft der UdSSR auch auf dem Verteiler stand und nicht erfahren sollte, welche TASS-Meldungen in der SED-Führung intern für wichtig gehalten wurden.[44] Die Zweckbestimmung sowie die inhaltliche und formale – sogar farblich identische –

Gestaltung der geheimen ADN-Hintergrunddienste entsprachen denen des Deutschen Nachrichtenbüros des Dritten Reichs.

Brisante Meldungen, beispielsweise über einen Grenzzwischenfall, einen „polemischen Beitrag" in einer ungarischen Zeitung oder den Wortlaut einer Rede des Bundeskanzlers, mussten auf Honeckers Weisung von der ADN-Zentrale in der Berliner Mollstraße als Eilinformationen aus Sicherheitsgründen per Boten ins ZK überbracht werden. Das durften nur „politisch zuverlässige Kader" sein, weshalb man vorzugsweise die von ADN eingestellten „besten Absolventen der Sektion Journalistik" im ersten Beschäftigungsjahr als Kuriere einsetzte.[45]

Die Angst vor den Folgen „politischer Fehler" begleitete im Berufsalltag zwar jeden DDR-Journalisten. Für ADN-Nachrichtenredakteure, deren Meldungen einen partei- und regierungsamtlichen Charakter trugen, war sie jedoch besonders belastend. Zumal dann, wenn vorfabrizierte Meldungen aus dem Partei- und Regierungsapparat zum Zeitpunkt ihrer Veröffentlichung bereits überholt waren oder wenn sie gar zu früh erschienen. So konnte beispielsweise im Herbst 1979 Günter Gaus, der damalige Ständige Vertreter der Bundesrepublik bei der Regierung der DDR, schon auf seiner Fahrt ins Außenministerium einer ADN-Meldung im „Neuen Deutschland" entnehmen,[46] der stellvertretende DDR-Außenminister Michael Kohl habe sich bei ihm bereits gegen eine angebliche Einmischung der Bundesregierung in die inneren Angelegenheiten der DDR verwahrt.

1.6 Das MfS und die Medien

Das einstige SED-Politbüromitglied Günter Schabowski beantwortete die Frage nach MfS-Kontakten während seiner langjährigen journalistischen Tätigkeit bei der Gewerkschaftszeitung „Tribüne" und als Chefredakteur von „Neues Deutschland" in den Jahren von 1978 bis 1985 vermutlich wahrheitsgemäß, denn die obligatorischen dienstlichen Kontakte zum MfS dürfte er seinem für Sicherheits- und Personalfragen zuständigen Abteilungsleiter überlassen haben: „Ich hatte, bevor ich ins Politbüro kam, nie direkt persönlich mit der Staatssicherheit zu tun gehabt. Es hat zwar auch für die Medien Verantwortliche im Ministerium für Staatssicherheit gegeben. Die hatten allerdings in erster Linie sicherzustellen, daß mit der Drucktechnik nichts schief ging, daß über die Technik politische Fehler in die Zeitungen gelangten oder feindliches Material produziert würde. Die Redaktion war ja selbst eine politische Institution ersten Ranges. Niemand war besser befähigt als die Redaktion selber, ihre Texte zu kontrollieren. Das war nicht Sache der Sicherheit. Das hat die Partei selber, im ,ND‘ sogar der Generalsekretär, zu begutachten gehabt."[47]

Tatsächlich haben sich die für die Medien zuständigen MfS-Diensteinheiten nur in Ausnahmefällen auf eigene Faust und ohne Wissen der Agitationsbürokratie des SED-Zentralkomitees an der inhaltlichen Gestaltung der Medienpolitik beteiligt. Andererseits überwachte das MfS durch die Platzierung von Inoffiziellen Mitarbeitern – selbst beim Parteiorgan „Neues Deutschland" – nicht nur die Drucktechnik oder die Einhaltung der Arbeits- und Brandschutzbestimmungen, sondern auch die persönlichen Verhaltensweisen und die politische Zuverlässigkeit von Redaktionsmitgliedern und des technischen Personals. So beschäftigten sich zuletzt allein 42 hauptamtliche und ca. 350 Inoffizielle Mitarbeiter des Referates 3 der Hauptabteilung XX/7 mit der „Kontrolle und Sicherung der journalistischen Tätigkeit" und des technischen Personals bei den Staatlichen Komitees für Rundfunk und Fernsehen, der ostberliner Presse und der Nachrichtenagentur ADN.

Dem jeweiligen Referat 7 der Abteilung XX in den MfS-Bezirksverwaltungen oblag auf bezirklicher Ebene die Sicherung und „Aufklärung" der Massenmedien. Darunter fiel beispielsweise die gezielte Abschöpfung von Redaktionsmitgliedern und die Erkundung der politischen Stimmung in den Redaktionen, die kontinuierliche

Sammlung von Fakten aus der Privatsphäre von Redaktionsangehöri-
gen, deren eventuelle Verbindungen ins nichtsozialistische Ausland
sowie nicht zuletzt die Informationsaufbereitung über die Arbeitsabläufe in den Redaktionen. Dazu benötigten die zuständigen haupt-
amtlichen MfS-Bediensteten nur verhältnismäßig wenig Inoffizielle
Mitarbeiter. Schließlich waren die meisten Journalisten ohnehin regi-
metreu, denn vor ihrer Zulassung zum Studium hatte sie die Partei und
das MfS sorgfältig auf ihre politische Zuverlässigkeit überprüft. Die regelmäßige Konsultation von offiziellen Kontaktpersonen, das waren
Chefredakteure, deren Stellvertreter, Parteisekretäre, Kaderleiter sowie Mitglieder der Verlagsleitungen, deckte im allgemeinen den In-
formationsbedarf des MfS ab. Dessen Gegenleistung bestand in der
präventiven Absicherung der Medien gegen Störfaktoren und in der
„Rolle als kaderpolitischer Akteur und Dienstleistender, und zwar in
jedem Fall unter bedingungsloser Anerkennung der medienpolitischen Vorgaben durch die SED-Führung".[48] Die für die Absicherung
der Medien zuständigen MfS-Diensteinheiten nutzten auch außerre-
daktionelle, berufsbedingte und gelegentlich sogar freundschaftliche
Beziehungen von IM-Journalisten systematisch aus. So war beispielsweise der überwiegende Teil der in der „Berliner Zeitung" in den Abteilungen Wirtschaft, Innen- und Außenpolitik beschäftigten IMs
schwerpunktmäßig mit der Abschöpfung, Bespitzelung und Beeinflussung ausländischer Diplomaten und Korrespondenten beauftragt.
Demgegenüber hatten in der „Sächsischen Zeitung" hauptsächlich
Redakteure der Sport- und Kulturabteilung die Dresdner Kunst- und
Kulturszene beziehungsweise die Sportvereinigungen „aufzuklären".[49]
     Die SED benutzte die Staatssicherheit in doppelter Hinsicht zur
Absicherung ihrer Medienpolitik: Einerseits hatte das MfS, ebenso wie
die anderen Ministerien, im Rahmen der sogenannten „Staatlichen
Öffentlichkeitsarbeit" – allerdings unter spezifischen konspirativen
Bedingungen – seinen Beitrag zur parteilich aufbereiteten Selbstdar-

stellung des Staatsapparates zu leisten. Zum anderen war es für die so genannte „politisch-operative Sicherung" der Redaktionen, Druckereien und Funkhäuser verantwortlich. Diese Aufgabe erfüllte das MfS mit seinem eingespielten repressiven Instrumentarium im Prinzip bei allen staatlichen und gesellschaftlichen Institutionen sowohl auf der Ebene offizieller Arbeitskontakte zu den jeweiligen Kader-, Verwaltungs- und Sicherheitsabteilungen als auch durch den verdeckten Einsatz von haupt- und nebenamtlichen Spitzeln.

Als Anlage 5 des Wochenberichts der Zentralen Auswertungs- und Informationsgruppe (ZAIG) vom 9. März 1987 finden sich „Hinweise über einige beachtenswerte Erscheinungen in der Redaktion ‚Neues Deutschland'".[50] Sie verdeutlichen, in welchem Umfang sich auch in der ND-Redaktion ohne Wissen des Chefredakteurs Herbert Naumann, dem Nachfolger Schabowskis, MfS-Spitzel tummelten. Sie tadelten auf das Heftigste Naumanns Führungsstil. „Obwohl sein klarer politischer Standpunkt" von den Redakteuren anerkannt werde, hieß es in der ZAIG-Information, gebe es kritische Äußerungen über dessen Verhalten gegenüber Untergebenen und externen Autoren. Er missachte insbesondere die Arbeit der Kultur- und Wissenschaftsredaktion. Naumann bevorzuge eine „vulgäre Ausdrucksweise gegenüber Mitarbeitern (Gebrauch von Schimpfwörtern)", was ihm in der Redaktion den Spitznamen „Kloaken-NAUMANN" eingetragen habe. Wohl in großer Sorge über die Gefährdung der „politisch-operativen Sicherheit" beim ND hielt die ZAIG fest: „Wiederholt wurde darauf aufmerksam gemacht, daß sich das persönliche Verhalten des Genossen NAUMANN nachteilig auf die Arbeitsatmosphäre in der Redaktion auswirke. Sie sei gekennzeichnet durch fehlende parteiliche Auseinandersetzungen, Resignationserscheinungen und Unwillensbekundungen sowie durch eine beträchtliche Zunahme des Alkoholkonsums der Mitarbeiter während und nach der Arbeitszeit." Einige Redakteure seien bereits im starken Maße alkoholabhängig. Entsprechende Andeutungen über das beschriebene Verhalten des Chefredakteurs habe auch der Abschiedsbrief eines stellvertretenden Abteilungsleiters enthalten, der Selbstmord begangen habe. Da trotz mehrheitlicher Ablehnung Naumanns kein Redaktionsmitglied bereit gewesen sei, die gespannte Situation offen anzusprechen, empfahl die ZAIG abschließend, den zuständigen ZK-Sekretär Joachim Herrmann „in geeigneter Form zu informieren".

Die Staatssicherheit gab sich bei der Sicherung der Medien nur selten so fürsorglich wie im Falle Naumanns. Insbesondere bei sinnentstellenden politischen Druckfehlern trat sie automatisch als gefürchtetes Untersuchungsorgan in Aktion. Obwohl die meisten der im Nachhinein entdeckten Fehler mit der üblichen Hektik bei der Schlussredaktion erklärt werden konnten, ging man bis zum Beweis des Gegenteils stets davon aus, Saboteure müssten am Werk gewesen sein. Im günstigsten Falle, bei offenkundiger Fahrlässigkeit, bekamen die verantwortlichen Redakteure, Sekretärinnen, Korrektoren oder Setzer einen Verweis. Oft erhielten sie aber auch ihre fristlose Kündigung. In den fünfziger Jahren drohte überdies die Inhaftierung. Wenn politische Druckfehler rechtzeitig entdeckt wurden, setzte man alles daran, mit Hilfe der Volkspolizei und des Postvertriebs die bereits ausgelieferten Zeitungen wieder zurückzuholen. Einen diesbezüglichen Erfolg vermeldete die ZK-Abteilung Agitation am 27. Februar 1981 dem zuständigen ZK-Sekretär Joachim Herrmann in einem Eilvermerk: „Heute nacht wurde die Freitagsausgabe der Zeitung ‚Neuer Weg', Organ der CDU für Sachsen-Anhalt, Druckort Halle, eingestampft und neu gedruckt. Die Unterzeile unter der Schlagzeile zum XXVI. Parteitag der KPdSU hatte gelautet: Weitere 8 *Rentner* [im Original unterstrichen; G. H.] sprachen in der Diskussion. Auflagenhöhe 37000. Die zuständigen bezirklichen Behörden untersuchen die Angelegenheit."[51]

Vergleichbare Fälle sind verhältnismäßig häufig in den Archiven des ehemaligen SED-Parteiarchivs, des Presseamts und der Birthler-Behörde dokumentiert. Im Schriftverkehr des Presseamts und des

Zentralkomitees vermied man in der Regel, das MfS als Untersuchungsorgan namentlich zu benennen. Außerdem fällt auf, dass häufiger Zeitungen der Blockparteien betroffen waren, was wohl hauptsächlich an der im Vergleich zur SED-Presse schlechteren personellen Ausstattung ihrer Redaktionen und Druckereien lag.[52]

An nicht von der Redaktion bestellten Leserbriefen hatte das MfS ein besonderes Interesse,[53] was die Anhänger des „system-immanenten" Forschungsansatzes noch immer in Abrede stellen.[54] So wurden beispielsweise das MfS interessierende Leserbriefe beim Hallenser SED-Bezirksorgan „Freiheit" von der Sekretärin des Chefredakteurs gesammelt und „gelegentlich beim Besuch übergeben".[55] Bei der „Berliner Zeitung" übersandte der Redaktionssekretär Ottomar Harbauer Leserzuschriften mit Begleitschreiben an das MfS.[56]

Auch bei der nach sowjetischem Vorbild in der DDR geschaffenen Volkskorrespondenten-Bewegung stellt sich die Frage, ob die Freizeitjournalisten, die ungeschminkt aus ihren Betrieben und Wohngebieten für die Medien berichten sollten, zu ihrem Verdruss dort aber nur verhältnismäßig selten zu Wort kamen, in Wirklichkeit vor allem wissentlich oder unwissentlich Spitzeldienste leisteten. Der Chefredakteur der „Leipziger Volkszeitung" Rudi Röhrer, ein engagierter Mentor der Volkskorrespondenten, verfiel jedenfalls auf einer Volkskorrespondenten-Konferenz seiner Zeitung am 11. April 1987 in einen professionellen Stasi-Jargon, als er die erwünschten Eigenschaften eines vorbildlichen Volkskorrespondenten beschrieb. Dieser sollte nämlich wie kein anderer in der Lage sein, „Verhaltensweisen in den Arbeitskollektiven nachzuspüren, Motive für das individuelle oder kollektive Handeln freizulegen, Stimmungen und Meinungen wiederzugeben. Er ist das Ohr an der Masse, einer, der täglich das Stimmungsbarometer ablesen kann, die neuesten Fragen und Argumente kennt und auch mit Gerüchten und feindlichen Auffassungen konfrontiert wird".[57] Möglicherweise stagnierte in den siebziger und achtziger Jahren trotz intensiver Werbung die Anzahl der Volkskorrespondenten nicht zuletzt deshalb, weil es nicht als erstrebenswert erschien, sich als „Auge und Ohr" der Partei missbrauchen zu lassen.

Wenn auch die „politisch-operative Sicherung" der Medien durch das MfS normalerweise nicht mit einer inhaltlichen Einflussnahme einher ging, so gehörte dies bei der Kirchenpresse und den Inoffiziellen Publikationen der Bürgerrechtler zum Alltag. Nach 1989 wurde bekannt, dass deren Redaktionen und Druckereien von Inoffiziellen Mitarbeitern der für die Medien zuständigen MfS-Hauptabteilung XX durchsetzt waren. Selbst Chefredakteure von Kirchenzeitungen, wie beispielsweise Jürgen Kapiske von der „Mecklenburgischen Kirchenzeitung", zählten dazu.[58] Kapiske wurde seit 1973, als er sich selbst dem MfS andiente, noch während seines Studiums zielgerichtet auf seinen späteren Einsatz als Informant über die Kirchenpresse vorbereitet. Mit seiner Diplomarbeit über die evangelische DDR-Wochenpresse, mit der er sich auf Anraten seiner Auftraggeber auf seinen Einsatz vorbereitete, verschaffte sich Kapiske ein schnelles Entree in die kirchliche Publizistik.[59]

Im Fernsehen und Hörfunk knüpfte das MfS sein „inoffizielles Netz" unter den dort 10.000 Beschäftigten in den siebziger und achtziger Jahren besonders eng. Die 1990/91 mancherorts kritisierten knapp 200 Kündigungen von belasteten Mitarbeitern durch Rudolf Mühlfenzl, dem Rundfunkbeauftragten für die neuen Länder,[60] erfuhren noch Jahre nach der „Wende" ihre Rechtfertigung. Die Stasi-Überprüfungen beim Ostdeutschen Rundfunk Brandenburg führten Anfang der neunziger Jahre zu weiteren Entlassungen von prominenten Journalisten, während noch im Jahre 2001 eine leidenschaftliche, öffentlich geführte Debatte um die Weiterbeschäftigung von IMs beim Mitteldeutschen Rundfunk in herausragenden Positionen entbrannte.

Unbequeme Wahrheiten ignorierte die SED-Führung in den achtziger Jahren zunehmend. Gelegentlich besaß sie immerhin noch soviel Realitätssinn, sich nicht der Lächerlichkeit preiszugeben und vom Übereifer des MfS anstecken zu lassen. Denn die Rollenverteilung im zwischen dem MfS und der SED-Führung war in Bezug auf die Medien-Kontrolle eindeutig – die Partei hatte auch hier stets das letzte Wort. Für den Stellvertretenden Vorsitzenden des Staatlichen Fernsehkomitees, Dieter Glatzer, war die MfS-Tauglichkeit der Mitarbeiter des DDR-Fernsehens die wichtigste Einstellungsvoraussetzung. Der ostdeutsche Medienwissenschaftler Peter Hoff war jedenfalls angesichts der Selbstverständlichkeit und Offenheit Glatzers sprachlos, mit der jener ihm 1985 im persönlichen Gespräch bedeutete: „Unsere Mitarbeiter müssen nicht unbedingt alle in der Normannenstraße (dem Hauptquartier des Ministeriums für Staatssicherheit in Berlin, P. H.) arbeiten, sie müssen aber jederzeit dort angestellt werden können."[61]

1.7 Die Journalisten

Parallelen zwischen dem NS- und dem SED-Regime drängen sich nicht nur in der Gestaltung der inhaltlichen Medien-Steuerung auf, sondern auch in der Einbindung der Journalisten in die von der jeweils herrschenden Staatspartei gelenkten Berufsverbände. Die Mitgliedschaft im „Reichsverband der deutschen Presse" war für die Berufsausübung unabdingbar. Wohl nicht zuletzt deshalb, um vor der Aufnahme unter anderem die arische Abstammung überprüfen zu können.

Im Dritten Reich wie in der DDR hatten sich die Journalisten in ihrem beruflichen Selbstverständnis als Staatsfunktionäre zu verstehen. Die Grundlage dafür war im NS-Staat das Schriftleitergesetz vom 4. Oktober 1933, das den Journalisten einen quasi beamtenrechtlichen Status zuwies. Das 1981 von der Sektion Journalistik der Leipziger Universität herausgegebene „Wörterbuch der sozialistischen Journalistik" definierte die Funktionärsrolle aller Journalisten – also auch derjenigen, die nicht der SED angehörten – unmissverständlich: „Der sozialistische Journalist ist Funktionär der Arbeiterklasse, einer ande-

ren Blockpartei (bei Mehrparteiensystemen im Sozialismus) bzw. einer gesellschaftlichen Organisation und der sozialistischen Staats-
macht, der mit journalistischen Mitteln an der Leitung ideologischer
Prozesse teilnimmt."

Die Auswirkungen, die ein derart von einer Parteidiktatur ver-
bogenes journalistisches Ethos in den posttotalitären Phasen nach
1945 beziehungsweise nach 1989 hatte, sind noch nicht hinreichend
untersucht worden. Soviel dürfte allerdings feststehen: In den Nachkriegsjahren fanden in allen vier Besatzungszonen auch zahlreiche
ehemalige NS-Schriftleiter eine neuerliche Anstellung. Selbst für das
SED-Zentralorgan „Neues Deutschland" oder für die Ost-„Berliner
Zeitung" schrieben ehemalige NSDAP-Mitglieder. In den Westzonen
bewies die Mehrzahl von ihnen Lernbereitschaft – wohl auch auf der
Grundlage neu gewonnener Einsichten – in Anbetracht der von den
Alliierten verordneten Demokratisierung und Pluralisierung des gesellschaftlichen Lebens. Da aber die NS-Herrschaft nur zwölf Jahre
währte, hatten viele Journalisten ihr Handwerk schon in der Weimarer Republik erlernt. Sie konnten sich deshalb naturgemäß leichter auf
die neuen Verhältnisse einstellen als 1989/90 die ehemaligen DDR-
Journalisten. Sofern sie nicht über ein überdurchschnittliches journalistisches Talent verfügten, gestaltete sich ihr beruflicher Übergang in
die Medienvielfalt der größer gewordenen Bundesrepublik weitaus
schwieriger, denn sie hatten in ihrem Berufsleben schließlich nur den
Verlautbarungsjournalismus erlernt. Selbständige Recherchen waren
risikobehaftet und zumeist unerwünscht. Deshalb war der häufig die
journalistische Sorgfaltspflicht verletzende Enthüllungsjournalismus
im Herbst 1989 auch eine Folge unverschuldeter mangelnder Professionalität.

Absolute Linientreue war die Voraussetzung für die Zulassung
zum Studium in Leipzig an der Fachschule des Journalistenverbandes
oder der Sektion Journalistik der Universität. Die 1956 gegründete
Fachschule verlieh nach dreijährigem erfolgreichen Studium die staat-

lich geschützte Berufsbezeichnung „Journalist", während man sich an der Sektion Journalistik der Karl-Marx-Universität zum „Diplomjournalisten" graduieren konnte. In der Regel konnte eine journalistische Tätigkeit nur mit diesen Abschlüssen ausgeübt werden. Es bestand aber auch die Möglichkeit, mit einem anderen Studium als Fachjournalist oder – allerdings nur in seltenen Fällen – als freier Journalist für die Medien zu arbeiten. In den Redaktionen schätzte man diese Kollegen, da sie als Spezialisten auf ihrem Gebiet mehr vorzuweisen hatten als nur die durch die Leipziger „Rotlichtbestrahlung" erworbenen Kenntnisse der kommunistischen Klassiker. Weniger willkommen waren dort allerdings von der Partei protegierte ehemalige Volkskorrespondenten, die sich als ehrenamtliche Mitarbeiter bei der Presse und den elektronischen Medien zwar ideologisch bewährt hatten, aber häufig den ohnehin nicht hochgeschraubten Anforderungen in den Redaktionen entsprachen.[62]

Wolfgang Kirkamm, zu DDR-Zeiten Journalist bei der „Jungen Welt", der als Jugendlicher in den fünfziger Jahren mit seinen Eltern aus der Bundesrepublik in die DDR übergesiedelt war, schildert die Anfänge seines Berufslebens und den von ihm erlebten Studienbetrieb am „Roten Kloster" in Leipzig.[63] Er bewarb sich 1966 bei der Neubrandenburger SED-Bezirkszeitung „Freie Erde", die ihn nach einem Eignungstest als Volontär einstellte. Im Mai 1967 wurde er für 18 Monate als Wehrpflichtiger zur NVA eingezogen. Anschließend delegierte ihn seine Volontariatsredaktion zum Journalistikstudium an die Sektion Journalistik der Leipziger Universität. Da Kirkamm danach ein Forschungsstudium aufnahm, das er 1974 mit der Promotion zum Dr. rer. pol. abschloss, wurde er nicht, wie allgemein üblich, wieder in seine Heimatredaktion zurückgeschickt. Seinem Wunsch, nach dem Studium in die Nachrichtenagentur ADN einzutreten, entsprach die Einsatzkommission der SED-ZK-Abteilung Agitation jedoch nicht. Stattdessen vermittelte man ihn an das FDJ-Zentralorgan „Junge Welt". Eine freie Wahl des Arbeitsplatzes gab es für die Leipziger Absolventen nicht. In den Einsatzgesprächen, denen sich jeder Student der Sektion Journalistik im dritten Studienjahr stellen musste, wurde vielmehr in der Regel per „Parteiauftrag" die Rückkehr in die Volontariatsredaktion angeordnet.

Durch die journalistische Praxis während des Volontariats und der – so Kirkamm – „nicht selten idealisierenden Universitätsausbildung" seien den Studenten rasch eine Reihe von gravierenden Widersprüchen zum „rauhen SED-Kommandojournalismus" aufgefallen. Einen hohen Anteil der von der ZK-Abteilung Agitation überwachten Ausbildung an der Sektion Journalistik nahmen gesellschaftswissenschaftliche Vorlesungen und Seminare aus dem Bereich des Marxismus-Leninismus ein. Er überschritt bei weitem den in anderen Studiengängen obligatorischen Umfang. Nützlicher für das Berufsleben waren dagegen die ebenfalls zum Lehrangebot gehörenden handwerklichen Unterweisungen und praktischen Übungen in journalistischer Methodik. Der Dauerkonflikt bei der Mehrzahl seiner Kommilitonen, erinnert sich Kirkamm, habe sich zwischen den Polen einer ideologisch überfrachteten Lehre, dem Wissen um die oft gänzlich andere Praxis, der erlebten gesellschaftlichen Realität und einer ständigen Beschäftigung „mit einem anderen deutschen Journalismus" bewegt. Letzteren hätten die elektronischen West-Medien insbesondere durch ihre Informationssendungen und Minderheitenprogramme veranschaulicht. Zu Kirkamms Studienzeit habe sich deshalb die Kritik der Studenten vor allem auf folgende Punkte bezogen:
- die tiefe Kluft zwischen dem Universitäts-Ideal und der journalistischen Praxis,
- das unzureichende praktische journalistische Training,
- die krampfhaften Versuche im Fach „Wesen und Funktion des sozialistische Journalismus", das Handwerk Journalismus philosophisch verquast nach Marx/Engels/Lenin zur Wissenschaft befördern zu wollen,
- die einseitig auf Russisch orientierte Sprachen-Ausbildung,

- die allgemeine Verschulung des Studiums über disziplinierende
  Druckmittel wie Anwesenheitslisten, Teilnahme an militäri-
  scher Ausbildung, Wissenstests, Selbststudium nach sehr formalen Kriterien,
- die Überbetonung offensichtlich ziemlich sinnloser „journalis-
  tikwissenschaftlicher Erkenntnisse" aus der Sowjetunion und
  die nahezu völlige Ignoranz gegenüber Arbeiten der westdeutschen oder amerikanischen Kommunikationsforschung,
- die im Laufe der 70er Jahre geradezu panisch werdende Angst
  vor der soziologischen Forschung (Sektionsdirektor Dusiska
  zur Forderung meiner Studentengruppe, Wirkungsforschung
  zu betreiben: „Sie wissen doch, die Partei wünscht so etwas
  nicht.").[64]

Während sich die Haltung der Studenten gegenüber der Sowjetunion
seit Mitte der achtziger Jahre unter dem Eindruck der innen- und
außenpolitischen Lockerungsübungen Gorbatschows zum Positiven
veränderte, verstärkte sich im gleichen Maße die Unzufriedenheit über
die von Honecker und Herrmann praktizierte Informationspolitik.
Unter deren Widersprüchen und Auswüchsen hatten sowohl die Be-
rufsanfänger als auch die altgedienten Journalisten zu leiden, sofern sie
zu kritischem Denken fähig waren.

Der Kontrolle und Gängelung der Journalisten diente auch der
„Verband der Journalisten der DDR" (VDJ), wie er seit 1972 offiziell
hieß. Er nahm am 1. Januar 1946 – bis 1950 zunächst in allen Sektoren
Berlins – als „Verband der Deutschen Presse" seine Arbeit auf. Bis
1953 gehörte der VDJ dem Freien Deutschen Gewerkschaftsbund an.
Anschließend konstituierte sich ein auf dem Papier selbständiger
„Verband der Journalisten". Tatsächlich sollte der Journalistenverband aber nur unmittelbar unter die Fittiche der SED-Führung genommen werden. Die ideologischen und kaderpolitischen Vorgaben
konnten dadurch auf direktem Wege übermittelt werden. Wenn bei-

spielsweise Führungspositionen im VDJ vergeben wurden, so fanden
zwar förmliche Wahlen auf den dafür nach dem Statut zuständigen
Delegiertenversammlungen statt. Zuvor wurden jedoch intern bereits
die vorgesehenen Funktionsinhaber entsprechend den ständig aktua-
lisierten Kadernomenklaturlisten von der SED-Führung festgelegt.

So behielt sich beispielsweise Walter Ulbricht 1967 das letzte
Wort bei der Besetzung des VDJ-Vorsitzenden vor. Der damalige Leiter der ZK-Abteilung Agitation, Werner Lamberz, wandte sich in einer Hausmitteilung an den Parteichef, in der er den Ablauf des bevorstehenden VDJ-Kongresses erläuterte und anfragte, ob Gehard
Kegel, seinerzeit außenpolitischer Berater Ulbrichts, Vorsitzender
werden könne. Ulbricht strich diese Passage und vermerkte lediglich
am Rand: „Es wurde Czepuck vorgeschlagen".[65] Entsprechend wurde verfahren. Harri Czepuck, langjähriger Mitarbeiter von „Neues
Deutschland" als Bonner Korrespondent und bis 1971 als stellvertretender Chefredakteur, verblieb bis 1981 an der Spitze des VDJ. Dann
zwang ihn wiederum sein früherer Chefredakteur und Intimfeind, der
inzwischen zum ZK-Sekretär für Agitation und Propaganda aufge-
stiegene Joachim Herrmann, wohl aufgrund persönlicher Differenzen
zum Rücktritt.

Der VDJ bezeichnete sich als Berufsorganisation der Journalisten, die hauptberuflich bei den Printmedien, Hörfunk und Fernsehen, der Nachrichtenagentur ADN, Verlagen und weiteren, so genannten journalistischen Institutionen – beispielsweise staatliche Pres-
sestellen – tätig waren. Außerdem gehörten dem Verband freischaf-
fende Journalisten, Wissenschaftler sowie Studenten und Dozenten
der Leipziger Ausbildungsstätten an. 1988 waren mehr als 90 Prozent
der DDR Journalisten – etwa 9000 – im VDJ organisiert. Als dessen
Verbandsorgan erschien von 1947 bis 1990 die „Neue Deutsche Presse". Ungeachtet ihrer propagandistischen Inhalte erfreuten sich die
Weiterbildungslehrgänge des VDJ einer gewissen Beliebtheit, weil sie
informelle und gern genutzte Kommunikationsmöglichkeiten außer--

halb des Redaktionsalltags boten. Die relativ hohen Mitgliedsbei-
träge im VDJ und vor allem die jährliche, angeblich für Journalisten
in kommunistisch orientierten Ländern der Dritten Welt bestimmte
obligatorische Solidaritätsspende in Höhe eine Tagesverdienstes hielten demgegenüber die Begeisterung für die VDJ-Mitgliedschaft in
Grenzen.

Während auf dem X. Schriftstellerkongress der DDR im November 1987 prominente Schriftsteller gegen dogmatische und büro-
kratische Behinderungen ihrer Arbeit und insbesondere gegen die restriktive Zensur- und Druckgenehmigungspraxis protestierten, waren
bis 1989 auf den VDJ-Kongressen auch nur leise Anflüge von Kritik
am Meinungsmonopol der SED undenkbar. Stattdessen agitierte der
VDJ-Vorsitzende Eberhard Heinrich auf dem letzten Verbandskon-
gress im März 1988 noch ganz im Stil der fünfziger Jahre, als er gegen
Pressefotografen zu Felde zog, die sich der parteiamtlich verordneten
Schönfärberei zu entziehen suchten: „Die empfehlen uns die Müll-
tonne im Hinterhaus und Tod und Verfall als neue Sicht auf das Leben. Diese Herrschaften, die nicht das Berufsethos des Bildjournali-
sten besitzen, die nicht unserem Verband angehören, werfen sich zu
Zensoren auf und wollen die Pressefotografie in den Orkus verdam-
men. Sie allein möchten anscheinend die Oberwelt beherrschen, die
wir dann in ihrem Ablichtungszustand nicht mehr wiedererkennen
würden."[66]

Aber auch Eberhard Heinrich, Kandidat des SED-Zentralkomitees, war im November 1989 in seinem schriftlich zur 10. ZK-Tagung
eingereichten Redebeitrag nicht mehr wieder zu erkennen. Nunmehr
fühlte er sich berufen, die inzwischen abgetretene Parteiführung an-
zuklagen: „Die Blutleere der Medien war nicht der Blutlosigkeit der
Journalisten geschuldet. Die frühere Medienpolitik widersprach vielmehr ihren Erfahrungen und Kenntnissen. Sie hatten andere Vorstellungen. Wir haben sie oft genug in dieser oder jener Weise vorgebracht.
Auch der Verband der Journalisten hat sie gebündelt vorgelegt."[67]

1.8 West-Medien: Permanenter Störfaktor für das SED-Meinungsmonopol

Der einstmals gefürchtete ZK-Agitationschef im SED-Zentralkomitee, Heinz Geggel, stammelte am 19. Oktober 1989, einen Tag nach Honeckers erzwungenem Rücktritt, vor den Spitzenjournalisten der Partei auf seiner „Donnerstags-Argu" nur noch späte Einsichten. Darunter diese: „Medien sind dazu da, Fragen der Bürger zu beantworten, unsere, nicht die der Westmedien. Gestern im Westfernsehen die Stimmen vom Alex! Gut die haben die Schlimmsten genommen, aber es wurde von unseren Bürgern gesagt! Alles von öffentlichem Interesse veröffentlichen – vor dem Westen! Wir hatten ja hier den Zustand, daß man sich im Westen über uns informieren mußte. Das war doch unhaltbar."[68]

Unter diesem Informationsdefizit litten nicht nur der überwiegende Teil der Bevölkerung, sondern auch reformwillige SED-Mitglieder und Funktionäre. Schon einige Tage vor Geggels Auftritt besaß ein Journalist der Chemnitzer SED-Bezirkszeitung „Freie Presse" den Mut, das Ergebnis einer Gesprächsrunde in einem Plauener Betrieb auf den Punkt zu bringen: „Wer nicht regelmäßig die Westmedien verfolgt, begreift manche Veröffentlichungen bei uns überhaupt nicht. Und selbst über wichtige innenpolitische Ereignisse erfährt man mitunter überhaupt erst oder zumindest mehr aus dem Westen als aus den eigenen Medien."[69]

Nicht erst kurz vor beziehungsweise unmittelbar nach dem Ende der SED-Herrschaft kamen einige Leipziger Medienwissenschaftler zu ähnlichen Erkenntnissen, über die sie allenfalls in geschlossenen Zirkeln diskutieren konnten. So ermittelte bereits 1978 eine Mitarbeiterin des Zentralinstituts für Jugendforschung, dessen Analysen meistens als „Vertrauliche Verschlusssache" im Panzerschrank landeten, bei „Westsenderempfängern" Desinteresse an der DDR-Presse. Eine Binsenwahrheit – doch der zuständige Abteilungsleiter im SED-Zentralkomitee disqualifizierte den gesamten Bericht als „so gut wie nicht verwendbar" für die Leitungstätigkeit.[70]

Unter den Papieren, die zur Vorbereitung auf den durch die „Wende" verhinderten XII. SED-Parteitag gedacht waren, befindet sich in den Akten von Egon Krenz eine Studie der Sektion Journalistik der Leipziger Universität, die Hans Poerschke und Siegfried Schmidt im Mai/Juni 1989 verfasst hatten. Ihr Thema: „Zur Rolle der journalistischen Massenmedien im geistigen Leben der DDR."[71] Neben den üblichen „parteilich" formulierten Ergebenheitsfloskeln schimmert darin schon deutlich „Neues Denken" durch – etwa die Forderung „nach reichhaltiger und reaktionsschneller Information". Dabei müsse es gelingen, „die reale *Widersprüchlichkeit* [im Original unterstrichen; G. H.] der gesellschaftlichen Gegenwart allseitig und umfassend, in ihrer ganzen Tiefe und oft auch Schmerzhaftigkeit erfaßbar zu machen." Dazu gehöre auch die Vermittlung historischer Erfahrungen und – vermutlich eine Anspielung auf das „Sputnik"-Verbot – der „bitteren Lehren" der Arbeiterbewegung. Keines dieser Probleme solle dem Gegner überlassen werden. Abschließend verlangten die Autoren gar eine Regionalisierung des Fernsehens und machten dies mit dem Argument schmackhaft: Da „unser politischer Gegner in diese Sphäre" große Mittel investiere, müsse „die Auseinandersetzung auch auf diesem Gebiet verstärkt geführt werden".

Auch wenn einige ostdeutsche Wissenschaftler noch der Meinung sind, es hätte von Mitte der sechziger bis Mitte der siebziger Jahre eine Phase gegeben, in der die Mehrheit der Bevölkerung hinter ihrer Staatsführung gestanden habe[72], so deuten doch parteiinterne Untersuchungen über den Einfluss des Westfernsehens in eine andere Richtung. Die Hinwendung zu den „Feindsendern" schloss ja nicht nur Informationslücken, sondern bedeutete auch eine Variante der inneren Emigration. Einem zusammenfassenden Bericht des Sektors Rundfunk/Fernsehen der ZK-Abteilung Agitation vom 21. Juli 1966[73] ist bereits zu entnehmen, dass sich schon damals 90 Prozent der Bevölkerung, darunter auch die Mehrzahl der Parteimitglieder, hauptsächlich aus Westmedien informierte. Weitere aufschlussreiche Ergebnisse dieser republikweiten SED-Umfrage: Gemeinderatssitzungen wurden bei interessanten Westprogrammen verlegt; Studenten boykottierten Schnitzlers „Schwarzen Kanal", Jugendliche hörten vorwiegend Radio Luxemburg, Deutschlandfunk und den Sender Freies Berlin; Ferdinand May, der Vater der Brecht-Interpretin Gisela May, Schriftsteller und SED-Mitglied in Leipzig, wollte es sich nicht nehmen lassen, die Auftritte seiner Tochter in München und anderen bundesdeutschen Städten im Westfernsehen zu verfolgen; der Parteisekretär der LPG Geba (Kreis Meiningen) erklärte unumwunden, mit einer Ausnahme würden alle Funktionäre des Orts „Weststationen" hören und sehen: „Bei uns im Ort gibt es nur einen, der nicht sieht und hört, und das ist ein Angehöriger der Deutschen Volkspolizei. Für ihn besteht ein Befehl, daß er nicht darf."

Sofern er es wünschte, konnte prinzipiell jeder DDR-Bewohner westdeutsche elektronische Medien empfangen. In Gebieten, in denen bundesdeutsche Fernsehprogramme nicht terrestrisch verfügbar waren, wie beispielsweise in großen Teilen des Bezirks Dresden, dem „Tal der Ahnungslosen", bestand zumindest die vielfältig genutzte Möglichkeit, westliche Rundfunkstationen wie den Kölner Deutschlandfunk (DLF) zu hören, der flächendeckend die DDR versorgte. Der DLF berücksichtigte, ähnlich wie RIAS Berlin, auftragsgemäß stärker als die meisten anderen westdeutschen Sender die spezifischen Interessen seiner Hörer in der DDR. Dabei gehörte es zum Selbstverständnis des DLF, wie dessen langjähriger Leiter der Ost-West-Abteilung Karl Wilhelm Fricke vor der Enquete-Kommission des Bundestages betonte, er und seine Kollegen seien in ihrer Arbeit davon ausgegangen, einen Informationssender und keinen Interventionssender zu betreiben.[74] Dies sahen die SED-Propagandisten natürlich ganz anders. In der Durchbrechung ihres Informationsmonopols erblickten sie eine Einmischung in die inneren Angelegenheiten der DDR.

In den achtziger Jahren verzichteten nur noch wenige unbeirrbare Anhänger des Systems auf das bundesdeutsche elektronische Informationsangebot. Hätte es dies nicht gegeben, wäre der ohnehin schwierige Einigungsprozess noch komplizierter verlaufen. Obwohl die persönliche Anschauung natürlich nicht durch Fernsehbilder zu ersetzen ist, förderte der allabendliche Blick in den Westen gleichwohl das Vorstellungsvermögen vom Funktionieren einer parlamentarischen Demokratie. Wie dies geschah, beschrieb Richard Schröder, der ehemalige SPD-Fraktionsvorsitzende in der letzten Volkskammer, in einer Rede zum „Tag der Einheit" 1993 im Berliner Schauspielhaus: „Wir waren per Fernsehen Zaungäste der Bundesrepublik. In Ost-Berlin konnte man erleben, daß aus dem Führerhaus des Milchautos die Bundestagsdebatte tönte. Wir haben schon ein bißchen am politischen Leben der zweiten Republik auf deutschem Boden teilgenommen. Und manche von uns haben es bewundert, wie das möglich ist: die harte Auseinandersetzung in der Sache, das Aufeinandertreffen entgegengesetzter Beurteilungen und dennoch ein stabiler Staat. Gegner bleiben, ohne Feind zu werden."[75]

Die frühere Bundestagsabgeordnete Angelika Barbe, zu DDR-Zeiten eine aktive Bürgerrechtlerin, unterstrich, welche Bedeutung insbesondere die westdeutschen Hörfunksender für die intellektuelle Munitionierung der DDR-Opposition besaßen.[76] Buchlesungen aus Aleksandr Solschenizyns „Der Archipel GULAG" oder Sebastian Haffners „Anmerkungen zu Hitler" verschafften ihr ebenso wie Texte von Jürgen Fuchs oder Lessek Kolakowski Zugang zu in der DDR verbotener Literatur. Dabei waren ihr nicht nur Inhalte und Denkanstöße wichtig, sondern auch die glaubwürdige und verständliche Sprache. Sie tippte die Texte ab und verbreitete sie als Diskussionsgrundlage für oppositionelle Kirchengruppen. Nicht zuletzt, so Angelika Barbe, habe der westliche Hörfunk auch durch die Bekanntgabe von Veranstaltungsterminen zur innerkirchlichen Kommunikation in der DDR beigetragen.

Das Medienkonsumverhalten der meisten DDR-Bewohner ähnelte jedoch weitgehend dem der Altbundesbürger. Unterhaltungsprogramme erhielten ebenso wie Sportsendungen den Vorzug vor Kultur- und Bildungsangeboten. Politische Magazine, wie insbesondere „Panorama" von der ARD und „Kennzeichen D" des ZDF, sowie Informationssendungen mit hohem Nachrichtenwert stießen indessen auf größeres Interesse als in der Bundesrepublik. Diese Annahmen bestätigte bereits eine Befragung von Übersiedlern aus der DDR aus den achtziger Jahren, wenngleich der angesprochene Personenkreis aus naheliegenden Gründen nicht repräsentativ sein konnte.[77]

Die Popularität der elektronischen Medien der alten Bundesrepublik bei den Hörern und Zuschauern in der ehemaligen DDR beruhte in erster Linie auf zwei Gründen: Zum einen galten sie als glaubwürdiger, weil sie auch kritisch über das eigene System berichteten, und zum anderen entsprachen die aufwendig gestalteten Unterhaltungsprogramme und insbesondere die für Jugendliche produzierten Musiksendungen eher dem Geschmack der Hörer und Zuschauer als das in allen Programmen ideologisierte Angebot der DDR-Sender. In der an westdeutsche Sendeanstalten gerichteten beträchtlichen Hörer- und Zuschauerpost aus der DDR kam dies deutlich zum Ausdruck.

Der private Empfang westlicher Hörfunk- und Fernsehprogramme war in der DDR zwar nie ausdrücklich unter Strafe gestellt, doch galt er als ideologisch unerwünscht. Bei politischen Strafverfahren konnte er den Angeklagten als Ausdruck einer moralischen und staatsfeindlichen Fehlentwicklung angelastet werden. Während noch kurz nach dem Mauerbau im Herbst 1961 von FDJ-Kolonnen nach Westen gerichtete Antennen im Zuge der „Aktion Ochsenkopf" – benannt nach dem Standort des Sendeturms im bayerischen Fichtelgebirge – von den Dächern gerissen wurden, gab sich Honecker nach seinem Machtantritt konziliant. Da er nicht zusätzlich eine Mauer zur Abwehr „feindlicher Ätherwellen" errichten konnte, pries er die DDR als ein weltoffenes Land, das die Konkurrenz angeblich nicht zu scheuen brauchte. Seit den siebziger Jahren holten sich daher auch zunehmend systemtreue Kader wie Lehrer, NVA- oder MfS-Offiziere die Sender des „Klassenfeindes" ins Wohnzimmer. In den achtziger Jahren diskutierten sie dann schon gelegentlich am Arbeitsplatz über das am Vorabend Gesehene. Schließlich war inzwischen die Informationspolitik der SED derartig konfus, so dass sie bei den DDR-Bürgern konkrete, aus westlichen elektronischen Medien bezogene Vorkenntnisse zum Verständnis ihrer eigenen Verlautbarungen voraussetzte. Nicht zuletzt deshalb hatten die in Ost-Berlin akkreditierten westdeutschen Hörfunk- und Fernsehkorrespondenten in der DDR ein aufmerksameres Publikum als in der Bundesrepublik.

Seit Anfang der achtziger Jahre gestattete das DDR-Postministerium stillschweigend in einigen größeren Neubaugebieten die Errichtung von Gemeinschaftsantennen-Anlagen, in die auch ARD- und ZDF-Programme, soweit sie vorher mit Einzelantennen empfangen werden konnten, eingespeist wurden. Als Mitte der achtziger Jahre in zahlreichen Eingaben auch noch die Einspeisung von SAT 1 in das bescheidene Kabelnetz gefordert wurde, war für die SED-Führung die Schmerzgrenze erreicht. Obwohl der kommerzielle Sender nur in wenigen Grenzgebieten terrestrisch empfangen werden konnte, erfreute sich SAT 1 aufgrund seines Boulevardcharakters schnell einer großen Beliebtheit. Günter Schabowski sah sich deshalb in seiner Funktion als 1. Sekretär der SED-Bezirksleitung Berlin genötigt, dem „lieben Achim" (Joachim Herrmann) am 18. Dezember 1987 in der ihm eigenen temperamentvollen Diktion seine Bedenken mitzuteilen: „Beiliegend übermittele ich Dir zur Information eine knappe Darstellung unseres Standpunktes zu den hier und da laut werdenden Forderungen, staatliche Mittel für die Gewährleistung des Empfangs des Hetzsenders ,SAT 1' einzusetzen. Wir lehnen dies ab. Das Ganze ist überhaupt nur als erörterungswürdiges Ansinnen zu verstehen, wenn man sich vergegenwärtigt, daß wir seinerzeit die technischen Empfangsmöglichkeiten für die drei Fernsehprogramme der ARD und des ZDF geschaffen haben. Das kann u. E. nicht bedeuten, daß wir bei jedem Drecksender, den der Gegner neu installiert, ihm noch die Wirkung seiner Hetze bei uns finanzieren. Wir stehen ja in puncto Weltoffenheit in Europa einzigartig da."[78]

Nach der Rundfunkanordnung vom 28. Februar 1986 konnten sogar Bürgergemeinschaften oder einzelne Bürger nach Antragstellung unter bestimmten Auflagen Gemeinschaftsantennen-Anlagen betreiben. Mit der Begründung, DDR-Sender würden noch nicht über Satellit ausgestrahlt, durften private Satellitenempfangsanlagen allerdings offiziell nicht installiert werden. Dennoch geschah dies zunehmend auf eigene Faust, was teilweise toleriert, aber auch gelegentlich unterbunden wurde. Insbesondere bei der Bezirksdirektion Dresden der Deutschen Post traf eine Vielzahl von diesbezüglichen Anträgen ein.

In einem als „Persönlich" und „Streng Vertraulich" eingestuften Bericht des Staatssekretärs im Postministerium, Manfred Calov, an das Politbüromitglied Günter Mittag vom 28. März 1988 tritt die Ratlosigkeit der Parteifunktionäre offen zutage: „Die Forderungen der Bürgergemeinschaften und Bürger, den Westempfang zu genehmigen, werden immer massiver. Es kommt zu ständigen Auseinandersetzungen. Die gesamte Problematik wird immer mehr zum Politikum, zumal die Versuche seitens der Bürger und Bürgergemeinschaften zur unbedingten Erreichung des Satellitenempfangs forciert werden und das Aussprechen von Ordnungsstrafen bei Nichteinhaltung der Bestimmungen nicht zum gewünschten Ziel führt."[79]

Unter den umfangreichen Anlagen zu Calovs Bericht befindet sich auch die Abschrift einer Eingabe des Rates der Stadt Weißenberg (Kreis Bautzen). Der Bürgermeister, die Vorsitzenden des Ortsausschusses der Nationalen Front, der Blockparteien und sogar der SED-Wohnparteiorganisation Weißenbergs verwiesen unverblümt auf die existentielle Notwendigkeit des Westfernsehempfangs zur Beschwichtigung der allgemeinen politischen Unzufriedenheit und zur Verbesserung der Arbeitsmoral und nicht zuletzt zur Eindämmung der Ausreiseanträge.[80] Staatssekretär Calov berichtete am 23. August 1988 vor dem SED-Politbüro über den Sachstand und unterbreitete Vorschläge, die die Politbürokraten billigten, obwohl sie praktisch auf eine völlige Liberalisierung bei Genehmigungsverfahren für Satellitenanlagen hinausliefen. Dennoch dürfte Günter Mittag in seinem am 28. Februar 1989 im Politbüro vorgetragenen Untersuchungsbericht[81] über angebliche ideologische Aufweichungserscheinungen in der von Hans Modrow geleiteten SED-Bezirksparteiorganisation Dresden nicht von ungefähr auf die rapide steigende Zahl von Anträgen zur Errichtung von Empfangsanlagen verwiesen haben. Danach waren zum Stichtag 10. Februar 1989 von der Deutschen Post 203 Anlagen im Bezirk Dresden registriert. 250 neue Anträge seien in den vorangegangen fünf Monaten – also seit dem erwähnten Politbüro-Beschluß vom August des Vorjahres – gestellt worden.

Die SED erblickte durchaus zu Recht auch in den westlichen Printmedien einen Destabilisierungsfaktor ihres totalitären Informationssystems, obwohl ausländische und westdeutsche Zeitungen und politische Zeitschriften, sofern sie nicht von Kommunisten herausgeben wurden, nur in wenigen Exemplaren für den Dienstgebrauch in die DDR eingeführt werden durften. Doch die bundesdeutschen elektronischen Medien bezogen sich in ihren Sendungen natürlich auch auf schlagzeilenträchtige Vorgänge aus der DDR-Berichterstattung der Printmedien.

Im Sommer 1989 lieferte Erich Honecker persönlich ein Beispiel dafür, wie grotesk der Umgang mit Veröffentlichungen westdeutscher Zeitungen sein konnte. Er setzte einfach voraus, dass ein Bericht der „Bild"-Zeitung über seine Erkrankung allgemein bekannt war und griff selbst zur Feder. In einem ausnahmsweise mit „E.H." gezeichneten Artikel für „Neues Deutschland" vom 12. September mokierte er

sich: „Es gibt keinen Zweifel, daß in Springers ,Bild'-Zeitung die klüg-
sten Köpfe der Bundesrepublik sitzen. Kein Tag vergeht, ohne daß sie
sich einen Geistesblitz aus den Fingern saugen würden. Dabei wird das
Gehirn erst gar nicht beansprucht, und die Aufmerksamkeit ihrer Leser schätzen sie entsprechend ein. Für die Gehirnmasse dieser Sprin-
ger-Leute paßt keine andere Schale. Sie bleibt zu klein, um zwischen
Dichtung und Wahrheit zu unterscheiden. Was soll's. Offensichtlich
kennen sie nicht einmal Goethe, der diese Frage einschlägig behandelt
hat. Laut ,Bild' wollte Honecker gestern ,schon nicht mehr leben' –
,Bauchspeicheldrüsenkrebs'. Heute fette Schlagzeile: ,Honecker will
sterben'. ..." Am Tage darauf sah sich „Neues Deutschland" zur pein-
lichen Korrektur eines Druckfehlers genötigt: Statt „wollte"
Honecker nicht mehr leben, hätte es „sollte" heißen müssen. Offensichtlich hatte sich wieder einmal niemand getraut, das Manuskript des
Generalsekretärs zu redigieren.

Einige, der Wiedervereinigung reserviert gegenüberstehende ost-
und westdeutsche Kommunikationswissenschaftler bezeichneten die
demokratische Revolution des Herbstes 1989 als eine „Medienrevo-
lution". Gemeint war damit, die Berichterstattung der westdeutschen
elektronischen Medien über die Fluchtwelle und die Demonstrationen
habe die „Wende" erst herbeigeführt. Sicherlich ist nicht zu verken-
nen, dass die Bilder vom Sturm der Flüchtlinge auf die deutsche Botschaft in Prag oder von den Leipziger Montagsdemonstrationen den
Rücktritt der noch Regierenden beschleunigt haben dürften. Doch
westliche Medien konnten nur über das berichten, was die SED selbst
durch ihre jahrzehntelange Repression und Misswirtschaft ausgelöst
hatte. Im Übrigen muss sich sogar mancher westdeutsche Journalist
vorhalten lassen, er habe die Lage in der DDR beschönigt.[82]

Aus der Sicht der kirchlichen Friedens- und der Bürgerrechtsgruppen waren die West-Medien für die Opposition ein Schutzschild
und zugleich ein unverzichtbares Kommunikationsinstrument. Pfarrer Rainer Eppelmann nutzte es häufig – ungeachtet vieler Bedenken-

träger in seiner zur übertriebenen Rücksichtnahme auf den Staat ge-
neigten Kirchenleitung. Rückblickend hält Eppelmann seine engen
Kontakte zu westlichen Journalisten für mehr als gerechtfertigt: „Da
die Medien in der DDR zensiert wurden und wir keine Chance hatten, über sie an die Öffentlichkeit zu treten, mußten wir zwangsläufig
den Weg über den Westen wählen. Zwar wurden die Rundfunk- und
Fernsehsendungen dort vor allem für Bundesdeutsche ausgestrahlt,
aber da fast alle DDR-Bürger ARD und ZDF sahen und SFB oder
RIAS hörten, ergaben sich für uns gute Möglichkeiten, unsere Meinungen bekannt zu machen. Außerdem hatte es der auf internationale Anerkennung erpichte Staat schwerer, uns zu verfolgen, wenn wir
im In- und Ausland keine unbekannten Größen waren. Schließlich
konnten wir dazu beitragen, daß die internationale Öffentlichkeit
nicht nur durch die offiziellen DDR-Medien unterrichtet wurde,
wenn wir Westjournalisten Informationen gaben. Es durfte doch nicht
sein, daß das DDR-Bild der Menschen im Westen in erster Linie durch
Erich Honecker und das ‚Neue Deutschland‘ geprägt wurde."[83] Insoweit haben die West-Medien tatsächlich das Meinungsmonopol der
SED aufgeweicht und einen wesentlichen Anteil an der friedlichen Revolution in der DDR gehabt, ohne dass sie jedoch zum Sturz
Honeckers aufgerufen hätten.

In den fünfziger Jahren klammerte sich die SED noch an die Illusion Ulbrichts, die Wiedervereinigung unter kommunistischen Vorzeichen erreichen zu können. Ihre Medienkampagnen variierten deshalb zwischen Liebeswerben und Hasspropaganda gegenüber der
Bundesrepublik. Später, nach dem Mauerbau, verlegte sich die SED-
Führung im Umgang mit den West-Medien – abgesehen von einigen
erfolgreichen „aktiven Maßnahmen" des MfS auf dem Felde der
Desinformation – zunehmend auf die Defensive und ein hypertrophes
Sicherheitsdenken. Für die DDR- Medien bedeutete dies, den „feindlichen" Medien der Bundesrepublik und des westlichen Auslands unter keinen Umständen die geringsten Hinweise auf Schwachstellen im

eigenen Lande zu geben. Deshalb hatte vor jeder Veröffentlichung eine akribische Überprüfung zu erfolgen, ob der „Gegner" aus ihr unerwünschte Rückschlüsse ziehen konnte.

Selbst eine nicht autorisierte, vorzeitige Meldung über den Beginn der Sommerzeit konnte dem „Klassenfeind" in die Hände spielen und für die Verantwortlichen fatale Folgen haben. Eine Anordnung über die Rechtsstellung der Karnevalsklubs, so befand 1986 der stellvertretende Leiter des Presseamts, Rudolf Müller, sollte deshalb nicht in den Tageszeitungen erwähnt werden, weil damit gerechnet werden müsse, dass der „Gegner einsteigt, wie schon beim Treffen der Karnevalspräsidenten (Staatliche Gängelei)."[84]

Die Auseinandersetzung mit den westlichen Medien gestaltete sich für die SED in der Honecker-Ära immer schwieriger. Sie ähnelte dem Kampf des Ritters von der traurigen Gestalt gegen die übermächtigen Windmühlenflügel. Honecker buhlte im westlichen Ausland um seine Anerkennung als gleichberechtigter Staatsmann. Zugleich verstrickte er sich jedoch mit seiner ruinösen Wirtschafts- und Sozialpolitik in eine nicht mehr auflösbare wirtschaftpolitische Abhängigkeit insbesondere von der Bundesrepublik aber auch von anderen bedeutenden westlichen Industriestaaten. Das führte dazu, dass die SED-Agitationsbürokratie die DDR-Journalisten immer häufiger und eindringlicher dazu anhielt, sich „klug" und zurückhaltend gegenüber den Regierungen und Wirtschaftskreisen dieser Länder zu verhalten.

Die angemahnte Zurückhaltung wurde zwar häufig widerrufen, doch alles in allem bediente sich die DDR nach ihrer internationalen Anerkennungswelle aus den genannten Gründen einer differenzierteren und weniger grobschlächtigen Sprache. Von Bonner „Ultras" und „Kriegshetzern" war jedenfalls nach der Normalisierung der innerdeutschen Beziehungen keine Rede mehr. Den Empfang westdeutscher Hörfunksender störte man nicht mehr. Und die Ausstrahlung der maßgeblich von der damals noch bestehenden MfS-Abteilung Agitation gestalteten Programme des „Freiheitssenders 904" und des für Bundeswehrangehörige bestimmten „Soldatensenders 935" verschwanden aus dem Äther. Wenn es nötig erschien, sich beispielsweise wegen der Ausweisung von Journalisten und tödlicher Zwischenfälle an der Demarkationslinie oder wegen anderer bekannt gewordener Menschenrechtsverletzungen im In- und Ausland zu rechtfertigen, behalf man sich mit den über die Nachrichtenagentur ADN verbreiteten Abwehr- und Ablenkungsmeldungen. Diese wurden während angespannter Konstellationen in den innerdeutschen Beziehungen bei Bedarf durch entsprechende, von der Parteispitze abgesegnete Kommentare ergänzt, in denen auch Signale für kundige Leser im Bundeskanzleramt versteckt sein konnten.

Während die Zeitungen in der Dauerfehde mit den westlichen Medien eine verhältnismäßig größere Zurückhaltung üben mussten – schließlich hätten sie gegnerische Argumente zumindest in Umrissen dann auch drucken müssen –, oblag es dem Hörfunk und dem Fernsehen der DDR, grobschlächtiger zu agieren. Über dem Plansoll lagen hier Schnitzlers montägliche Hasstiraden und Halbwahrheiten im „Schwarzen Kanal" – gesendet immer nach den NS-Schnulzen aus der UFA-Film-Produktion.

Der Sektor Rundfunk/Fernsehen der ZK-Abteilung Agitation hatte stets alle Hände voll zu tun, neue Konzepte zur Bekämpfung „feindlicher" Medien, aber auch für die Anpassung an westliche Sendungen und Programmsstrukturen zu entwickeln. Der „Polizeiruf 110" war die Antwort auf den auch in der DDR gern gesehenen „Tatort" der ARD. Die 1982 begonnene „Verwestlichung" des Fernsehens auf dem Unterhaltungssektor gehört ebenfalls zu den Bemühungen, die Zuschauer für die DDR-Kanäle zurückzugewinnen. Schon im März 1966 hatte die ZK-Abteilung Agitation einen Maßnahmenkatalog des DDR-Hörfunks für die „Zurückdrängung des Einflusses von Westfernsehen und Westrundfunk"[85] vorgelegt, in dem sie auf erste Erfolge verwies: „Eine neue Sendereihe ‚Das mißbrauchte Wort' führte Radio DDR I in sein Frühprogramm ein. In ihr wird täglich nachgewiesen, mit welchen Methoden und Mitteln die westdeutschen Rundfunk- und Fernsehsender versuchen, die Deutsche Demokratische Republik und ihre Politik zu verfälschen und zu verleumden. Mit der Reihe ‚Denken ist erste Bürgerpflicht' und mit der geplanten Sendung ‚Zur Kasse bitte' (die dümmste Lüge der Woche) schuf sich der Deutschlandsender die Möglichkeit, kontinuierlich die Auseinandersetzung mit Westrundfunk und -fernsehen zu führen." Diese Aufgabenstellung des Hörfunks blieb bis zur „Wende" unverändert.

Mit der Grundlagenforschung über die „ideologische Diversion der imperialistischen Massenmedien" – so der durchgängige terminus technicus – waren die Sektion Journalistik der Leipziger Universität und das fachlich dem SED-Zentralkomitee unterstellte „Institut für Politik und Wirtschaft" beauftragt. In den Hauszeitschriften beider Institute erschienen dazu zahlreiche Aufsätze und Berichte über diesbezügliche wissenschaftliche Kolloquien. Thomas Falkner, im Herbst 1989 ein besonders beflissener „Wendejournalist", verteidigte in Leipzig noch im Oktober 1985 seine Promotion zum Thema: „Zur Rolle des bürgerlichen Journalismus in internationalen Kampagnen unter besonderer Berücksichtigung der grenzüberschreitenden elektronischen Medien der BRD und Westberlins in konterrevolutionären Kampagnen des BRD-Imperialismus gegen die DDR." Falkner hatte sich bereits davor in offensichtlicher Unkenntnis der Gepflogenheiten in der bundesdeutschen Medienlandschaft darauf spezialisiert, unter anderem beim Deutschlandfunk „Kampagnestäbe" und „Anti-DDR-Leitjournalisten" ausfindig zu machen, die in Theorie und Praxis der DDR den Kampf angesagt hätten.[86] Klaus Preisigke, Leiter des Wissenschaftsbereichs Journalistische Methodik an der Sektion Journalistik und Spezialist für westliche elektronische Medien, schlussfolgerte am 16. November 1983 auf einem wissenschaftlichen Symposium: „Das Fernsehen der BRD und Westberlins hat seit seiner Gründung eine Doppelfunktion im ideologischen Klassenkampf. Es ist das wich-

tigste Instrument zur Manipulation der Massen im imperialistischen
Herrschaftsbereich. Zugleich spielt das Fernsehen die zentrale Rolle
im Konzept des deutschen Imperialismus zur ideologischen Diversion gegen den realen Sozialismus in der DDR."[87] Nach der Wende bekannte Preisgke, er habe nie unter der Restriktion gelitten, weil er
„schlau genug" gewesen sei, um zu wissen, was man dürfe und was
nicht. Da die „Aktuelle Kamera" von höchster Stelle gemacht worden
wäre und deshalb außerhalb jeder Kritik stand, habe er sich eben in den
achtziger Jahren mit dem Westfernsehen beschäftigt.[88]

     Während die Leipziger Medienwissenschaftler in ihren Veröf-
fentlichungen kein Jota von den Vorgaben der ZK-Abteilung Agitation abweichen durften, konnte es sich die MfS-Presseabteilung in einer allerdings nur „für berechtigte Angehörige des MfS!" bestimmten
Schrift leisten, die Professionalität der westdeutschen Fernsehanstal-
ten zu loben und die Vertiefung der inzwischen schon vorsichtig praktizierten Zusammenarbeit beim Programmaustausch zu befürwor-
ten.[89] Solche Töne fanden sich jedoch nicht in der unter MfS-Einfluss
stehenden außenpolitischen Monatszeitung „horizont", die gelegentlich bemerkenswert kenntnisreiche Artikel über westdeutsche Sendeanstalten veröffentlichte.

     Zum Grundlagenvertrag zwischen der Bundesrepublik Deutsch-
land und der DDR vom 21. Dezember 1972 gehörte auch ein „Brief-
wechsel vom 8. November 1972 über Arbeitsmöglichkeiten von Journalisten". Er bildete die Rechtsgrundlage für die gegenseitige Akkre-
ditierung von ständigen Korrespondenten und Reisekorrespondenten.
Während in der Bundesrepublik zuvor schon DDR-Journalisten un-
behelligt arbeiten konnten, durften westdeutsche Journalisten nur auf
gezielte Einladung oder gelegentlich auch als Touristen in die DDR
einreisen. Bis zum Abschluss des Grundlagenvertrages oblag dem
Presseamt beim Ministerrat in enger Zusammenarbeit mit dem MfS die
Kontrolle der westdeutschen Journalisten. Anfang der 60er Jahre
gründete man zu diesem Zweck ein „Informations- und Organisati-

onsbüro" in der ostberliner Charlottenstraße, später umgewandelt zur Abteilung Journalistenreisen des Reisebüros der DDR. In diese „Betreuung" bezog man die Informationsabteilung des Verbandes der Journalisten ein, der wie alle anderen Institutionen mit Westkontakten von Inoffiziellen Mitarbeitern und Offizieren im besonderen Einsatz des MfS durchsetzt war.[90] Anlässlich so genannter „journalistischer Höhepunkte" – beispielsweise zur Leipziger Messe – erweiterte man aus durchsichtigen Gründen den Kreis der eingeladenen Journalisten.

Seit Abschluss des Grundlagenvertrages bis zum Herbst 1989 waren bis zu 20 ständig akkreditierte westdeutsche Hörfunk-, Fernseh- und Zeitungskorrespondenten in Ost-Berlin vertreten. Dazu kamen jährlich mehrere hundert Reisekorrespondenten, was DDR-Funktionäre bei jeder passenden oder unpassenden Gelegenheit als Beweis ihrer „Weltoffenheit" anführten. Zuständiger Ansprechpartner für westdeutsche und ausländische Korrespondenten wurde jetzt die Abteilung Journalistische Beziehungen im Ministerium für Auswärtige Angelegenheiten (MfAA), die nach der internationalen Anerkennungswelle der DDR in großer Eile aus einem Sektor der Hauptabteilung Presse und Information zu einer Abteilung mit drei Sektoren und einer Arbeitsgruppe ausgebaut werden musste.

Die MfAA-Abteilung Journalistische Beziehungen, deren Sektor 2 für akkreditierte Gast- und Reisekorrespondenten aus der Bundesrepublik zuständig war, übte lediglich eine Briefkastenfunktion aus. Unter Ausschluss des üblichen ministeriellen Dienstweges unterstand sie unmittelbar dem Sektor „Arbeit mit den ausländischen Korrespondenten" der ZK-Abteilung Agitation. Dessen langjähriger Leiter, Hans-Joachim Kobert, leitete politisch brisante Vorgänge im Zusammenhang mit westdeutschen Korrespondenten – und das waren nahezu alle – an seinen Abteilungsleiter Geggel weiter, der sie entweder dem ZK-Sekretär Herrmann oder Honecker direkt zur Entscheidung vorlegte.

Angesichts ihrer komplizierten Arbeitsbedingungen war es erstaunlich, daß die Mehrzahl der westdeutschen Korrespondenten ihre Informationspflicht gegenüber der Öffentlichkeit in beiden deutschen Staaten erfüllen konnte, obwohl sie bei ihren Recherchen massiv behindert wurden. Sie mussten deshalb – übrigens ebenso wie ausländische Journalisten im Dritten Reich – das „Zwischen-den-Zeilen-Lesen" der Medien des Gastlandes beherrschen. So konnte beispielsweise die intensive Auswertung der Bezirkszeitungen, der Kirchenpresse oder entlegener Fachzeitschriften durchaus Aufschlüsse über politische Kurswechsel, Alltags- oder Versorgungsprobleme zu Tage fördern. Gelang dies, versetzte es wiederum die verantwortlichen Redakteure der im Westen zitierten Publikationen in Angst und Schrecken, weil dann stehenden Fußes Maßregelungen aus dem SED-Zentralkomitee drohten.

Den meisten Korrespondenten war schon angesichts der langwierigen Bearbeitung ihrer Anliegen durch die Abteilung Journalistische Beziehungen nicht verborgen geblieben, dass immer erst die Entscheidungen des SED-Zentralkomitees abgewartet werden mussten. In welchem Ausmaße das MfS jedoch auf die Tätigkeit dieser Abteilung Einfluss genommen hat, konnten sie allenfalls erahnen. Selbst die Mitarbeiter der Abteilung Journalistische Beziehungen entdeckten erst nach einigen Jahren, dass die an sie gerichteten Anträge der West-Korrespondenten zur Genehmigung journalistischer Vorhaben zugleich per Telex an das MfS gelangten. Bevor die zuständigen Bearbeiter diese Anträge auf den Schreibtisch bekamen, hatte man dadurch beim MfS genug Zeit, um Vorentscheidungen treffen zu können.[91] Hinweise von Freunden und unbekannten Bittstellern mussten die Korrespondenten mit äußerster Vorsicht behandeln. Entweder galt es, die Betreffenden zu schützen oder sich vor Spitzeln und gezielten Desinformationen zu hüten. Selbst bei Geistlichen konnten sie nicht sicher sein, ob es sich um IMs handelte, wie das Beispiel des Pfarrers Gottfried Gartenschläger aus Berlin-Altglienicke, eines vermeintlichen Friedenskreis-Aktivisten, zeigte.[92] Hinzu kam das in der Endzeit der DDR ständig perfektionierte Überwachungssystem, das elektronische Lauschangriffe ebenso wie die Post- und Telefonkontrolle und selbst die Inspektion der Mülleimer der Korrespondenten umfasste. Sogar vor handgreiflichen Attacken auf westdeutsche Fernsehteams schreckten MfS-Schlägertrupps nicht mehr zurück.

Weil die SED bei ihrer Innen-, Außen- und Deutschlandpolitik stets die kritische Begleitung der westdeutschen elektronischen Medien befürchten musste, befand sie sich mit ihrer Informationspolitik im eigenen Herrschaftsbereich permanent in einer hilflosen Defensive gegenüber der durch die West-Medien geschaffenen Gegenöffentlichkeit. Um diesem selbst gezogenen Teufelskreis zu entrinnen, suchte sie vergeblich nach Patentrezepten, die es aber ohne die Gewährung der Informationsfreiheit nicht gab. Mit der Aufgabe ihres Medienmonopols, dass sowohl das „richtige" Bewusstsein schaffen als auch vor der „politisch-ideologischen Diversion" des Westens schützen sollte, hätte die SED allerdings ihre „führende Rolle" im Staate bereits vor der demokratischen Herbstrevolution verloren.

2. Massenmedien in der Sowjetischen Besatzungszone

2.1 Die Siegermächte und ein Neuanfang mit Langzeitwirkung

Im Kern geht die Medienlandschaft im wiedervereinigten Deutschland auf die Neuordnung von Presse und Rundfunk durch die vier Siegermächte des Zweiten Weltkrieges zurück. In den Nachkriegsjahren unterlagen die wichtigsten meinungsbildenden überregionalen Tages- und Wochenzeitungen der Lizensierung durch die Besatzungsmächte. Der öffentlich-rechtliche Rundfunk der Bundesrepublik verdankt seine Erfolgsgeschichte vor allem der britischen Besatzungsmacht, die am 22. September 1945 den konsequent nach dem Vorbild der BBC gestalteten Nordwestdeutschen Rundfunk (NWDR) zunächst mit Funkhäusern in Köln und Hamburg errichtete. In den Ländern der Westzonen gingen aus den alliierten Militärsendern einige noch heute bestehende Landesrundfunkanstalten hervor. Diese schlossen sich 1950 in der Arbeitsgemeinschaft der öffentlich-rechtlichen Rundfunkanstalten der Bundesrepublik Deutschland (ARD) zusammen. Am 1. Januar 1992 traten schließlich die aus den Sendern des DDR-Staatsrundfunks entstandenen Landesrundfunkanstalten der neuen Bundesländer der ARD bei.

Im Gegensatz zu den Sowjets haben sich die westlichen Besatzungsmächte unmittelbar nach Kriegsende an die vereinbarte abgestufte Vorgehensweise bei der Lizensierung neuer Printmedien und Sender gehalten. Konsens herrschte ursprünglich darüber, nach der Zerschlagung der nationalsozialistischen Informationsdiktatur

zunächst für die Dauer von drei Monaten keine deutschen Medien zu-
zulassen. Heereszeitungen und Hörfunksender der Besatzungsmächte sollten statt dessen die Bevölkerung über deren Anordnungen unterrichten und mit lebensnotwendigen Informationen versorgen. Erst
nach einer längeren Übergangszeit war vorgesehen, Lizenzen für Zeitungen und Zeitschriften an politisch unbelastete Verleger und Journalisten zu vergeben. Aber auch deren Veröffentlichungen sollten
zunächst der Vor- und Nachzensur der alliierten Kontrolloffiziere
unterliegen. Diesen Zensoren in Uniform fiel eine Schlüsselfunktion
bei der angestrebten Demokratisierung und der politischen „Umer-
ziehung" der Deutschen nach den jeweils eigenen Vorstellungen zu. In
ihrer diesbezüglichen Medienpolitik beschritten die Besatzungsmächte dann bald verschiedene Wege und sie verfolgten unterschiedliche Absichten. Im Gegensatz zu den Sowjets meinten es die Westmächte ernst mit der Schaffung einer pluralistisch verfassten Medienlandschaft in Deutschland. Dafür ließen sie sich anfangs indes mehr
Zeit als die nur auf Sympathiewerbung und Effekthascherei bedachten Sowjets.

Am Beispiel der Nachrichtenkontrolle und -lenkung lassen sich
die Unterschiede der in Nachkriegsdeutschland praktizierten Pressezensur festmachen. Während die Sowjets ohne Abstriche auf die Einhaltung ihres Nachrichtenmonopols und eine einheitliche Berichterstattung aller Zeitungen und Sender in ihrer Zone drangen, verlangten
die Briten und Amerikaner zwar ebenfalls die Nutzung der Meldungen ihrer Nachrichtenagenturen, gestatteten den westzonalen Medien
jedoch, auch auf andere Agenturen zurückzugreifen.

Zu den unrühmlichen Gemeinsamkeiten mit Langzeitwirkung in
allen Besatzungszonen gehörte hingegen die insbesondere zweifellos
auch durch den Mangel an geeigneten Nachwuchskräften bedingte
Weiterbeschäftigung von NS-belasteten Journalisten. Selbst bei den
von der sowjetischen Besatzungsmacht lizenzierten Zeitungen fanden
sie wieder eine Anstellung.

Altgediente kommunistische Journalisten schwärmen im Rückblick von der angeblichen Meinungsvielfalt in den von den Sowjets
nach Kriegsende kontrollierten Medien. Einige erinnern sich voller
Enthusiasmus an den Schulterschluss mit ihren Zensuroffizieren als
„im wesentlichen gute Helfer"[1] bei den gemeinsam geführten Propa-
gandaschlachten für ein einheitliches, „antifaschistisch-demokrati-
sches" Deutschland. Sie unterschlagen dabei jedoch geflissentlich das
insgeheime deutschlandpolitische Ziel Stalins: Die Errichtung eines
kommunistisch beherrschten deutschen Einheitsstaates.[2] Vor allem
deshalb dürften die Sowjets bereits in der Schlussphase des Krieges im
Frühjahr 1945 aus taktischen Gründen ostentativ ihre antideutsche
Propagandamaschinerie gestoppt haben. Sechs sowjetische Militär-
zeitungen stellten noch im Sommer 1945 ihr Erscheinen ein. Statt dessen gab es bereits seit dem 15. Mai die Organe der Besatzungsmacht
„Tägliche Rundschau" und seit dem 21. Mai 1945 die „Berliner Zeitung", die inzwischen älteste, seither ununterbrochen erscheinende
deutsche Tageszeitung. Als erste Siegermacht des Zweiten Weltkrieges
gestattete zudem die Sowjetische Militäradministration in Deutschland (SMAD) mit ihrem Befehl Nr. 2 vom 10. Juni 1945 die Neugründung von Parteien, denen auch das Recht zugestanden wurde, eigene
Zeitungen herauszugeben.

Die amerikanische Besatzungsmacht bevorzugte demgegenüber
die Vergabe von Zeitungslizenzen an Personengruppen mit unterschiedlichem politischen Hintergrund. So gehörte beispielsweise der
Kommunist Emil Carlebach zu dem Herausgebergremium der am 1.
August 1945 erstmals erschienenen, von den Amerikanern lizenzierten „Frankfurter Rundschau".

Als Organ der amerikanischen Militärregierung fungierte seit
dem 18. Oktober 1945 „Die Neue Zeitung" bis zu ihrer Einstellung
Anfang 1955. Die französische Militärregierung zeichnete von September 1945 bis 1949 in ihrer Zone für die zunächst nur in französischer Sprache herausgegebene „Nouvelles de France" verantwortlich.

Die Briten hielten sich am längsten mit der Erteilung von Zeitungslizenzen zurück. Noch bis ins Jahr 1946 gaben sie militärische Nachrichtenblätter heraus und gründeten erst am 2. April 1946 als Organ der britischen Besatzungsmacht die 1953 an Axel Springer verkaufte Tageszeitung „Die Welt".

2.2 Kontrolle und Zensur der Medien durch die SMAD

Im September 1946 fertigte Lex Ende, der Chefredakteur des SED-Zentralorgans „Neues Deutschland", für Otto Grotewohl und Wilhelm Pieck einen an die SMAD gerichteten Briefentwurf,[3] den die beiden SED-Vorsitzenden vermutlich nicht abzusenden wagten. In seinem Entwurf beklagte Ende, dass „Neues Deutschland" in Berlin erst gegen 10 Uhr morgens erhältlich sei, während die „feindlichen Zeitungen" aus den Westsektoren bereits zwischen 6 und 9 Uhr vorlägen und, insbesondere der sozialdemokratische „Telegraf", bei den Arbeitern reißenden Absatz finden würden. Als Grund für das späte Erscheinen des ND führte Lex Ende die generelle Vorzugsbehandlung der von der sowjetischen Besatzungsmacht herausgegebenen „Täglichen Rundschau" an, die in der gemeinsamen Druckerei stets vor dem „Neuen Deutschland" hergestellt und ausgeliefert wurde. Lex Ende erwähnte in seinem Entwurf gar nicht erst die schleppende Bearbeitung der Bürstenabzüge der stündlich von Fahrradkurieren den Zensuroffizieren überbrachten einzelnen Zeitungsseiten. Die sowjetischen Kontrolleure beharrten auch noch weit nach Mitternacht auf dem Pflichtabdruck von Spätmeldungen des Sowjetischen Nachrichtenbüros (SNB). Der ND-Chefredakteur verlangte hingegen, zur Sicherung der rechtzeitigen Auslieferung unbedingt den Redaktionsschluss auf 00.30 Uhr festzulegen.

Erfahrungsberichte ostdeutscher Journalisten über ihre Nachkriegserlebnisse mit sowjetischen Zensoren haben Seltenheitswert. Belegt ist lediglich die Drangsalierung von nichtkommunistischen

Journalisten, insbesondere die der ersten drei, von den Sowjets schließlich abgesetzten Chefredakteure des CDU-Organs „Neue Zeit" Emil Dovifat, Rudolf Pechel und Wilhelm Gries.[4] Spätere Lobeshymnen kommunistischer Journalisten auf ihre „hochgebildeten" Kontrolleure erweckten sogar bei westdeutschen Medienhistorikern falsche Vorstellungen über die vermeintliche Liberalität und Flexibilität der Sowjets bei der Neugestaltung der Medienlandschaft in der SBZ. Aussagekräftige und heute durch Aktenzugang verifizierbare Veröffentlichungen von frühzeitig in den Westen geflüchteten Zeitzeugen stammen zumeist aus den fünfziger Jahren. Deren Schriften wurden in der Regel durch das damalige Bundesministerium für gesamtdeutsche Fragen gefördert. Wohl auch deshalb ignorierten in den folgenden Jahrzehnten „system-immanent" forschende westdeutsche Medienwissenschaftler diese empirisch fundierten Publikationen über die kommunistische Medienpolitik. Sie galten inzwischen als der „Totalitarismusdoktrin" verpflichtete Produkte des sogenannten Kalten Krieges. Die SED-Agitationsbürokratie im Zentralkomitee achtete ihrerseits strikt darauf, dass die von ihr angeleiteten Medienhistoriker an der Leipziger Universität die sowjetische Medienpolitik in den Nachkriegsjahren in ihren spärlichen Veröffentlichungen entweder möglichst ausklammerten oder allenfalls oberflächlich loben durften.

Mit dem SMAD-Befehl Nr. 29 vom 18. August 1945 „Über die Tätigkeit der Sektion für Propaganda und der Politischen Abteilung der Sowjetischen Militäradministration in Deutschland" wurde die Zensurbehörde der Besatzungsmacht offiziell etabliert.[5] Im Herbst 1945 übernahm die neu geschaffene Propaganda-Verwaltung der SMAD die Vorzensur für Printmedien und den Hörfunk. Der SMAD-Befehl Nr. 90 vom 17. April 1947 hob dagegen trotz anderslautender Behauptungen die Vorzensur nur scheinbar auf. Tatsächlich trugen die Sowjets lediglich ihrem erhöhten Arbeitsaufwand angesichts der zahlreicher gewordenen Zeitungen und Hörfunksender Rechnung, indem sie deutsche kommunistische Funktionsträger stärker in ihre Medienkontrolle einbanden.[6] Die kommunistische Schriftstellerin Cläre Jung, die von 1945 bis 1952 Kulturredakteurin beim Berliner Rundfunk war, beschrieb den „Werdegang" jedes Manuskripts bis zur Sendeerlaubnis. Es musste bis dahin nicht weniger als acht Unterschriften aufweisen „angefangen von der Redaktion; über die Chefredaktion und die sowjetischen Abteilungslektoren ging es zur Intendanz, wo zwei weitere Unterschriften erfolgten, zur Sendeleitung und schließlich zum höchsten sowjetischen Zensor."[7]

Bereits zehn Tage nach dem Erlass des SMAD-Befehls Nr. 90 stellte der Chef der Propaganda/Informationsverwaltung, Oberst Sergei Tjulpanow, in aller Deutlichkeit klar: „Die Aufhebung der Vorzensur bedeutet in keinem Fall den Verzicht auf die Kontrolle der deutschen Presse und ihre systematische Führung. Es kann nur von einer Änderung der Methode der Pressekontrolle die Rede sein."[8] Die Neuerung bestand lediglich darin, dass nur die Journalisten aus den von der SED beherrschten Medien nicht mehr ihre Manuskripte den Zensuroffizieren vor der Veröffentlichung zur Kenntnis geben und mit dem Genehmigungsstempel versehen lassen mussten. Sie hatten nunmehr eine Verpflichtungserklärung des Inhalts zu unterschreiben, keine „feindseligen Gerüchte" über die Sowjetunion zu verbreiten, nicht tendenziös über die Verhältnisse in der SBZ und das Besatzungsregime zu berichten und nur die Nachrichten von ADN, SNB und TASS zu übernehmen. Die sowjetischen Zensoren führten zwar weiterhin Vorgespräche über wichtige Artikel, erteilten verbindliche Weisungen, kontrollierten die vorgeschriebene journalistische Planung in den Medien, doch für den Inhalt zeichneten die Redakteure jetzt allein verantwortlich. Dafür mussten sie aber verstärkt die Nachzensur fürchten und konnten die Haftung für „politische Fehler" in ihrer Berichterstattung nicht mehr auf die Zensuroffiziere schieben.

Beim Hörfunk entfiel die Vorzensur erst im Dezember 1948. An deren Stelle trat die Kontrolle der Programmplanung. Die Intendanten und Chefredakteure durften nichts über die Sowjetunion berichten, wenn es nicht ausdrücklich angeordnet war. Noch weiter gingen die Zensoren, wenn sie die Unterschrift der Hörfunkverantwortlichen unter diesen Satz forderten: „Ich verpflichte mich, freiwillig den sowjetischen Kontrolloffizier über alle vorgesehenen politischen Sendungen und auch über andere Fragen zu informieren, die mit dem Rundfunk verbunden sind und die den Kontrolloffizier interessieren."[9]

Bis zur Lizensierung der „Allgemeinen Deutschen Nachrichtendienst GmbH" (ADN) im Oktober 1946, an der auch nichtkommunistische Gesellschafter aus Tarnungsgründen beteiligt wurden, besaß das im Sommer 1945 von der SMAD gegründete „Sowjetische Nachrichtenbüro" (SNB) das Nachrichtenmonopol für alle Medien in der SBZ. Um den Vertrieb von Printmedien aus den Westzonen zu kontrollieren beziehungsweise zu unterbinden, verfügte die SMAD 1948 darüber hinaus die Einrichtung eines zentralen Postzeitungsamts in Ost-Berlin, das im Auftrag und auf Weisung der Besatzungsmacht die alleinige Zuständigkeit für den Vertrieb ausländischer und westdeutscher Periodika erhielt. Nur westliche kommunistische Zeitungen und einige ausgewählte wissenschaftliche Zeitschriften kamen auf die Postzeitungsliste, auf deren alleiniger Grundlage außerhalb der SBZ/DDR hergestellte Printmedien bis 1989/90 bezogen werden durften.

Die sowjetische Besatzungsmacht entwickelte bis zur Übergabe ihrer Kompetenzen an die DDR-Behörden ein perfekt ausgeklügeltes Medienkontrollsystem, das die SED-Agitationsbürokratie im Prinzip übernahm. Sie bediente sich dessen bis zum Ende ihrer Herrschaft, ohne einen institutionalisierten Zensor zu benötigen. Von einer konzeptionslosen Medienanleitung der SMAD kann deshalb keine Rede sein[10] – auch wenn es zutreffen mag, dass die Besatzungsmacht sich attraktivere Medien in der SBZ gewünscht hätte. Letzteres haben die Sowjets in den Nachkriegsjahren – nicht anders als später die SED-Medienlenker – durch rigorose Bevormundung und Gängelung selbst verhindert.

2.3 Zeitungs- und Zeitschriftengründungen

Für die beiden ersten Zeitungsgründungen in Deutschland nach der Kapitulation der Wehrmacht im Mai 1945 sorgte die Rote Armee selbst. Am 15. Mai erschien erstmals die „Tägliche Rundschau" und am 21. Mai folgte die „Berliner Zeitung". Während die „Tägliche Rundschau" bis zu ihrer Einstellung im Jahre 1955 unter sowjetischer Leitung stand, die in den Folgejahren zunehmend mehr deutsches Personal rekrutierte, übernahm bereits nach einem Monat der damals noch für ganz Berlin eingesetzte Magistrat ohne Billigung der westlichen Alliierten formal die „Berliner Zeitung". Bis zur Gründung der SED im folgendem Jahr stand das Blatt jedoch faktisch unter Kuratel der SMAD und der KPD. Später wurde es vom SED-eigenen Berliner Verlag herausgegeben und war sowohl der SED-ZK-Abteilung Agitation als auch der Berliner SED-Bezirksleitung unterstellt.

Der Gründungschefredakteur der „Berliner Zeitung", Oberst Alexandr W. Kirsanow, hatte am 18. Mai vom Chef der 1. Belorussischen Front den Befehl erhalten, unverzüglich eine Lokalzeitung herauszugeben. Unterstützt von einem Major und fünf Leutnants der Roten Armee, unter ihnen der spätere prominente Filmregisseur, der damals 19jährige Konrad Wolf, Bruder von Markus Wolf, konnte Kirsanow bereits nach drei Tagen die Vollzugsmeldung erstatten. Mit der Schlagzeile „Berlin lebt auf" erschien die erste Ausgabe der „Berliner Zeitung" in einer sofort vergriffenen Auflage von 100.000 Exemplaren.

Von deutscher Seite assistierten Kirsanow der Schriftsteller Fritz Erpenbeck und der aus der Sowjetunion zurückgekehrte KPD-Journalist Rudolf Herrnstadt. In der Gründungsphase gehörten auch der später in der Bundesrepublik als linksliberaler Verleger bekannt gewordene Verleger Helmut Kindler und Egon Bahr zum Mitarbeiterstab. Bahr erwarb sich dort als Lokalreporter seine ersten journalistischen Sporen. Kirsanow firmierte zwar bis zur Übergabe der Zeitung an den Magistrat als „Hauptschriftleiter" – eine noch aus der NS-Zeit stammende Bezeichnung –, doch er beschränkte sich bis zum Amtsantritt von Rudolf Herrnstadt am 20. Juni 1945 weitgehend auf die Rolle eines Zensors. Zur Redaktion stießen in der Folgezeit später in der DDR prominent gewordene Journalisten, die ebenso wie Herrnstadt einen bildungsbürgerlichen Hintergrund besaßen, was der „Berliner Zeitung" ein gewisses Renommee verschaffte. Einige Redakteure kamen aus dem sowjetischen Exil, wo man sie als kriegsgefangene und teilweise einstmals mit dem NSDAP-Parteibuch ausgestattete Wehrmachtsoffiziere politisch und ideologisch umgeschult hatte.

Herrnstadts Karriere endete abrupt nach dem Volksaufstand am 17. Juni 1953, weil er verdächtigt wurde, Ulbrichts Sturz betrieben zu haben. Der vom Ehrgeiz getriebene, als glänzender Journalist geltende Herrnstadt hatte 1949 den Chefredakteurssessel der „Berliner Zeitung" mit dem des „Neuen Deutschland" getauscht und war zum Kandidaten des SED-Politbüros aufgestiegen. Herrnstadts journalistische Maxime, ein Parteiorgan dürfe nur aus Zweckmäßigkeitsgründen den Charakter einer Zeitung tragen und nicht gemacht werden, um Menschen zu unterhalten oder um Geld zu verdienen, sondern um einen politischen Kampf zu führen, entsprach exakt der Vorgabe Lenins, die Presse zur „schärfsten Waffe der Partei" zu schmieden. Dies galt uneingeschränkt in den folgenden Jahrzehnten auch für die „Berliner Zeitung", wenngleich sie einen Großteil ihrer Leser durchaus erfolgreich zu täuschen vermochte, kein Parteiorgan zu sein. Anders als das ND und die 14 SED-Bezirkszeitungen sprach sie gezielt bürgerliche Schichten an, was in erster Linie auf einer ihr ausdrücklich zugedachten Sonderrolle beruhte. Ob in den fünfziger Jahren Stefan Heym in seiner Kolumne „Offen gesagt" zeitweise Ketzerisches von sich geben durfte, ein aus West-Berlin zurückgekehrter MfS-Agent exklusiv über seine Erlebnisse beim Verfassungsschutz berichten konnte, oder ob es die SED-Führung drängte, deutschlandpolitische Signale an die Adresse der Bundesregierung zu senden – die offiziöse „Berliner Zeitung" bot sich dafür im Gegensatz zum offiziellen Partei- und Staatsorgan „Neues Deutschland" als geeignetes Forum an. Abweichend von allen anderen DDR-Tageszeitungen firmierte das Blatt im Impressum deshalb nie als Organ einer Partei oder einer Massenorganisation.

Mit dem SMAD-Befehl Nr. 2 vom 10. Juni 1945, der die Zulassung von Parteien und Gewerkschaften in der SBZ gestattete, war auch die Lizensierung von Partei- und organiationsgebundenen Zeitungen möglich geworden, obwohl dies nicht explizit dem Wortlaut des Befehls zu entnehmen war. Die von Ulbricht zuvor in Moskau vorbereitete Gründung der KPD erfolgte schon am folgenden Tage und bereits am 13. Juni erschien als KPD-Zentralorgan die „Deutsche Volkszeitung".[11] Mit Verzögerung entsprach die SMAD dem Lizenzantrag der SPD vom 17. Juni zur Herausgabe einer Parteizeitung. Eine Wiederbelebung des Traditionstitels „Vorwärts" wurde abgelehnt,[12] so dass die erste Ausgabe des Berliner SPD-Parteiorgans unter dem Namen „Das Volk" erst am 7. Juli erscheinen konnte. Die Bevorzugung der KPD-Zeitungen gegenüber SPD-Presse und den noch gravierender benachteiligten Zeitungen der bürgerlichen Parteien bei der Papierzuteilung und der Lizensierung durch die Sowjets war eklatant. Auflagenzahlen, Seitenumfang und -größe der „Deutschen Volkszeitung" waren erheblich höher und umfangreicher als bei der SPD-Zeitung „Das Volk" und auch bei der Neugründung der Landesorgane beider Parteien war die KPD stets vorher am Zuge. Im September 1945 bezifferte der sowjetzonale SPD-Vorsitzende Otto Grotewohl die Gesamtauflage der SPD-Zeitungen in der SBZ auf 500.000 Exemplare, während die KPD-Presse schon mehr als das Doppelte aufweisen konnte.[13]

Nach der Zwangsvereinigung der SPD mit der KPD zur SED wurden die „Deutsche Volkszeitung" und „Das Volk" eingestellt und zum SED-Zentralorgan „Neues Deutschland" verschmolzen, das am 23. April 1946 erstmals erschien. Zunächst war die ND-Chefredaktion paritätisch mit ehemaligen KPD- und SPD-Mitgliedern besetzt. Faktisch hatten indes die früheren KPD-Funktionäre – wie in allen anderen SED-Gremien – von Beginn an die ihnen von den Sowjets verliehene politisch-ideologische Richtlinienkompetenz.

Bereits im Dezember 1946 belief sich die tägliche Auflage des ND auf 537.000 Exemplare, womit dem SED-Zentralorgan neben der „Täglichen Rundschau", deren Auflage 1947 ca. 1 Mio. betrug, eine markt- und meinungsbeherrschende Rolle verschafft werden sollte. Nach der Zwangsvereinigung verfügte die SED in der SBZ über elf Zeitungen mit 106 Kopfblättern. Der Pressehistoriker Kurt Koszyk beziffert für 1947 die Gesamtauflage der insgesamt 80 Tageszeitungen – hinzu kamen 89 Wochenzeitungen und 20 Zeitschriften – auf 8,5 Mio. Exemplare. „Nur etwa 20 Prozent", so Koszyk, „entfielen auf die neben der SED geduldeten Blockparteien, weitere 20 Prozent auf die von der SED beherrschten Massenorganisationen."[14] Zu den letzteren gehörten die „Junge Welt", die seit Februar 1946 zunächst wöchentlich und ab März 1950 täglich als Organ des Zentralrats der FDJ erschien sowie die „Tribüne", die erstmals im Januar 1947 vom FDGB-Bundesvorstand zunächst nur für Berlin täglich und bis 1952 nur wöchentlich für die SBZ-Länder herausgegeben wurde.

Am 14. Juli 1945 schlossen sich die zunächst von der SMAD zugelassenen vier Parteien die KPD, die SPD, die CDU und die LDPD zur „Einheitsfront der antifaschistisch-demokratischen Parteien", dem so genannten Antifa-Block, zusammen. Daraus leitet sich der Begriff „Blockpartei" ab, der später aber nur auf die mit der SED „verbündeten", die „bürgerlichen" Parteien Verwendung fand, obwohl genau genommen auch die SED eine Blockpartei war.

Zu der in den Nachkriegsjahren gegründeten Blockpartei-Presse werden das am 22. Juli 1945 gegründete CDU-Organ „Neue Zeit" sowie die am 3. August 1945 erstmals erschienene LDPD-Zeitung „Der Morgen" gezählt. Am 22. März 1948 kam die „National-Zeitung" (NZ) mit dem Untertitel „Volksblatt für Deutsche Politik" hinzu. Die

NZ wurde erst am 12. September 1948 das Zentralorgan der zuvor bereits auf Veranlassung Moskaus am 25. Mai gegründeten National-
Demokratischen Partei Deutschlands. Die NDPD sollte, angeleitet
von Altkommunisten, ehemalige Nationalsozialisten und in der Sowjetunion umgeschulte Wehrmachtsoffiziere gesellschaftlich integrie-
ren, die zuvor nicht Mitglied der CDU oder der LDPD werden durften. Der einmalige Vorgang, die Lizenzerteilung für eine Zeitung, die
als Zentralorgan einer noch nicht existierenden Partei vorgesehen war,
belegt das enge Zusammenspiel zwischen der SMAD und der SED bei
der Instrumentalisierung der Blockparteien und deren Presse. Zur
Blockparteipresse zählte formal auch das „Bauern-Echo", das Organ
der von ehemaligen KPD- und SED-Funktionären Ende April 1948
gegründete Demokratischen Bauernpartei Deutschlands (DBD). Das
„Bauern-Echo" erschien erstmals am 18. Juli 1948. Es sollte dessen
vorrangige Aufgabe werden, die Zwangskollektivierung der Landwirtschaft voranzutreiben und den politischen Druck der SED auf die
Einzelbauern zu erhöhen.

Zu den Besonderheiten der Nachkriegspresse gehörten die
ostberliner Boulevardzeitungen „Nacht-Express" und „Berlin am
Mittag", Lokalzeitungen wie die Potsdamer „Tagespost", die der SPD
nahestehende „Leipziger Zeitung", die nicht mit dem späteren SED-
Bezirksorgan „Leipziger Volkszeitung" zu verwechseln ist, sowie in
Thüringen die „Abendpost" und die „Altenburger Nachrichten". Die
Lizenzen für diese, bis Anfang der fünfziger Jahre nach und nach wieder eingestellten Zeitungen erteilte die SMAD in den Jahren von 1945
bis 1947 an Privatpersonen, die teilweise lediglich als Strohmänner von
sowjetischen Kontrolloffizieren fungierten. Im Falle des „Nacht-Express" – faktisch ein „sowjetisches Tarnblatt"[15] – steht dies außer
Zweifel.[16] Die Motive der Sowjets für die Zulassung von als überpar-
teilich deklarierten Zeitungen in privater Hand waren zweifacher Na-
tur. Zum einen sollte natürlich – nicht anders als bei der Tolerierung
bürgerlicher Parteien und Zeitungen – publizistische Vielfalt und Plu-

ralismus vorgetäuscht werden. Zum anderen bediente sich die SMAD dieser Zeitungen zur Durchsetzung eigener politischer und wirtschaftlicher Interessen sowohl gegenüber den deutschen Kommunisten als auch im Alliierten Kontrollrat gegenüber den westlichen Besatzungsmächten. Flexibilität und Experimentierfreudigkeit der Sowjets dürften nicht für das kurze Intermezzo einer „überparteilichen" Presse in der SBZ/DDR ausschlaggebend gewesen sein.[17]

Lizenzen für Zeitschriften, Wochenzeitungen und Illustrierte vergab die SMAD in den Nachkriegsjahren ebenso wie bei den Tageszeitungen in erster Linie an Parteien und an die von der SED gelenkten gesellschaftliche Organisationen, aber vereinzelt auch an zuverlässig erscheinende Einzelpersonen. Beispiele dafür sind der „Aufbau", eine kulturpolitische Zeitschrift, die bis 1958 vom Kulturbund herausgegeben wurde oder die „Einheit", das theoretische, monatlich erscheinende SED-Organ, dessen Existenz vom Februar 1946 bis Dezember 1989 währte. Im Gegensatz zu den Kulturzeitschriften in den Westzonen überlebten dank staatlicher Subventionierung viele zu SBZ-Zeiten gegründete Zeitschriften die Nachkriegsjahre, sofern sie nicht aus politischen Gründen eingestellt werden mussten. Darunter fiel beispielsweise die von dem 1957 nach West-Berlin geflüchteten Literaturhistoriker Alfred Kantorowicz von Juli 1947 bis Dezember 1949 im Eigenverlag in Berlin-Pankow herausgegebene Kulturzeitschrift „Ost und West". In seiner 1986 veröffentlichten, auf SED-Linie geschriebenen, aber angesichts der bisher unzureichenden Forschungslage dennoch hilfreichen Frühgeschichte der SBZ/DDR-Medien, bezeichnete der Leipziger Medienhistoriker Günter Raue den Spanienkämpfer und Volksfrontverfechter Kantorowicz, der auch in der Bundesrepublik aus seiner sozialistischen Überzeugung kein Hehl machte, als einen später zum Renegaten herabgesunkenen, damals jedoch als antifaschistisch bekannten Literaten. Seine Zeitschrift „Ost uns West" sei, so Raue, einem überparteilichem Elitedenken in Inhalt und Diktion verhaftet gewesen.[18] Gemeint war Kantorowicz' Vorstellung, Intellektuelle und insbesondere Schriftsteller müssten zwischen den widerstreitenden Ideologien in Deutschland vermitteln. Sein Scheitern war ein frühzeitiges Indiz dafür, dass die damaligen Einheitspropaganda-Formeln der SED nur Worthülsen waren und ernsthafte publizistische Versuche, Brücken zwischen Ost und West zu schlagen, im Keim erstickt wurden.

2.4 Die Anfänge des Hörfunks

Nicht nur für die Funktion der Zeitung, sondern auch für die revolutionäre Nutzung des Rundfunks als „gesprochene Zeitung" hat Lenin für seine Epigonen die Maßstäbe gesetzt. Er bezeichnete 1921 den Rundfunk als „Zeitung ohne Papier und ohne Entfernungen", deren Vernachlässigung „geradezu ein Verbrechen" sei.[19] Dessen eingedenk traf die KPD-Führung im Moskauer Exil auf Weisung der sowjetischen Genossen schon frühzeitig Vorbereitungen zur Etablierung eines von der Besatzungsmacht kontrollierten Rundfunks in Berlin.

Am 1. Mai 1945 kurz nach 23 Uhr stellte der nationalsozialistische „Großdeutsche Rundfunk" seine Sendungen aus dem „Haus des Rundfunks" in Berlin-Charlottenburg ein. In der Umgebung des weitgehend unversehrt gebliebenen Funkhauses fanden zuvor heftige Straßenkämpfe zwischen deutschen und sowjetischen Verbänden statt. Zur beabsichtigten Sprengung des Gebäudes vor dem Abzug der Wehrmacht kam es jedoch nicht mehr, weil angeblich in der Nähe in einem Lager untergebrachte russische Zwangsarbeiter dies verhindert hätten.[20] Das Funkhaus übergaben am 2. Mai die verbliebenen Mitarbeiter des Reichssenders Berlin an die Rote Armee.

Obwohl der sowjetische Stadtkommandant Nikolai E. Bersarin noch am 26. April befohlen hatte, alle Rundfunkgeräte bei den Bezirkskommandanturen abzuliefern – offensichtlich um den Empfang der noch auf Sendung befindlichen deutschen Sender zu unterbinden –, waren die Sowjets ebenso wie die westlichen Alliierten darauf bedacht, in ihren Besatzungszonen möglichst rasch die von ihnen kontrollierte Rundfunkstationen mit deutschem Personal unter alliierter Aufsicht zu betreiben. Bersarin deutete am 14. Mai in einem Gespräch mit Künstlern an, seine Verfügung zur Beschlagnahme von Rundfunkgeräten zu modifizieren. Gleichzeitig kündigte er Direktsendungen des Rundfunks „über das Mikrofon und nicht durch Schallplatte" und in absehbarer Zeit auch die Rückgabe der konfiszierten Rundfunkgeräte an.[21] Tatsächlich hatte der Berliner Rundfunk bereits am Vortage mit der Ansage „Hier spricht Berlin", dem Abspielen der Nationalhymnen der vier Siegermächte, dem Verlesen der Kapitulationsurkunde und einer auf deutsch gehaltenen Ansprache Bersarins über einen Notsender mit einer einstündigen Sendung seinen Betrieb aufgenommen. Zwei Tage darauf strahlte man das Programm des Berliner Rundfunks über den Sender in Berlin-Tegel aus, nachdem die Kabelverbindung aus dem „Haus des Rundfunks" wieder provisorisch hergestellt worden war. Bereits einige Tage später konnte ein kontinuierliches Programm zwischen 6.00 Uhr morgens und Mitternacht gefahren werden.[22]

Im SBZ-Rundfunk nahmen – anders als bei den Printmedien – von vornherein ausschließlich in der Parteiarbeit bewährte Kommunisten die Führungspositionen ein. Walter Ulbricht erteilte vermutlich schon Mitte April 1945 funkjournalistisch erprobten Funktionären aus seinem Mitarbeiterstab den Auftrag, unter sowjetischer Anleitung den Berliner Rundfunk aufzubauen. Darunter befanden sich als deutscher Leiter der gebürtige Hamburger Hans Mahle (1911-1999) aufgrund seiner in der Sowjetunion gewonnenen Erfahrungen beim NKFD-Sender „Freies Deutschland", der ehemalige kommunistische KZ-Häftling Artur Mannbar und der frühere Pfarrer Matthäus Klein, der in sowjetischer Kriegsgefangenschaft zu den Mitbegründern des Nationalkomitees Freies Deutschland (NKFD) gehörte.

Mahles Aufstieg und Karrierebrüche waren symptomatisch für ideologisch linientreue, aber dennoch zum selbständigen Denken nei-

gende kommunistische Spitzenfunktionäre. 1946 erfolgte seine Bestellung zum Leiter des Rundfunkreferates und der Abteilung für kulturelle Aufklärung in der sowjetzonalen Deutschen Zentralverwaltung für Volksbildung (DZVfV), die gemäß den Weisungen der SMAD
die Aufsicht über den Rundfunk ausübte.[23] Von 1947 bis 1951 war
Mahle Generalintendant des „Deutschen demokratischen Rundfunks", dem die 1945/46 entstandenen Funkhäuser des Mitteldeutschen Rundfunks in Leipzig, Dresden Weimar und Halle und die zur
Nordkette gehörenden Sender – der Berliner Rundfunk mit den Lan-
dessendern Schwerin und Potsdam sowie der zur Einwirkung auf die
Bevölkerung der Westzonen bestimmte Deutschlandsender – unterstellt waren.[24] Mahle wurde 1951 grundlos im Zusammenhang mit der
Verfolgung und späteren Inhaftierung des Politbüromitgliedes Paul
Merker der Kooperation mit dem „Klassenfeind" bezichtigt, von seinem Amt entbunden und zeitweilig noch mit technischen Vorarbeiten
für die Einführung des Fernsehens beauftragt, bis man ihn 1952 als
Verkäufer in einen mecklenburgischen Landkonsum schickte. 1959
übersiedelte er im Auftrag der Partei nach West-Berlin, um dort die
Chefredaktion der „Wahrheit", dem Parteiorgan des westberliner Ab-
legers der SED zu übernehmen.

    Ursprünglich sollte der im britischen Sektor Berlins gelegene
Berliner Rundfunk unter der Verantwortung und Kontrolle aller
vier Besatzungsmächte stehen. Da es sich bald herausstellte, dass
die Vereinbarungen zur politischen Zusammenarbeit der Sieger-
mächte in Berlin und Deutschland nicht nur auf dem Gebiet der
Medienpolitik zum Scheitern verurteilt waren, bereiteten die
Sowjets schon seit dem Frühjahr 1946 den Aufbau eines Rundfunk-
studios in Grünau bei Berlin vor. Es war bis Mai 1948 unmittelbar der
Propaganda-/Informationsverwaltung der SMAD unterstellt. In
Grünau wurden sowohl politische Programme als auch alle aktuellen
Sendungen einschließlich der Nachrichten und der Kommentare für
die SBZ-Landessender produziert.[25] In den Westsektoren Berlins

etablierten 1946 als Gegengewicht zum Berliner Rundfunk die Amerikaner den RIAS und die Briten erweiterten den NWDR um ein Berliner Studio.

Im Februar 1949 waren in den sowjetisch kontrollierten Funkhäusern der SBZ und Berlins noch 13 SMAD-Offiziere beschäftigt. Darunter befand sich auch der Redaktions- und Abteilungsleiter Markus Wolf, der spätere Chef der Hauptverwaltung Aufklärung im MfS. Jan Foitzik vermerkt dazu: „Wolf, der noch heute bezeugt, 1945-49 im ‚antifaschistischen Auftrag' Mitarbeiter des Berliner Rundfunks gewesen zu sein, bezog damals ein Gehalt in der Soldhöhe eines sowjetischen Majors/Oberstleutnants (2.000 Rubel) und wurde nach sowjetischem Recht sowohl in Rubeln als auch in RM [Reichsmark, G. H.] entlohnt."[26] Wolf arbeitete zunächst als Reporter bei den Nürnberger Prozessen gegen die führenden NS-Verbrecher sowie als Kommentator unter dem Pseudonym Michael Storm.

In seinen Memoiren blendet Wolf seine enge Anbindung an die Sowjets aus. Statt dessen schwärmt er von der Handlungsfreiheit, die er im Berliner Rundfunk genossen habe, „von der spätere DDR-Rundfunkleute nur träumen konnten".[27] Die Parteizentrale in Ost-Berlin sei nur schwer zu erreichen gewesen und seine uniformierten sowjetischen Kollegen hätten ihm einen großzügigen Spielraum gewährt. Dass in seiner Sendereihe „Tribüne der Demokratie" anfangs Vertreter aller Parteien zu Wort kamen, hebt Wolf hervor, doch er verschweigt, dass besprochene Tonbänder von nichtkommunistischen Politikern, beispielsweise im Falle des West-SPD-Vorsitzenden Kurt Schumacher, manipuliert und sinnentstellend über den Sender liefen.[28] In jedem Falle hatten in der „Tribüne der Demokratie" KPD/SED-Spitzenfunktionäre wie Wilhelm Pieck oder Walter Ulbricht das letzte Wort. Diesem will Markus Wolf wegen der Fistelstimme und der sächsischen Aussprache „in bester Absicht" aber ohne Erfolg vorgeschlagen haben, Sprechunterricht zu nehmen und seine Texte einstweilen von einem geübten Sprecher vorlesen zu lassen.[29]

Die Niederlage der SED bei den gesamtberliner Wahlen am 20. Oktober 1946, bei denen sie lediglich 19,8 Prozent der Stimmen erzielte, führte parteiintern zu heftiger Kritik an der Informationspolitik des Senders und seiner publizistisch verfehlten Selbstdarstellung, die den Charakter vorgelesener Zeitungsartikel getragen habe.[30]

Mit der 1947 begonnenen, zunächst ebenfalls von Markus Wolf geleiteten Gesprächsrunde „Treffpunkt Berlin" des Berliner Rundfunks sollten neue Wege insbesondere in der Überzeugungsarbeit bei der westberliner Bevölkerung beschritten werden. Im Rückblick, noch zu DDR-Zeiten geschrieben, heißt es bei dem Leipziger Medienhistoriker Günter Raue dazu: „Ausstrahlungs- und Argumentationskraft des demokratischen Rundfunks erhöhen sich dabei um die Jahreswende 1947/48, als eine Reihe bekannter antifaschistischer Kommentatoren und Mitarbeiter westdeutscher Rundfunkstationen aus nationaler Verantwortung zu ihm stoßen, darunter Herbert Gessner, Karl-Eduard von Schnitzler, Helmut Schneider, Günter Cwojdrak, später auch Karl-Georg Egel. Unter Leitung von Michael Wolf-Storm entlarven sie in der schnell populären, scharf polemischen Sendereihe ‚Treffpunkt Berlin' aus interner Kenntnis der Machtstrukturen in den Westzonen die imperialistischen Spaltungs- und Diversionspläne."[31] Die aus den Westzonen übergesiedelten Journalisten fanden sich in der Westabteilung des Berliner Rundfunks wieder. Ihnen mangelte es zwar nicht an Professionalität, doch sie erschienen dem Gros der Hörer dennoch unglaubwürdig, weil sie die Erfolge beim Wiederaufbau in der SBZ ebenso wie die Not in den Westzonen überhöhten und allgemein brennende Fragen – etwa nach der Rückkehr der Kriegsgefangenen aus den sowjetischen Lagern oder nach dem Umfang der Reparationen an die Sowjetunion – auf Geheiß der Besatzungsmacht und, wie im Falle von Markus Wolf, wohl auch aus eigenem Antrieb unbeantwortet lassen mussten.[32]

Der mit seiner großbürgerlichen Herkunft häufig kokettierende Karl-Eduard von Schnitzler (1918-2001), der 1947 von den Engländern beim NWDR in Hamburg wegen seiner linkslastigen Kommentare und seiner Verbindungen zur KPD entlassen wurde, ist nicht nur wegen seiner von 1960 bis 1989 ausgestrahlten 1.519 Folgen des „Schwarzen Kanals" zu einer Reiz- und Symbolfigur des DDR-Journalismus geworden. Seine Kommentare im Hör- und Fernsehfunk sowie im „Neuen Deutschland", aber auch seine Dokumentarfilme und nicht zuletzt seine zahlreichen Ehrenämter in journalistischen Organisationen und staatlichen Institutionen verschafften ihm zumindest bis zum Machtantritt Honeckers über viele Jahre einen erheblichen politischen und publizistischen Einfluss auf die Medienlandschaft in der SBZ/DDR. Da zu den hervorstechendsten Eigenschaften Schnitzlers Eitelkeit und Opportunismus gehörten, fand er bei dem gleichermaßen im höchsten Grade publicity-süchtigen Ulbricht stets ein offenes Ohr. Dies änderte sich schlagartig unter Honecker, dessen Scheu vor Kameras und Mikrofonen und dem persönlichen Umgang mit DDR-Journalisten so ausgeprägt war, dass auch Schnitzler kein Entree beim neuen Generalsekretär fand. Deshalb überschlug er sich nach 1989 in seiner Kritik an der Informationspolitik Honeckers und dessen Gehilfen Joachim Herrmann, obwohl sich insbesondere auf seinem Spezialgebiet, der Westberichterstattung, seit den vierziger Jahren bis zu seinem ruhmlosen Abgang mit der letzten Folge des „Schwarzen Kanals" am 30. Oktober 1989 im Grunde nichts geändert hatte. Schnitzler ist bis zum Lebensende seinem Arbeitsprinzip treu geblieben – dem Lügen mit der Halbwahrheit.

3. Zentralisierung und Zementierung der Medienpolitik in den fünfziger Jahren

3.1 „Presse von neuem Typus" auf stalinistischem Fundament

Auf einer Festveranstaltung am 20. Dezember 1949 anlässlich des 70. Geburtstages Stalins huldigte der zuvor am 7. Oktober von der Provisorischen Volkskammer zum DDR-Präsidenten gewählte SED-Vorsitzende Wilhelm Pieck dem sowjetischen KP-Führer im Stil des zeitgenössischen kommunistischen Personenkults: „Stalin verkörpert die höchste Entwicklung der Wissenschaft des Marxismus-Leninismus, den er seit einem Vierteljahrhundert selbständig nach den Erfordernissen des geschichtlichen Geschehens weiterentwickelt hat. […] Stalin ist der hervorragendeste Theoretiker des Marxismus-Leninismus. Stalin ist der Lenin von heute."[1]

Die SED feierte den sowjetischen Diktator auch als „großen Lehrmeister" der Publizistik. Der damalige ZK-Sekretär für Massenagitation und Presse, Hermann Axen, hielt nach dem SED-Vorsitzenden Wilhelm Pieck im Februar 1950 das Hauptreferat auf der ersten Pressekonferenz des SED-Parteivorstandes, die unter dem Motto „Unsere Presse – Die schärfte Waffe der Partei" stand. Axen warnte eindringlich vor der Unterschätzung dieser Waffe und vermittelte den versammelten Parteijournalisten das ideologische Rüstzeug, indem er enthusiastisch die publizistischen Leistungen Stalins und die der sowjetischen „Genossen Journalisten" pries. Sie seien „mit der ‚Prawda' und mit der gesamten bolschewistischen Presse uns allen Vorbild und Lehrmeister."[2] Scharf ins Gericht ging Axen mit den in erster Linie auf

Professionalität bedachten „Nur-Journalisten", denen er Opportunismus und Relikte bürgerlichen Denkens sowie Versagen bei der Gestaltung einer „Presse von neuem Typus" vorwarf.[3] Die Resolution der Pressekonferenz „Über die Entwicklung der Presse der SED zu einer Presse von neuem Typus" enthielt im Prinzip die bis 1989 gültig gebliebenen organisatorische Festlegungen für die Zuständigkeiten innerhalb der Redaktionen, die Einführung von obligatorischen Quartals-, Monats- und Wochenplänen oder Maßnahmen zur Aktivierung der Volkskorrespondenten, den ehrenamtlichen, von den Redakteuren häufig wenig geschätzten Mitarbeitern aus den Betrieben, der Landwirtschaft und den Wohngebieten.

Bereits in den Jahren 1948/49 hatte sich die SED zu einer „Partei neuen Typus" erklärt, womit nach dem Vorbild der KPdSU eine marxistisch-leninistischen Kaderpartei gemeint war.[4] Zuvor musste noch einer der damals einflussreichen kommunistischen SED-Chefideologen, Anton Ackermann, seinen im Februar 1946 im Auftrage der KPD-Führung in der ersten Ausgabe der Parteizeitschrift „Einheit" proklamierten „besonderen deutschen Weg zum Sozialismus" als eine „falsche, faule und gefährliche Theorie" widerrufen.[5] Damit war der Kurs auf eine noch engere Bindung an die Sowjetunion abgesteckt. Die SED hatte jetzt die nahtlose Übernahme stalinistischer Strukturen und Methoden sowohl hinsichtlich des innerparteilichen Organisationsaufbaus als auch auf ihren Führungsanspruch im Staat und in der Gesellschaft vollzogen. Somit waren bereits vor der DDR-Gründung die Voraussetzungen für die bis 1989 während SED-Alleinherrschaft und ihr daraus abgeleitetes Meinungsmonopol[6] geschaffen.

Zu den in den fünfziger Jahren ausgeprägten Herrschaftstechniken gehörte nicht nur im Medienbereich die Disziplinierung von durchaus systemtreuen Kritikern in der eigenen Gefolgschaft durch Parteiausschluss, Inhaftierung oder Berufsverbot, wenn die SED-Führung Gefahren aus deren Reihen witterte. So verfolgte man in der stalinistisch geprägten Phase der SBZ/DDR-Geschichte nicht nur Mitglieder und Anhänger der bürgerlichen Parteien und ehemalige Sozialdemokraten. Es fielen vielmehr auf Betreiben des deutschen Statthalters Stalins, des 1950 zum SED-Generalsekretär gewählten Walter Ulbricht, auch überzeugte Kommunisten Parteisäuberungen und der gelenkten Justiz zum Opfer – darunter auch eine Reihe prominenter Journalisten. Dazu zählten: der Chefredakteur des Deutschlandsenders, Leo Bauer, der ehemalige Chefredakteur des SED-Zentralorgans „Neues Deutschland", Lex Ende, der frühere Chefredakteur des KPD-Organs „Deutsche Volkszeitung", Hans Teubner, der 1948/49 amtierende Chefredakteur und Intendant des Berliner Rundfunks, Bruno Goldhammer oder der Chefredakteur des Gewerkschaftsorgans „Tribüne", Jakob Walcher. Gegen sie und andere hohe SED-Funktionäre beabsichtigte man ursprünglich, nach sowjetischem und osteuropäischem Muster Schauprozesse mit meist aus der Luft gegriffenen Beschuldigung der Agententätigkeit vorzubereiten.[7] Dabei sollte nichts dem Selbstlauf überlassen werden. Das SED-Politbüro wies deshalb vorsorglich auf seiner Sitzung am 12. Dezember 1950 die Redaktionen an: „Meldungen mit scharfen Kritiken an leitenden Intellektuellen können nur in der Presse veröffentlicht werden mit vorheriger Zustimmung vom Ministerium für Staatssicherheit."[8]

Wenngleich nach Stalins Tod im März 1953 der durch die Erschütterungen des Volksaufstandes im Juni politisch angeschlagene Ulbricht von den auch in der DDR geplanten Schauprozessen Abstand nahm, entledigte er sich doch weiterhin seiner innerparteilichen Widersacher. Betroffen war davon auch der Politbürokandidat und Chefredakteur von „Neues Deutschland", Rudolf Herrnstadt, der wegen einer angeblichen gegen Ulbricht gerichteten „Fraktionsbildung" – zusammen mit dem damaligen Staatssicherheitsminister Wilhelm Zaisser – seine Bilderbuchkarriere als Parteijournalist beenden musste.[9]

Während Herrnstadt und Zaisser nur aus der Partei ausgeschlossen und beruflich kaltgestellt wurden, statuierte man beispielsweise an dem stets linientreuen Hugo Polkehn ein Exempel und zog ihn als Chef vom Dienst der Gewerkschaftszeitung „Tribüne" für einen sinnentstellenden Druckfehler im Stalin-Nachruf seiner Zeitung zur Verantwortung. Der Text des SED-Zentralkomitees traf erst nach 22.00 Uhr in der Druckerei ein. Der Setzer entdeckte darin ein falsch gesetztes Komma. Bei der Korrektur entstand ein neuer Fehler. Stalin sollte als überragender Kämpfer für die Erhaltung und Festigung des „Friedens" gewürdigt werden. Bei der Umsetzung des Kommas wurde daraus das Gegenteil – nämlich des „Krieges". Polkehn, der an dem Korrekturvorgang gar nicht beteiligt war, erhielt nach seinem im Stasi-Gefängnis durch Misshandlungen erpresstem „Geständnis", er habe, vom „Sozialdemokratismus" beeinflusst, wissentlich den Druckfehler verursacht, fünfeinhalb Jahre Freiheitsstrafe wegen „Boykotthetze" und „Agententätigkeit".[10] Auch wenn in Ungnade gefallene Journalisten in späteren Jahren glimpflicher davonkamen – die stalinistischen Willkürakte der fünfziger Jahre besaßen eine abschreckende Langzeitwirkung. Sie prägten unterschwellig das in den Leipziger journalistischen Kaderschmieden der Karl-Marx-Universität beziehungsweise der Fachschule für Journalistik verordnete Berufsverständnis, sich jederzeit als „Funktionär der Arbeiterklasse" zu bewähren. Dazu gehörte für viele von ihnen die Verpflichtung zur Spitzeltätigkeit für das MfS.

Die Sowjetisierung der DDR erreichte mit dem weitgehenden Abschluss der Zentralisierung der staatlichen und gesellschaftlichen Strukturen im Jahre 1952 ihren Kulminationspunkt. Auf der 2. Parteikonferenz der SED vom 9. bis zum 12. Juli verkündete Ulbricht das Ende der „antifaschistisch-demokratischen" Phase und den Beginn des planmäßigen „Aufbaus des Sozialismus". Er rief zur Verschärfung des nach innen gerichteten Klassenkampfes auf, womit die Beseitigung der noch vorhandenen Rudimente der bürgerlichen Gesellschaft gemeint war. Die noch selbständigen Handwerker und Gewerbetreibenden drängte man mit steuerpolitischem Druck zur Aufgabe ihrer Betriebe. Gleichzeitig erfolgte der Auftakt zur Zwangskollektivierung der Landwirtschaft. Mit einer Verwaltungsreform löste man Ende Juli 1952 die fünf Länder der DDR auf und wandelte sie in 14 Bezirke mit insgesamt 217 Kreisen um – zuvor gab es 132 Kreise. Von dieser administrativen Zentralisierungswelle waren insbesondere die Medien betroffen.

Dem Rundfunk in der SBZ/DDR sei nicht einmal ein „Hauch der Unabhängigkeit" zugestanden worden.[11] Dennoch – oder gerade deshalb – war die SED-Führung stets unzufrieden mit der Akzeptanz der Hörfunkprogramme beim Publikum. Mit der Begründung, der Rundfunk sei den „neuen großen Aufgaben der Schaffung der Grundlagen des Sozialismus" in der DDR nicht mehr gerecht geworden und müsse deshalb in Ost-Berlin zentralisiert und einer einheitlichen Leitung unterstellt werden, schaffte man im August 1952 die bis dahin eigenständigen Landessender und die Generalintendanz des Rundfunks ab. An deren Stelle trat das Staatliche Rundfunkkomitee, das die neu zugeschnittenen Sender Berlin I, II und III sowie das Fernsehzentrum in Berlin-Adlershof anzuleiten hatte.

Die erste öffentliche Ausstrahlung eines Fernseh-Programms, die Nachrichtensendung „Aktuelle Kamera", fand am 21. Dezember 1952 zu Ehren von Stalins 73. Geburtstag statt. Dabei hatte man die Genugtuung, einmal schneller als die Bundesrepublik gewesen zu sein. Erst vier Tage darauf nahm der Nordwestdeutsche Rundfunk in seinem Sendegebiet einen täglichen Fernseh-Programmdienst auf.

Politisch bedingte Programmreformen und Eingriffe in die Rundfunklandschaft hatten vor allem Anfang der fünfziger Jahre Hochkonjunktur.[12] Sie standen im direkten Zusammenhang mit dem Fiasko des überstürzten „Aufbaus des Sozialismus", durch das das Legitimationsdefizit der SED offen zutage getreten war. Die Versorgungslage mit Konsumgütern verschlechterte sich dramatisch, da die Entwicklung der Schwerindustrie den Vorrang erhalten hatte.

Die auf der 2. Parteikonferenz der SED im Juli 1952 beschlosse-
ne Weichenstellung zur Auflösung der Länder erforderte auch eine
Umstrukturierung der Parteigliederungen in den neugeschaffenen Be-
zirken und Kreisen. Daraus ergab sich zugleich eine „einschneidende
Veränderung im Pressewesen"[13], die im Kern bis Anfang 1990 Bestand
haben sollte. Durch die Verwaltungsreform konnte die SED mit ihrer
straff organisierten, zentralen Anleitung der Parteipresse unter Einbeziehung der Bezirks- und Kreisparteileitungen ihre marktbeherr-
schende Rolle auf dem Tageszeitungsmarkt stabilisieren. Die meisten
der seit den fünfziger Jahren zahlenmäßig nahezu konstant gebliebenen 39 Tageszeitungen wurden zudem in den Druckereien der direkt
dem SED-Zentralkomitee unterstellten Zentrag (Zentrale Druckerei-,
Einkaufs- und Revisionsgesellschaft) hergestellt. Mit der Zentrag verfügte die SED schließlich über 90 Prozent der gesamten Druckkapazitäten in der DDR.

Neben dem SED-Zentralorgan „Neues Deutschland" und der
von der ZK-Abteilung Agitation direkt angeleiteten „Berliner Zeitung" erschienen seit 1952 zunächst 15 beziehungsweise – ab 1963 –
14 SED-Bezirkszeitungen. Die Organe der FDJ und des FDGB, die
Tageszeitungen „Junge Welt" und „Tribüne", waren, ebenso wie das
Boulevardblatt „BZ am Abend" oder das DTSB-Organ „Deutsches
Sportecho", der von der SED kontrollierten Presse zuzurechnen. Diese Zeitungen unterlagen nicht – wie die vier Zentralorgane der Blockparteien und deren 14 Regionalblätter – der Anleitung des Presseamts,
sondern direkt der des SED-Zentralkomitees. Die fast identische Anzahl von SED- und Blockparteizeitungen bedeutete indes zu keiner
Zeit eine quantitative Parität oder gar einen nur annähernd vergleichbaren politischen Einfluss. Obwohl die Gesamtauflage aller Tageszeitungen von der Mitte der fünfziger Jahre von ca. vier Millionen
Exemplaren bis 1988 auf 9,7 Millionen anstieg, sank jedoch der pro-
zentuale Anteil der Blockparteipresse an der Gesamtauflage in diesem
Zeitraum von ca. 20 auf 8,6 Prozent.[14]

Zu den traditionsbehafteten Besonderheiten der kommunistischen Parteien gehörten Betriebszeitungen, die allenfalls eine formale
Ähnlichkeit mit herkömmlichen Werkszeitschriften hatten. Als Herausgeber fungierten in der DDR die SED-Betriebsparteiorganisatio-
nen, da sich die Werksleitung und selbst die Gewerkschaft kraft eines
1949 gefaßten Politbürobeschlusses nicht in die Arbeit der Betriebs-
zeitungs-Redaktionen einmischen durften.[15] Die dorthin häufig gegen
ihren Willen delegierten Journalisten hatten die undankbare Aufgabe,
die Arbeitsleistungen der Beschäftigten zu stimulieren und deren politisches Bewusstsein im Sinne der Partei zu festigen. In den fünfziger
Jahren existierten etwa 400, meist 14tägig erscheinende Betriebszeitungen mit einer Gesamtauflage von 750.000 Exemplaren, während es
1988 schließlich 667 Titel auf mehr als zwei Millionen Exemplare
brachten.

Ein vorübergehendes Pendant zu den Betriebszeitungen bildeten
von 1953 bis 1960 knapp 600 dürftig gestaltete Dorfzeitungen, die zuletzt in einer Auflage von über einer halben Million zur Verteilung kamen. Sie dienten als „Führungsinstrument der Partei bei der sozialistischen Umgestaltung der Landwirtschaft" und sollten für den „Sieg
der sozialistischen Produktionsverhältnisse auf dem Lande" sorgen.[16]
Ohne Zweifel eine mehr als euphemistische Umschreibung für den
auch mit publizistischen Mitteln ausgeübten Terror, dem die vergeblich um den Erhalt ihrer Selbständigkeit kämpfenden Bauern bei der
Zwangskollektivierung der Landwirtschaft ausgesetzt waren.

3.2 „Tauwetter"- und Experimentierphasen –
Vom „Reich" zur „Republik"

Nach Stalins Tod verlangte die neue sowjetische Führung von der SED
eine Korrektur ihres gescheiterten forcierten „Aufbaus des Sozialismus", der mit Preissteigerungen, Repressalien gegen die Bevölkerung
und der Erhöhung der Arbeitsnormen verbunden war. Das Politbüro

machte daraufhin einen Rückzieher und verkündete am 9. Juni 1953 einen „Neuen Kurs". Die nunmehr versprochenen Korrekturen konnten jedoch Streikaktionen in Ost-Berlin und in anderen Städten am Vortag des Volksaufstandes vom 17. Juni nicht mehr verhindern. Erstmals erhob sich auf den Straßen und in den Betrieben spontan der Ruf nach Selbstbestimmung und Meinungsfreiheit. Die parteiamtliche Mediengeschichtsschreibung bezeichnete indes den mit Hilfe von sowjetischen Panzern blutig niedergeschlagenen Volksaufstand noch über drei Jahrzehnten danach als einen „imperialistischen Putschversuch", bei dem die überwiegende Mehrheit der DDR-Journalisten „politische Standfestigkeit und vielfachen Mut beim Schutz der Redaktionen, Druckereien und Rundfunkgebäuden vor den Übergriffen konterrevolutionärer Banden" bewiesen habe.[17]

Eine nach dem Aufstand in den Medien geführte „Fehler"-Diskussion schien vorübergehend auf eine „Tauwetterperiode" hinzudeuten. Doch die zutiefst verunsicherte stalinistische SED-Führung konnte sich selbst nach der Abrechnung mit Stalins Verbrechen auf dem XX. KPdSU-Parteitag im Februar 1956, nicht zu einer wirklichen Liberalisierung durchringen. Sie fühlte sich vielmehr durch die im gleichen Jahr ausgebrochenen polnischen Unruhen und den ungarischen Volksaufstand aus Furcht vor dem Machtverlust in ihren Vorbehalten gegen eine „Entstalinisierung" bestärkt.

Wenn auch der „Neue Kurs" die Lektüre der Tageszeitungen kaum erbaulicher gemacht hatte und sich allenfalls in der 1955 eingestellten „Täglichen Rundschau", der zuletzt von der SED-Führung wenig geschätzten Tageszeitung der sowjetischen Besatzungsmacht, Anklänge für ein flexibleres Denken fanden,[18] so schienen sich die journalistischen Arbeitsbedingungen bei den Wochenzeitungen, Illustrierten und Zeitschriften zu verbessern. Deren inhaltliche Ausrichtung und Gestaltung bestimmte zwar auch die SED im Detail und nicht selten befasste sich sogar das Politbüro mit der Neugründung oder der Einstellung von Periodika und den damit verbundenen Personalfragen. Doch die Erkenntnis, dem Unterhaltungs- und Informationsbedürfnis der Leser müsse besser Rechnung getragen werden, führte 1953 zur Einstellung von plump propagandistisch aufgemachten Wochenzeitungen. Es handelte sich dabei um die von der Gesellschaft für Deutsch-Sowjetische Freundschaft herausgegebene „Friedenspost", um „Deutschlands Stimme", einem Organ des Nationalrats der Nationalen Front, oder die „Welt des Friedens", für die der Friedensrat verantwortlich zeichnete.

An die Stelle der in der Versenkung verschwundenen Wochenzeitungen traten kurz darauf Publikationen eines ganz anderen Genres, die sich noch bis zum Ende der DDR und sogar darüber hinaus eines großen Publikumszuspruchs erfreuten. Dazu zählten die Familienzeitung „Wochenpost" als ein „Zeitungskind des 17. Juni",[19] das sich auf den ersten Blick unpolitisch gebende, anspruchsvollere Unterhaltung bietende „Magazin" oder das Satireblatt „Eulenspiegel". Die Macher dieser Zeitschriften wanderten allerdings unablässig auf einem schmalen Grat und mussten ständig um ihre Posten bangen.

Anders als in der DDR-Endzeit scheute die SED-Führung in den fünfziger Jahren nicht davor zurück, vermeintliche und tatsächliche Gegner öffentlich an den Pranger zu stellen. Das galt auch für die parteiamtliche Medienschelte – etwa auf den vier sogenannten Pressekonferenzen des ZK der SED in den Jahren 1950, 1951, 1959 und 1964, die sich mit der Perfektionierung der Parteikontrolle über die Medien befaßten.[20] Der damalige Leiter der ZK-Abteilung Agitation, Horst Sindermann, erstattete bereits im Januar 1957 in der Parteizeitschrift „Einheit" eine Vollzugsmeldung: „Wenn auch in einigen Fällen personelle Veränderungen notwendig wurden, der Feind wurde geschlagen, die wenigen Träger bürgerlicher Ideologie isoliert."[21]

Nunmehr glaubte die SED, die Spätfolgen des Juni-Aufstandes von 1953 und die im Grunde für sie noch dramatischeren Ereignisse des Jahres 1956 – die Auswirkungen der Entstalinisierung in der Sowjetunion, des Ungarn-Aufstandes und des Aufbegehrens der polnischen Intelligenz gegen stalinistisch verkrustete Parteistrukturen – überwunden zu haben. Sindermann ging deshalb in die Offensive: „Mit Hinweis auf die Ereignisse und Diskussionen in Volkspolen und in unserer polnischen Bruderpartei wurde beispielsweise von der ‚Wochenpost' beanstandet, daß unsere Nachrichtenorgane nicht objektiv ‚über das Wesen' der politischen Entwicklung in Polen informiert hätten."[22]

Damit war das Ende der journalistischen Karriere von Rudi Wetzel (1909-1992) besiegelt. Als Gründer und Chefredakteur der „Wochenpost" von 1953 bis 1957 hatte er sich in dieser Eigenschaft Ende Oktober 1956 im Namen des Redaktionskollegiums schriftlich beim Politbüro über die Unterdrückung der Informationsfreiheit angesichts der innerparteilichen Auseinandersetzungen in Polen beschwert.[23] Seine Warnungen an die SED-Führung sollten unter dem Vorzeichen von Glasnost und Perestroika auch dreißig Jahre später nichts an Aktualität verloren haben. So Wetzels Feststellung: „Nicht die offene Information der Massen durch uns, sondern die Tatsache, daß wir die Information den Gegnern überlassen, stellt eine große Gefahr für unsere Partei und unseren Staat dar."

Die Partei könne zwar weiterhin im „Kampf gegen unsere Feinde, ganz gleich mit welchen Mitteln er geführt werden muß, auf jeden von uns rechnen". Aber man könne, so Wetzel, es nicht länger mit dem Gewissen vereinbaren, den Lesern nur die „halbe Wahrheit" zu sagen.

Wetzel, der selbst vor seiner „Wochenpost"-Zeit im Parteiapparat mit der Medienlenkung befasst war, verlor daraufhin nicht nur seinen Chefredakteursposten, sondern auch den Vorsitz im Journalistenverband. Er konnte sich jedoch in der Folgezeit als freischaffender Wissenschaftsjournalist und als Berliner Korrespondent der schwedischen Zeitung „Grafia", deren Redaktion er allerdings nie aufsuchen durfte, über Wasser halten. Selbst seine Freundschaft mit Rudolf Bahro, dessen Buch „Die Alternative" er lektorierte, blieb für Wetzel folgenlos. Die Zeiten hatten sich insofern unter Honecker gewandelt, dass nach Möglichkeit parteiinterne Kritik unter der Decke gehalten werden sollte. Hinzu kam, dass Wetzel auch ein Intimfeind Ulbrichts war. Mit ihm hatte sich der ehemalige KZ-Häftling bereits vor dem Kriege überworfen, weil er als Mitglied einer Göteburger Parteigruppe den deutsch-sowjetischen Nichtangriffspakt öffentlich wegen der Aufwertung Hitlers kritisiert hatte. Wetzel, seit 1932 KPD-Mitglied, blieb sich und seiner Partei – nunmehr der PDS – auch nach der „Wende" treu.

Ein im Zeichen des „Neuen Kurses" nach dem Juniaufstand unter strenger Geheimhaltung von Albert Norden in Angriff genommenes Zeitungsprojekt scheiterte am Einspruch Ulbrichts, obgleich sich 1956 die Vorbereitungen bereits im Endstadium befanden und bereits Probenummern auf dem Tisch lagen. Geplant war nach einem ohne Ulbricht gefassten Beschluss des SED-ZK-Sekretariats vom 28. November 1956 die Herausgabe einer Wochenzeitung „Die Republik". Sie sollte bewusst formale Ähnlichkeiten mit der von Goebbels im Kriege gegründeten Auslandspropaganda-Zeitung „Das Reich" und der Hamburger „DIE ZEIT" aufweisen.[24] Die Idee stammte von Hermann Budzislawski, dem damaligen, der SED-Führung als Westemigrant politisch nicht zuverlässig geltenden Dekan der Fakultät für Journalistik an der Leipziger Universität. Ihm schwebte der Londoner „Observer" als Leitbild vor. Mit der „Republik" sollten im Inland Intellektuelle mit undogmatischen, nicht von der Partei vorgegebenen Antworten auf die die Menschen bewegenden Fragen gewonnen werden. Der ins Auge gefassten Zielgruppe der potentiellen Leser in der Bundesrepublik und im Ausland sollten Pluralismus und Weltoffenheit des SED-Staates vorgetäuscht werden Deshalb befanden sich auch vornehmlich parteilose Journalisten im Aufbaustab der geplanten Zeitung. Der damalige Hochschulassistent Budzislawskis, Franz Knipping, beschreibt das Vorhaben als „eine Art Visitenkarte des jungen international noch weithin isolierten Staates namens DDR; nach innen wurde ein Forum des Meinungsstreits und der öffentlichen Debatte heißer Eisen ins Auge gefasst, eine – wie es der Untertitel der Neugründung besagte – ‚Tribüne für Information, Diskussion und Kritik'".[25]

Norden, der insbesondere im amerikanischen Exil mit Budzislawski politisch und journalistisch eng zusammengearbeitet hatte, unterstützte das Vorhaben nachhaltig, das auf der Politbürositzung am 5. Februar 1957 jedoch in letzter Minute gekippt wurde. Das ambitionierte Zeitungsprojekt „Die Republik" fand im Protokoll keine Erwähnung mehr. Statt dessen hieß es dort lediglich, jetzt müssten „zunächst die Bezirkszeitungen der Partei der Reihe nach zu modernen Zeitungen" ausgebaut werden.[26]

Die „Republik" sollte eigentlich ab 1. März 1957 in dem von der SED kontrollierten Berliner Verlag erscheinen, der für Zeitungen, Illustrierte und Wochenzeitungen verantwortlich zeichnete, die, um vermeintliche journalistische Unabhängigkeit zu demonstrieren, jedoch nach außen keinem übergeordneten Herausgeber zugeordnet waren. Lizenzen für Wochen- und Monatsschriften erhielten ansonsten nur Parteien und Massenorganisationen, Ministerien, wissenschaftliche Institutionen oder Berufsvereinigungen. Obwohl bei den Titeln der Wochenzeitungen und Zeitschriften aus politischen Gründen eine größere Fluktuation als bei den Tageszeitungen herrschte, wurden hier ebenfalls die grundsätzlichen Festlegungen bereits in den fünfziger Jahren getroffen. Auflagen-Spitzenreiter waren übrigens seit damals Zeitungen und Zeitschriften der Militär- und Jugendpublizistik. Ein späterer Plan Nordens, eine Variante des „Republik"-Projekts nach dem Vorbild des „Spiegels" mit dem Nachrichtenmagazin „PROFIL" in anderer Form wieder aufzunehmen, blockierte Ulbricht ebenfalls. Nach der Vorlage der Probenummer vom Juli/August 1964 wollte Norden den „DDR-Spiegel" auf einer Pressekonferenz der Öffentlichkeit vorstellen, was er jedoch in letzter Minute unterließ.[27] Zu einer Auflösung des permanenten Widerspruchs zwischen der stets aufs Neue von den Medien verlangten

„Massenwirksamkeit" und der Unterbindung jeglicher Flexibilisierungsversuche konnten sich die Medienbürokraten im Politbüro nie durchringen.

3.3 Medienfeldzüge gegen „Bonner Ultras" und „Kriegskanzler" Adenauer

Mit verstärkt gegen die Bundesrepublik gerichteten Medienkampagnen hoffte die SED vor dem Mauerbau von der – schon an den jährlich wachsenden Flüchtlingszahlen ablesbaren – desolaten Stimmung im Lande ablenken zu können. Albert Norden, der seit 1955 amtierende ZK-Sekretär für Agitation, ersann und leitete unentwegt manipulativ geführte, letzten Endes jedoch wirkungslos gebliebene Propagandafeldzüge gegen die „imperialistische" Bundesrepublik. Dazu inszenierte er mit tatkräftiger Unterstützung des MfS in den fünfziger und sechziger Jahren internationale Pressekonferenzen, auf denen er vorzugsweise teilweise gefälschte Dokumente über die vermeintliche oder tatsächliche NS-Vergangenheit bundesdeutscher Politiker präsentierte. Daran schlossen sich regelmäßig DDR-weite Medienkampagnen an, in denen die „Bonner Ultras", der „Kriegskanzler" Adenauer[28] oder die für die DDR-Bevölkerung als Informationsquelle unverzichtbaren westdeutschen Hörfunksender zur Zielscheibe ungezügelter Polemik wurden.

In der SBZ/DDR gab es keine Kampagnen, die nicht von der SED-Parteiführung beschlossen oder zumindest angeregt worden wären. Federführend waren die jeweils zuständigen Kommissionen, Abteilungen und Sekretäre des Zentralkomitees. Über deren Vorlagen entschied formal das Politbüro. Tatsächlich hatte jedoch der Generalsekretär zu Ulbrichts wie zu Honeckers Zeiten stets das letzte Wort. Wenn gegen Konrad Adenauer propagandistisch zu Felde gezogen werden sollte, schaltete sich Walter Ulbricht meist schon in die Vorbereitungen ein.

In der heißen Phase des so genannten Kalten Krieges war Albert Norden das intellektuelle Sprachrohr Walter Ulbrichts. Als Einpeitscher zahlreicher Propagandakampagnen gegen Personen des öffentlichen Lebens der Bundesrepublik ist er in unrühmlicher Erinnerung geblieben. Nordens Spezialität war es, vorzugsweise auf internationalen Pressekonferenzen westdeutschen Politikern ihre NS-Vergangenheit mittels teilweise gefälschter oder verzerrt wiedergegebener Fakten und Dokumente vorzuhalten. Bei der Materialbeschaffung stützte sich Norden vor allem auf die tatkräftige Mitarbeit der Abteilung Agitation des Ministeriums für Staatssicherheit.

Das Protokoll der SED-Politbürositzung vom 10. September 1957 enthält ein typisches Beispiel für die Inszenierung von Medienkampagnen. Zur Diskussion stand die publizistische Auswertung einer sowjetischen Note vom 7. September 1957 an die Bundesregierung, in der die Konföderationsvorschläge der DDR für einen deutschen Staatenbund nachdrücklich unterstützt wurden.[29] Das Politbüro verfügte einen Maßnahmenkatalog, in dem unter anderem zur Popularisierung der sowjetischen Argumentation in allen Zeitungen, einschließlich der Betriebszeitungen, festgelegt wurde, dass die im „Spiegel" enthaltenen Zitate Adenauers „seine Lügen, Verdrehungen, Haltlosigkeiten und Beschuldigungen der klaren und offenen Sprache der Sowjetnote" gegenüberzustellen seien. Die Hauptarbeit läge jedoch beim Rundfunk und Fernsehen, die zu veranlassen seien, in diesem Sinne Interviews mit den Vorsitzenden der Blockparteien „(Nuschke usw.)" zu machen und außerdem ein Fernsehforum mit dem Politbüromitglied Fred Oelßner zu organisieren. Die ZK-Abteilung Agitation und Propaganda erhielt den Auftrag, Kundgebungen in Berlin und Chemnitz mit weiteren Politbüromitgliedern vorzubereiten, die der Hörfunk übertragen sollte. Und schließlich – exemplarisch für die Falschmünzerei der SED-Propaganda – die folgende Anweisung: „Der Deutschlandsender arbeitet Fragen westdeutscher

Wähler an die Kandidaten der CDU und der SPD im Sinne der sowjetischen Note aus."

Von einer im Juni 1962 abgehaltenen Arbeitsberatung Ulbrichts,
an der unter anderem Hermann Axen, Otto Winzer, Erich Honecker
und auch ein Vertreter des MfS teilnahmen, liegt eine aufschlussreiche Niederschrift vor.[30] Die Versammelten berieten über die
„Weiterführung der Kampagne gegen die Bonner Ultras". Anlass
war eine Tagung des Nationalkongresses der Nationalen Front und
der Tod Reinhold Huhns, einem Unteroffizier der Grenztruppen, der
inzwischen nachweislich – was jedoch von der DDR stets bestritten
wurde – bei einer Schießerei an der Mauer mit westberliner Flucht-
helfern am Abend des 18. Juni von seinen Kameraden versehentlich er-
schossen worden war. Ulbricht diktierte die zu befolgende Linie eines
von ihm entwickelten 12-Punkte-Planes. Daraus der Punkt d) im
Wortlaut: „Weiter fortführen die Argumentation Vernunft gegen
Wahnsinn. Globke, Gehlen, Förtsch und Thomas vom Ostbüro der
SPD als Organisatoren des Mords und Terrors entlarven. Sie müssen
weg. Sie stören. Dazu eine richtige Kampagne mit Tatsachen gegen
sie. Alles im Rahmen der Hauptkampagne: Adenauer-Ära geht zu
Ende. Dabei so populär formulieren, dass es auch in anderen Ländern wirkt."

Ulbrichts tief verwurzelte Ressentiments gegen Adenauer erklären sich nicht zuletzt aus der ihn zutiefst demütigenden Nichtbe-
achtung durch den Bundeskanzler. Sie brechen abermals in Ulbrichts
abschließendem Appell durch: „In diesem Sinne muss jetzt täglich die
Kampagne geführt und entwickelt werden, dass die Adenauer-Ära zu
Ende geht. Wir konzentrieren dabei das Feuer gegen die Adenauer,
Strauss, Gehlen, Globke usw. Wir müssen uns dabei klar sein, dass wir
für diese Kampagne etwa 1 Jahr Zeit haben. In dieser Zeit muss der
Rücktritt Adenauers erzwungen werden. Wenn es soweit ist, muss für
alle Welt klar sein, dass er von uns gestürzt wurde." Ulbricht hatte in
seiner maßlosen Selbstüberschätzung immerhin die Genugtuung, be-

züglich des Zeitpunkts von Adenauers Rücktritt im Oktober 1963 einmal mit einer Prognose richtig gelegen zu haben.

Die groben und abstrusen Verzeichnungen des Adenauer-Bildes in den DDR-Medien im Verlaufe der langen Regierungszeit des Bundeskanzlers lassen sich nur schwerlich in Phasen mit bemerkenswert unterschiedlicher Intensität einteilen. Vielmehr betrieb man laufend – unabhängig von besonderen Anlässen – derartige Propagandakampagnen mit kaum variierten Argumentationsmustern. Adenauer wurde unter anderem bezichtigt, ein französischer Spion oder, wegen seiner entfernten Verwandtschaft in den Vereinigten Staaten, auch ein „willfähriges Werkzeug der amerikanischen Imperialisten" – so der LDPD-Generalsekretär Manfred Gerlach – gewesen zu sein. „Kriegshetzer", „Monopolkapitalist" oder „Kanzler der Börsenjobber" und „rheinischer Separatist" zählten ebenso zu den Stereotypen der Anti-Adenauer-Medienkampagnen. Diffamierungen, derer sich Adenauer schon teilweise gegenüber den Nationalsozialisten erwehren musste.

Mit dem Vorwurf des Separatismus an die Adresse Adenauers bezweckte die SED-Führung vor allem, ihre fadenscheinigen deutschlandpolitischen Offerten aus den fünfziger Jahren zu legitimieren. Sie ließ deshalb keine Gelegenheit aus, Adenauer als unerbittlichen Wiedervereinigungsgegner und „Spalter" Deutschlands darstellen zu lassen. „Neues Deutschland" vom 16. Oktober 1963 verglich den Bundeskanzler anlässlich seines Rücktritts in einem mit „Der Spalter" überschriebenen Leitartikel mit dem Reichskanzler Bismarck und kam zu dem Schluss, letzterer habe wenigstens die deutsche Einheit geschaffen, wenn auch keine demokratische, sondern nur eine „junkerlich-großbürgerliche". Adenauer werde dagegen „in die Geschichte eingehen als Spalter Deutschlands, als Begründer des imperialistischen, militaristischen Separatstaates mit der Hauptstadt Bonn."

Mit dem Kanzler der Bonner Republik verbanden die DDR-Medien ein weiteres, mit dem „Separatisten" und „Spalter" eng verknüpftes und mit Inbrunst gepflegtes Propaganda-Klischee:

Adenauer – der Berlinfeind. Bei seinen offiziellen Auftritten im West-teil der Stadt überschlugen sie sich deshalb in ihrer auch zur „Auf-klärung" der Bewohner West-Berlins angelegten Polemik in der Be-richterstattung stets aufs Neue.

Als Hilfstruppe zur Beschaffung des Nachweises für Adenauers angeblich ungebrochene Berlinfeindlichkeit spannte die SED vor-zugsweise die Ost-CDU und deren Parteiorgan „Neue Zeit" ein. De-ren Ausgabe vom 7. September 1957 enthielt beispielsweise eine Bei-lage, die mit der Aufforderung versehen war: „Bitte ausschneiden und nach Westdeutschland senden!". Der Inhalt bestand unter anderem aus Faksimiles von Aktennotizen und Briefen Adenauers und Jakob Kaisers aus dem Frühjahr 1946. Sie belegten den inzwischen aus der Literatur bekannten Dissens der beiden CDU-Politiker, der auch aus der rigorosen Ablehnung Adenauers entstand, den Hauptsitz der CDU jemals nach Berlin zu verlegen. Pikanterweise benutzte die Ost-CDU in ihren Anti-Adenauer-Kampagnen mit Vorliebe Jakob Kaiser und Ernst Lemmer als Kronzeugen gegen Adenauers Deutschland- und Berlinpolitik, was die Blockpartei nach ihrer Gleichschaltung 1948 allerdings nicht daran hinderte, die beiden aus ihren Reihen auf Veranlassung der Sowjets vertriebenen Exil-CDU-Politiker im glei-chem Atemzug als Verräter und Reaktionäre zu verunglimpfen. Noch bösartiger waren indes die permanenten Kampagnen, mit denen der Bundeskanzler in die Nähe der Nationalsozialisten gerückt und als de-ren vorbehaltloser Fürsprecher gebrandmarkt werden sollte.

„Adenauer tritt in Hitlers Fußstapfen" überschrieb die Magde-burger SED-Bezirkszeitung „Volksstimme" am 27. September 1955 einen voluminösen Artikel über Adenauers angebliche NS-Vergan-genheit. Bis zum Rücktritt Adenauers sollten in der DDR noch zahl-reiche Berichte, Kommentare, Karikaturen, Fotomontagen sowie in erster Linie für die westdeutsche Bevölkerung bestimmte Flugblätter und Broschüren erscheinen, die Adenauer nicht nur der Geistesver-wandtschaft zu Hitler, sondern auch der Fortsetzung von dessen verbrecherischer Macht- und Kriegspolitik bezichtigten. Beispielsweise zeigt eine unter vielen ähnlich primitiven Kollagen im „Neuen Deutschland" vom 5. Dezember 1958 Adenauer am Rednerpult des Bundestages. Über ihm posieren in der „Einheit der Militaristen" Adolf Hitler mit erhobenem rechtem Arm und Wilhelm II. als säbel-schwingender „Hunnenkaiser"

Eine langfristig angelegte und von Ulbricht persönlich initiierte Medienkampagne, in der Adenauer angebliche Botmäßigkeit gegenü-ber der NSDAP aufgrund seines am 10. August 1934 an den preußi-schen Innenminister gerichteten Gesuchs zur Versetzung in den pen-sionsberechtigten Ruhestand nachgewiesen werden sollte, lässt sich aus den Akten rekonstruieren. Den Anstoß gaben Ulbricht dienststeif-rige leitende Archivare des Merseburger Deutschen Zentralarchivs in einem vom 29. September 1960 datierten Schreiben an den „werten Genossen Ulbricht" die ihm den Brief Adenauers mit der Anregung, ihn öffentlich zu verwenden, übersandten.[31] Ulbricht bedankte sich für „das wichtige Archivmaterial" und versprach, es „in einiger Zeit" in der Öffentlichkeit auszuwerten.[32]

Ulbricht ließ sich bis zur Politbüro-Sitzung am 11. April 1961 Zeit. Beim Punkt 3 der Tagesordnung „Kampagne zum Prozeß Eich-mann in Jerusalem" referierte Albert Norden. Laut Protokoll wurde um Überprüfung gebeten, „wo in Westdeutschland und von wem zum geeigneten Zeitpunkt [...] ein Schreiben Adenauers aus der Zeit 1933/34 über seine Unterstützung der nazistischen Bewegung" veröf-fentlicht werden könne.[33] Diese Überprüfung verlief offenbar ergeb-nislos, denn Norden musste sich Monate später selbst ans Werk ma-chen. Am 8. November 1961 erschien von ihm im „Neuen Deutsch-land" ein ganzseitiger, mit „Repräsentant einer untergehenden Zeit" überschriebener Adenauer-Artikel, in dem Norden erstmals die NSDAP-Bezüge aus Adenauers Gesuch vom August 1934 detailliert öffentlich machte. Der Vorzeige-Intellektuelle des Politbüros schick-te einleitend voraus: „Es gibt einen Brief, für dessen Original Adenauer wahrscheinlich Unsummen zahlen würde, um ihn vor der Öffentlichkeit zu verstecken. Aber, um mit König Lears Tochter zu sprechen: ‚Was List verborgen, wird ans Licht gebracht. Wer Fehler schminkt, wird einst mit Spott verlacht.'"

Damit war der Startschuss zu einer breit vorgetragenen Medienoffensive gefallen. Die DDR-Presse veröffentlichte faksimilierte Ausrisse aus Adenauers Eingabe, wobei sie bezeichnenderweise seine auch die Nationalsozialisten offenbar überzeugende Widerlegung des Separatismus-Vorwurfes geflissentlich unterschlug. Ein ungläubiger, aber wohl erfundener Leserbriefschreiber, A. Tetzlaff aus Essen, der Auszüge aus Nordens Aufsatz im Deutschlandsender gehört haben wollte, kam im „Neuen Deutschland" zu Wort. Er habe zwar auch Einwände gegen die Politik Adenauers, jedoch bisher nicht an dessen persönlicher Lauterkeit gezweifelt. Zum Beweis des Gegenteils übersandte das SED-Zentralorgan Tetzlaff angeblich eine Fotokopie von dem Gesuch Adenauers an den preußischen Innenminister.[34]

Norden scheute nicht einmal davor zurück, Adenauer auch als Antisemiten zu diffamieren. Nach den Hakenkreuzschmierereien in der Bundesrepublik um die Jahreswende 1959/60, bei denen nach heutigem Kenntnisstand auch das MfS und andere kommunistische Geheimdienste ihre Hand im Spiel hatten,[35] startete der Politbürokrat prompt eine entsprechende Kampagne. In einer von Norden geleiteten Besprechung am 8. Januar 1960 konstatierte Gerhart Eisler, seinerzeit stellvertretender Vorsitzender des Staatlichen Rundfunkkomitees, die gesamte westdeutsche Bevölkerung sei antisemitisch verseucht. Daher könne die Bundesregierung auch keine andere Politik betreiben. Deshalb sei es notwendig, viel mehr als bisher Adenauer und seine Hintermänner als die wirklich Schuldigen vor dem internationalen Forum zu entlarven.[36] Daran versuchte sich Norden sogleich. Im „Neuen Deutschland" vom 12. Januar 1960 verkündete er: „Die faschistischen Ausbrüche der letzten Wochen in Westdeutschland und Westberlin sind die unmittelbare Folge der Adenauer-Politik. Militarismus, territoriale Eroberungspolitik und Antisemitismus sind Drillinge, sind drei Sumpfblüten auf ein und demselben Stengel."

Zum Beweis für die Adenauer unterstellte antisemitische Einstellung berief sich „Neues Deutschland" vom 8. Dezember 1961 auf die „Neue Bild-Zeitung" (NBZ), eine für westdeutsche Leser bestimmte, der „Bild"-Zeitung nachempfundenen Propagandazeitung der Nationalen Front. Die NBZ hatte wahrheitswidrig behauptet, Adenauer habe sich 1934 das Neubabelsberger Haus des nach England emigrierten Juden Paul Wiener angeeignet. Tatsächlich hatte er es mit Wieners ausdrücklicher Billigung für kurze Zeit gemietet. Doch „Neues Deutschland" nutzte diese „Enthüllung", um Adenauer als „eingefleischten Antisemiten" vorzuführen. In diesem Punkt deckt sich die kommunistische und die NS-Agitation gegen Adenauer einmal nicht. Die Nationalsozialisten hielten ihn in den zwanziger Jahren für einen Philosemiten. Im „Westdeutschen Beobachter" vom 23. Juni 1928 erschien dazu eine Adenauer-Karikatur im unsäglichen „Stürmer"-Stil.

Medienkampagnen waren in der DDR nie dem Zufall überlassen. Ihre internen Abläufe sind nach der Öffnung der Archive transparenter geworden. Nur wenige Belege fanden sich bisher allerdings für externe Einwirkungen. Hier ist vor allem die Abhängigkeit von der beträchtlichen sowjetischen Einflussnahme zu nennen, der zumindest bis zum Machtantritt Gorbatschows auch die SED-Agitationsbürokratie unterlag. Anfangs mischten sich die Sowjets offenbar kurzfristig und auf dem direkten Wege ein. Im Nachlass Otto Grotewohls befindet sich beispielsweise in russischer Sprache zusammen mit einer schlechten deutschen Übersetzung ein vom 20. September 1951 datiertes, nicht unterzeichnetes Papier, überschrieben mit „GEGENARGUMENTE. Zur Erklärung Adenauers". Es bezieht sich auf eine zwei Tage zuvor gehaltene Rundfunkansprache Adenauers, in der er für die europäische Integration warb. Die sowjetischen „Gegenargumente" monieren, damit solle die Vereinigung Deutschlands unter-

laufen werden, was Grotewohl am folgenden Tage auf einer Pressekonferenz in einem Plädoyer für die Durchführung gesamtdeutscher
Beratungen zur Vorbereitung von Nationalratswahlen folgsam wie-
derholte.

Ein anderes Beispiel für Ulbrichts Abhängigkeit von Moskau:
Am 16. Januar 1960 billigte Chruschtschow in einem Schreiben an Ulbricht den Entwurf eines offenen Briefes des SED-Chefs an Adenauer. Chruschtschow gab Ulbricht jedoch zu bedenken, in dem Brief
nicht auch noch die Wehrpolitik der SPD-Führung zu kritisieren. Das
wäre zwar im Prinzip richtig, empfehle sich aber nicht, weil die SED
ja noch mit einem besonderen Aufruf an die SPD hervortreten wolle.
So wurde auch verfahren, wobei anzumerken ist: Offene, über die Medien übermittelte Briefe aus der DDR an Adressaten in der Bundesrepublik mit anschließend inszenierten Kampagnen waren in den fünfziger Jahren an der Tagesordnung.

Damals maß die SED naturgemäß dem Hörfunk im innerdeutschen „Ätherkrieg" eine besondere Bedeutung zu, weil die Verbreitung des Fernsehens in Ost- und Westdeutschland noch gering war. Sie
versuchte sich unverdrossen an organisatorischen Veränderungen, um
die dürftige Resonanz ihrer für die Bundesrepublik bestimmten Pro-
pagandasendungen zu verbessern. Deshalb erhielt der „Deutschlandsender", der erst im September 1952 in „Berlin I" aufgegangen war, im
August 1953 seinen alten Namen zurück, um noch in letzter Minute
mit hochkarätigen Parteijournalisten Wahlkampfhilfe für die KPD bei
der Bundestagswahl im September 1953 leisten zu können. Den dabei
erzielten enttäuschenden Stimmenanteil der KPD von 2,2 Prozent
hielt der DDR-Hörfunk für ein Ergebnis der „Terrorwahlen Adenauers", das in der Weltöffentlichkeit, insbesondere in Westeuropa,
„tiefe Bestürzung ausgelöst" habe.[37]

Solche Sprachregelungen mussten von den Journalisten strikt
eingehalten werden. Für Nachrichtensprecher gestaltete sich dies besonders schwierig. Hatten sie doch in der Regel mit ideologische Phra-

sen versetzte, sie und die Hörer strapazierende Bandwurmsätze zu verlesen. Als der Hörfunksprecher Heinz Wohlbrück im „Deutschlandsender" einmal statt „Verräter Adenauer" lediglich „Adenauer" sagte, wurde er wegen „Nachrichtenverstümmelung" sofort fristlos entlassen.[38]

Einen Tag nach dem vom Bundesverfassungsgericht verhängten KPD-Verbot nahm am 17. August 1956, der auf DDR-Gebiet stationierte „Deutsche Freiheitssender 904" (DFS) seine von langer Hand vorbereiteten, für Bundesbürger bestimmten, aber auch für konspirative und geheimdienstliche Zwecke genutzten Sendungen auf. Der DFS unterstand nicht dem Staatlichen Rundfunkkomitee, sondern der Westabteilung des SED und den inzwischen in Ostberlin residierenden westdeutschen KPD-Spitzenfunktionären. Der langjährige Gründungs-Chefredakteur des DFS, Heinz Priess, berichtet über die Anfänge seiner „konspirativen Rundfunkarbeit": „Ich suchte mir Sprecher mit westdeutschen Dialekten und Mundarten aus, ein Sachse hätte beim Freiheitssender 904 nichts zu suchen, schließlich wollten wir auch im Detail einen vermeintlichen Standort in der Bundesrepublik bezeugen."[39]

Der DFS nahm mit westdeutscher Popmusik, nur kurzen politischen Wortbeiträgen und lockeren Sprüchen nach dem Vorbild des im Zweiten Weltkrieg bei deutschen Soldaten beliebten britischen Soldatensenders Calais den heutigen „Dudelfunk" vorweg. Der DFS hatte die Aufgabe, die Kommunikation unter den nunmehr in der Bundesrepublik im Untergrund arbeitenden KPD-Mitgliedern aufrecht zu erhalten und die verbotenen kommunistischen Publikationen zu ersetzen. „Deshalb", so Priess, „befaßten wir uns primär mit Problemen der Wiederaufrüstung, der Militarisierung der bundesdeutschen Gesellschaft, der Bevormundung durch die Westmächte, der Etablierung der Altnazis in der westdeutschen Oberschicht, wir berichteten über soziale Auseinandersetzungen, Streiks, Tarifkonflikte und dergleichen."[40] Nur bis auf wenige Ausnahmen seien geheimdienstliche Botschaften an bundesdeutsche MfS-Agenten verdeckt über den DSF gelaufen. Dazu benutzte die Hauptverwaltung Aufklärung des MfS vornehmlich Kurzwellensender.

Am 1. Oktober 1960 ging ein weiterer, vom SED-Zentralkomitee, dem Verteidigungsministerium sowie von der damals noch bestehenden Abteilung Agitation des Ministeriums für Staatssicherheit betriebener Geheimsender auf Sendung. Der „Deutsche Soldatensender 935" hatte die Aufgabe, die Moral der Bundeswehrangehörigen zu untergraben, was – wie die Hörerbriefauswertung ergibt – nur in seltenen Fällen gelungen ist. Bezeichnenderweise war es NVA-Soldaten verboten, den DSF und den Soldatensender zu hören, obwohl sie bei ihnen vermutlich beliebter waren als bei den Adressaten in der Bundesrepublik. Mit dem Hörverbot sollte verhindert werden, dass die Angehörigen der bewaffneten Organe der DDR durch das auf die Hörgewohnheiten der Bundesbürger abgestellte Programmangebot ideologisch „infiziert" wurden. Doch hauptsächlich befürchtete man, dass die „Ratschläge", die man den Bundesbürgern und den Soldaten der Bundeswehr erteilte, kontraproduktiv wirken und die Moral und Disziplin der eigenen Truppe untergraben könnten. Der DSF und der Soldatensender stellten erst Anfang der siebziger Jahre infolge der veränderten deutschland- und westpolitischen Interessenlage der SED und der sowjetischen Führung ihren Betrieb ein.[41]

4. Stagnation nach dem Mauerbau

4.1 Scheinstabilisierung und „kanalisierte" Kritik

Nach dem Zusammenbruch des SED-Regimes hält sich ungeachtet der nunmehr zugänglichen Quellen hartnäckig die Legende, das politische und kulturelle Klima in der DDR habe sich nach dem 13. August 1991 schlagartig verbessert. Zu dieser Ansicht tendiert auch Erich Selbmann, der langjährige Chefredakteur der „Aktuellen Kamera" und anschließend bis 1989 Leiter des Bereichs Dramatische Kunst im DDR-Fernsehen, wenn er rückblickend meint: „Für einen Teil der DDR-Bevölkerung war der 13. August gewiß eine schockartige, ja, eine tief deprimierende Erfahrung. Für den anderen Teil – und das war keineswegs die Minderheit – war der 13. August mit der Erwartung verbunden, nun alle Punkte des politischen und sozialen Programms endlich ruhiger, mit größerer Sicherheit durchführen zu können."[1]

Selbmann spricht sicherlich für viele Intellektuelle, die als Wirtschafts- oder Kulturfunktionäre, Künstler, Schriftsteller oder Journalisten glaubten, die endgültig erscheinende gewaltsame Abschottung vom Westen werde eine Liberalisierung im Innern durch offene Diskussionen über eine Reform des Sozialismus bewirken. Die Mehrheit der Bevölkerung – darunter auch SED-Mitglieder sowie Angehörige der Polizei und anderer bewaffneter Organe – teilte diese Ansicht aber offenbar nicht, was sich aus den Akten der SED-Bezirksparteileitung Berlin unschwer nachvollziehen lässt.[2] Deutlich wird dabei zugleich, dass nur die bald nach dem 13. August einsetzende Enttäuschung der Bevölkerung über die Untätigkeit des Westens nach dem Mauerbau einen Aufstand oder einen Generalstreik verhindert hat.

Der Leiter der britischen Sektion von amnesty international, Paul Oestreicher, führte 1963 mit Walter Ulbricht ein vertrauliches Gespräch, um die Freilassung des aus West-Berlin in die DDR entführten früheren SED-Funktionärs Heinz Brandt zu erwirken. Bei dieser Gelegenheit, erinnert sich Oestreicher, habe Ulbricht dem Sinne nach gesagt: „Dieses Volk ist für den Sozialismus noch nicht reif. Viele würden uns ohne diese schreckliche Mauer davonlaufen. Es ist tragisch, daß dabei sogar Menschen sterben. Um der Zukunft willen, die ich nicht mehr erleben werde, um des Friedens willen ist das nötig. Ich muß auf die Liebe des Volkes verzichten."[3] Unwahrscheinlich ist diese Einsicht nicht, denn auch in der Agitationskommission beim SED-Politbüro machte man sich nach dem Mauerbau intern keine Illusionen über die Stimmung in der Bevölkerung. Sie stand im krassen Gegensatz zu den in den Medien veröffentlichten Rechtfertigungsversuchen und Erfolgsmeldungen der SED-Führung, deren Überzeugungskraft auf schwachen Füßen stand. Der Sekretär der Agitationskommission Rudolf Singer brachte die allgemeine Stimmungslage auf den richtigen Nenner, als er am 30. März 1963 in einem Rundbrief an alle Chefredakteure der SED-Bezirkszeitungen schrieb: „Viele Menschen verstehen bis heute noch nicht die Bedeutung unserer Maßnahmen vom 13. August 1961 zur Sicherung unserer Staatsgrenzen." [4] Nach diesem Eingeständnis suchte Singer nach den Schuldigen und setzte zu einer scharfen Medienschelte an. Er warf den Chefredakteuren vor, sie hätten in ihren Kommentaren Ulbrichts neue Argumente aus dessen kurz zuvor auf der XVII. Deutschen Arbeiterkonferenz in Leipzig gehaltenen Rede nur ungenügend berücksichtigt. Dort habe Ulbricht das „besonders für viele westdeutsche Menschen bestehende ‚Mauer-Problem' zu einer überzeugenden Anklage des imperialistischen Systems in Westdeutschland" genutzt. Es gelte, die dortigen Zustände nicht nur „klassenmäßig" zu interpretieren, sondern zu verändern. Dazu lieferte Singer den Chefredakteuren zur „Argumentationshilfe" ein Zitat aus der Rede seines Parteichefs: „Wenn ihr [die

Westdeutschen; G. H.] die Herren Hitler-Generale in die Zwangsjacke steckt, brauchen wir keine Mauer".[5]

Solche Erklärungsversuche des Mauerbaus wirkten angesichts der tatsächlichen, selbst verschuldeten Gründe für die Massenflucht aus der DDR zwar als groteske Ablenkungsmanöver, doch selbstkritische Reflexionen durften die Medien darüber nicht anstellen, obwohl sie durchaus eigene Erkenntnisse aus ihrem Umfeld hatten. So berichtete die SED-Parteileitung im Staatlichen Rundfunkkomitee, über 30 Mitarbeiter des Rundfunks seien im Jahre 1961, davon über zehn nach dem 13. August, zu „Verrätern" geworden und hätten die DDR verlassen. Die Kaderleitung des Komitees empfahl deshalb für die künftige Behandlung der Zurückgebliebenen, man müsse die Schere zwischen den „fachlich ausgezeichneten Leistungen einzelner Leute und ihrem persönlichen Verhalten" schließen und die „guten, treuen Genossen, die auch gute fachliche Arbeit geleistet haben, systematisch zu Spitzenjournalisten entwickeln".[6] Als Bewertungskriterien galten auch die Bereitschaft beziehungsweise die Weigerung, in den Kampfgruppen-Hundertschaften des Rundfunks in den Tagen nach dem Mauerbau Dienst zu leisten. Kritische Äußerungen über die Sperrmaßnahmen konnten zur Entlassung führen.

Zur DDR-weiten Verbitterung trug die ab September 1961 für kurze Zeit betriebene FDJ-„Aktion Ochsenkopf" bei. Sie war benannt nach dem gleichnamigen Berg im Fichtelgebirge, von dem westdeutsche Hörfunk- und Fernsehprogramme in die DDR ausgestrahlt wurden. Bei dieser Kampagne gegen das „geistige Grenzgängertum" zerstörten FDJ-Brigaden nach Westen gerichtete Fernsehantennen oder bauten aus den Fernsehgeräten die entsprechenden Kanäle aus. „Dabei", so Ehrhart Neubert, „gingen sie nicht zimperlich vor und ließen auch SED-Genossen keine Wahl. Anderer Betroffene, die sich wehrten, fanden ihren Namen in den Zeitungen wieder und über die Schulen wurde Druck auf die Kinder ausgeübt."[7]

Zeitgenossen fühlten sich bei der „Aktion Ochsenkopf" an das

Vorgehen der Nationalsozialisten gegen Andersdenkende und Minderheiten erinnert. Die SED-Führung musste indes in ihrem Feldzug
gegen den Empfang des westdeutschen Fernsehens bald kapitulieren,
zumal die Antennen jetzt auf den Dachböden installiert wurden. Der
individuelle Empfang westlicher Sender wurde, abgesehen bei Angehörigen der bewaffneten Organe, in der DDR nie unter Strafe gestellt, galt jedoch noch längere Zeit als gesellschaftlich zu ächtende,
politisch-moralische Verfehlung.

Die Hoffnungen der Reformbefürworter innerhalb und außerhalb der SED stützten sich nicht zuletzt auf das vom VI. SED-Parteitag im Januar 1963 verabschiedete Programm, das nicht mehr einen
„planmäßigen", sondern nur noch – aus taktischen Gründen weniger
präzis formuliert – einen „umfassenden", also langsameren Aufbau
des Sozialismus in der DDR vorsah. Im Juni 1963 verkündete der
DDR-Ministerrat das „Neue Ökonomische System der Planung und
Leitung der Volkswirtschaft" (NÖSPL), das eine gewisse Dezentralisierung beziehungsweise die Verlagerung von Planungs- und Lei-
tungskompetenzen auf die Betriebe vorsah, sowie ein „Kommuniqué
über Jugendfragen", das den Jugendlichen mehr Entwicklungsmög-
lichkeiten und Freiräume erlauben sollte. Beide Beschlüsse gestatteten
zwar zeitweilig den Hörfunk- und Fernsehjournalisten, jedoch nicht
ihren Kollegen bei den Printmedien, eine etwas größere Gestaltungs-
freiheit. Doch von einer erhofften „Stabilisierung" der DDR, die auch
beim Fernsehen eine bis dahin nicht bekannte Experimentierfreudigkeit und „kanalisierte" Kritik zugelassen habe, konnte nicht die Rede
sein.[8] Schließlich gehörte „kanalisierte" Kritik schon immer zu den
Lenkungsinstrumenten der SED-Agitationsbürokratie. Unterschiedlich war allenfalls deren Dosierung, dass heisst in welchem Ausmaß
und zu welchem Zeitpunkt von oben gesteuerte Kritik zugelassen
war. Als Faustregel galt dabei stets, Probleme durften in den Medien
nur dann angesprochen werden, wenn gleichzeitig Lösungen angebo-
ten werden konnten. Da dies aber nur in seltenen Fällen möglich war,

kam es bei Verstößen gegen diese Prinzip unweigerlich zu Konflikten mit dem „Großen Haus", wie das ZK-Gebäude unter Genossen ironisch genannt wurde.

Nach dem Mauerbau erschien es der SED-Führung taktisch geboten, in den Medien verstärkt „kanalisierte" Kritik zu gestatten. Die Verfechter der vermeintlichen Liberalisierung im Fernsehen führen hier als Paradebeispiel gern das durchaus populäre Magazin „Prisma" an, das am 21. März 1963 erstmals auf Sendung ging und erst 1990 eingestellt wurde.[9] Die Anregung zu dieser Sendereihe stammte von dem Hörfunkjournalisten und ersten Leiter des Magazins, Gerhard Scheumann. Er hatte sich dabei von der journalistischen Präsentation des ARD-Magazins „Panorama" inspirieren lassen. Scheumann glaubte in einer „Zeit großer Öffentlichkeit" vor dem VI. Parteitag, ein kritisches innenpolitisches Magazin machen zu können, dem die Zuschauer ihre Probleme aus ihrem Umfeld im Betrieb oder am Wohnort mitteilen sollten, denen die Redaktion dann auf den Grund gehen wollte. Nach zweieinhalb Jahren gab Scheumann die Leitung der Sendung jedoch entnervt ab und übergab der Intendanz ein ‚Testament'. Darin beschrieb er das Spannungsfeld auf dem sich die „Prisma"-Redaktion befunden habe – nämlich zwischen dem „objektiv Möglichen" und dem „subjektiv Wirklichen". Das Letztere gestattete weder die Behandlung von heißen Eisen noch von Tabus. Bei diesbezüglichen Auseinandersetzungen und „Rückläufen" von offiziellen Stellen habe die Redaktion dann kein nennenswertes Eigengewicht besessen. Man sei zwar mit „dem einen oder anderen Tabu" fertig geworden, aber letztlich an den „sozialistischen Heiligtümern" gescheitert.[10] Scheumanns Nachfolgern blieben diese Erfahrungen nicht erspart. Dennoch war „Prisma" bis zum Schluss mangels echter Alternativen im Programmangebot des DDR-Fernsehens bei den Zuschauern das beliebteste „kritische" Magazin, obwohl die Live-Moderation Anfang der achtziger Jahre abgeschafft werden musste und erst im November 1989 wieder zugelassen wurde.

Die Anfänge des Jugendsenders „DT64" standen im Zeichen einer kurzfristig liberaleren Jugendpolitik der SED. Er ging aus einem von jüngeren, undogmatischen Redakteuren erfolgreich mit Live-Sendungen und westlicher Musik produzierten Serviceprogramm für die Teilnehmer des von der FDJ organisierten „Deutschlandtreffens 1964" hervor.[11] „DT64" durfte sich Ende der achtziger Jahre neben „Radio DDR I und II", der „Stimme der DDR" und dem „Berliner Rundfunk" aber nur deshalb als fünfte Hörfunkkette etablieren, weil die Jugendlichen – jedoch mit mäßigem Erfolg – vom Einschalten der attraktiveren westdeutschen Musiksendungen abgehalten werden sollten.

Ebenso wie die partielle und zeitweilige Dezentralisierung in der Volkswirtschaft revidierte die SED bald ihre vorübergehend liberaler erscheinende Medienpolitik. In einem Beschluss des Politbüros vom 9. Februar 1965 zur 4. Journalistenkonferenz des SED-Zentralkomitees hieß es bereits mit drohendem Unterton: „Gegenwärtig sind Überzeugungskraft und Einfluß von Presse, Rundfunk und Fernsehen vielfach noch nicht genügend. Das ist auch in den Analysen und Umfragen sichtbar geworden, die von verschiedenen Redaktionen – ‚Neues Deutschland', ‚Berliner Zeitung', ‚BZ am Abend', ‚Leipziger Volkszeitung', Radio DDR u. a. – durchgeführt wurden. Eine der Hauptursachen dafür ist, daß die Beschlüsse der Partei oft nicht in ihrem ganzen Ideengehalt erfaßt und mit den Gedanken und Erfahrungen der Massen verknüpft werden. Das führt bisweilen auch zu fehlerhaften Beiträgen."[12]

Auf dem kulturpolitischen 11. ZK-Plenum der SED vom 15. bis zum 18. Dezember 1965, dem so genannten „Kahlschlagplenum", gingen Ulbricht und Honecker in die Offensive. Ursprünglich sollte sich diese ZK-Tagung mit Wirtschaftsfragen beschäftigen, was aber durch den Selbstmord des Vorsitzenden der Staatlichen Plankommission Erich Apel hinfällig geworden war. Apels Freitod wird mit gravierenden handelspolitischen Differenzen zwischen der DDR und der Sowjetunion in Verbindung gebracht.

Ulbrichts und Honeckers Attacken auf dem „Kahlschlagplenum" richteten sich zwar in erster Linie gegen DEFA-Regisseure und deren Filme, von denen einige anschließend auf den Index kamen, gegen bildende Künstler, den Reformkommunisten Robert Havemann, den Schriftsteller Stefan Heym oder den Liedermacher Wolf Biermann. Doch auch die Printmedien, das Fernsehen und der Hörfunk kamen nicht ungeschoren davon. Ulbricht wetterte: „Denn wenn in der illustrierten Zeitschrift der deutsch-sowjetischen Freundschaft, ‚Freie Welt', Propaganda gemacht wird für die Bordelle auf der Reeperbahn in Hamburg, dann scheint mir das doch schon der Gipfel zu sein und höchste Zeit dafür, daß eingegriffen wird. Ich denke, daß das die höchste Zeit war. Das betraf auch einige Fernsehsendungen und einiges andere mehr."[13]

Honecker sekundierte Ulbricht und polemisierte als Berichterstatter des Politbüros heftig gegen die „Verfehlungen" des Fernsehens, von „DT64" und der Printmedien. Dort hätten sich in letzter Zeit „antihumanistische Darstellungen" gehäuft. Es seien Brutalitäten geschildert worden, die das menschliche Handeln auf „Triebhaftigkeit" reduziert hätten. Diesen Erscheinungen der „amerikanischen Unmoral und Dekadenz" werde nicht offen entgegengetreten.[14] „DT64" habe über lange Zeit einseitig die Beat-Musik propagiert und in unvertretbarer Weise „Fragen der allseitigen Bildung und des Wissens" junger Menschen außer Acht gelassen.[15] Die im „Jugendkommuniqué" versprochenen Freiheiten, die auch das Programm von „DT64" hörbarer gemacht hatten, waren damit Makulatur geworden.

Selbst Karl-Eduard von Schnitzler musste sich einige Zeit später von Ulbricht den Vorwurf gefallen lassen, „westlicher Dekadenz und Unmoral" Vorschub geleistet zu haben. Zu den Besonderheiten in der Ära Ulbrichts gehörte es, daß sich seine Ehefrau Lotte häufig in die Amtsgeschäfte ihres Mannes einmischte, wobei sie ihm auch als Medienkritikerin assistierte. Sie gab sogar eigenmächtig telefonisch bei Mitarbeitern des SED-Zentralkomitees Artikel für „Neues Deutsch-

land" in Auftrag.[16] Die gespannten familiären Verhältnisse Honeckers
ließen es zu einer vergleichbaren Arbeitsteilung offenbar nicht kommen. Karl-Eduard von Schnitzler führte jedenfalls die allgemeine Er-
regung auf der Politbüro-Sitzung am 27. Oktober 1970 über eine Folge seines „Schwarzen Kanals" auf Lotte Ulbricht zurück. Die übliche
Wiederholung der Sendung im 2. Programm wurde verboten. Schnitzler hatte in der betreffenden Ausgabe des „Schwarzen Kanals" vom
Vortage bei nur knapper eigener Kommentierung ausschließlich Aus-
schnitte aus Wolfgang Menges ARD-Fernsehspiel „Das Millionenspiel" gezeigt. Lotte Ulbricht habe sich umgehend darüber bei ihrem
Mann beschwert, dass er zu viele „nackige Popos und Busen" gezeigt
habe. Allerdings, so Schnitzler, hätten Ulbricht und der damals für die
Medien zuständige Werner Lamberz nicht an der Politbüro-Sitzung
teilgenommen.[17] Ulbrichts Anwesenheit ist jedoch im Protokoll vermerkt.

Schnitzler und der damalige Chefredakteur der Aktuellen Kamera, Erich Selbmann, der auch die redaktionelle Verantwortung für
den „Schwarzen Kanal" trug, erhielten eine Parteistrafe. Nach Auskunft Selbmanns wurde die Sendung allerdings doch im Fernsehen
faktisch unter Ausschluss der Öffentlichkeit wiederholt. Noch
während der Politbüro-Sitzung erhielt Selbmann einen Anruf aus dem
Zentralkomitee, die Sitzungsteilnehmer wünschten die beanstandete
Folge des „Schwarzen Kanals" zu sehen. Da das Abspielen eines Ban-
des im ZK-Gebäude damals technisch noch nicht möglich war, einig-
te man sich darauf, die Aufzeichnung in der offiziellen Sendepause des
DFF um 13.00 Uhr exklusiv für das Politbüro aus Adlershof auszustrahlen.[18] Die in den Programmvorschauen für den Abend angekün-
digte übliche Wiederholungssendung im 2. Programm fiel dagegen
weisungsgemäß aus.

In den sechziger Jahren gab es in der DDR-Medienlandschaft
kaum organisatorische Veränderungen. Angesichts des stetig wachsenden Grades der Versorgung mit Fernsehgeräten – Ende der sechzi-

ger Jahre waren 69,1 Prozent aller Haushalte mit insgesamt über vier Millionen Geräten ausgestattet[19] – widmete das SED-Zentralkomitee der politischen Instrumentalisierung des Fernsehens für Propagandazwecke eine wesentlich größere Aufmerksamkeit als dem Hörfunk. Anfang September 1968 gliederte man deshalb den Fernsehbereich aus dem Staatlichen Rundfunkkomitee aus und bildete ein eigenständiges Staatliches Komitee für Fernsehen. Ein Jahr später nahm das 2. Fernseh-Programm hauptsächlich mit Bildungsprogrammen und den ersten, teilweise in Farbe ausgestrahlten Sendungen unter Verwendung der technisch komplizierteren französischen SECAM-Norm den Betrieb auf. Nur um den Empfang des bundesdeutschen Farbfernsehens zu verhindern, entschied man sich gegen das in der Bundesrepublik eingeführte PAL-System.

4.2 Die Medien und das Ende des „Prager Frühlings"

Unmittelbar vor dem Einmarsch der Truppen des Warschauer Paktes in die ČSSR bekundete Ulbricht am 13. August 1968 auf einer vom DDR-Fernsehen in einem Sonderbericht übertragenen Pressekonferenz in Karlsbad gegenüber dem tschechoslowakischen KP-Chef Dubček mit gespieltem Erstaunen seine Verwunderung über die Abschaffung der Pressezensur im Nachbarland: „Als wir aus der Presse erfuhren, daß Sie eine Pressezensur abgeschafft haben, waren wir bei uns erstaunt, weil wir so etwas nicht kannten. Wir haben nie eine Presse-zensur gehabt, und Sie sehen, wir sind ganz gut vorwärtsgekommen auch ohne Pressezensur."[20] Beides traf aus der Sicht der SED sicherlich formal zu, da die DDR-Medien keinem Zensor, sondern vielmehr subtilen, jedoch perfekt funktionierenden Lenkungsmechanismen unterworfen waren.

Ulbricht hatte im Übrigen noch kurz vor der persönlichen Begegnung mit Dubček auf diplomatischem Wege seine Verärgerung über die im „Bruderland" gewährte weitgehende Pressefreiheit ausrichten lassen. Er erregte sich über die dortige Medien-Berichterstattung zu den Verbrechen der stalinistischen Vergangenheit der Sowjetunion und fragte empört den tschechoslowakischen Botschafter in Ost-Berlin, warum denn die Toten ausgegraben werden müssten. Damit liefere man doch der Westpresse Material für deren „Kampf gegen das sozialistische Weltsystem".[21]

Zwanzig Jahre später befand sich Ulbrichts Nachfolger Honecker in der gleichen Situation. Angesichts der im Zeichen von Glasnost und Perestroika stehenden Aufarbeitung der Stalin-Zeit in den sowjetischen Medien stellte sich wiederum die Frage nach der Legitimation aller kommunistischen Machthaber. Honeckers Bemühungen um Schadensbegrenzung endeten diesmal jedoch in einem Fiasko.

Die zynische propagandistische Begleitmusik der DDR-Medien zum Demokratisierungsprozess in der ČSSR sowie die damals sowohl im Westen als auch in der DDR vermutete Beteiligung von NVA-Verbänden bei der militärischen Niederschlagung des so genannten „Prager Frühlings" lösten in der DDR erstmals seit dem Mauerbau wieder eine größerer Protestwelle aus. Das Innenministerium registrierte bis zum 29. August 1112 Fälle von „staatsgefährdender Hetze" und „Staatsverleumdung", womit insbesondere Losungen an Hauswänden und auf dem Straßenbelag, selbstgefertigte Flugblätter und Unterschriftensammlungen gemeint waren, während das MfS bis zum 20. November über 2000 „feindlichen Handlungen" erfasste, die mehrheitlich von jungen Arbeitern, aber auch von Kindern prominenter Eltern begangen wurden. Letztere kamen in der Regel mit milden Strafen und Ermahnungen davon, während andere Protestler teilweise Gefängnisstrafen von über einem Jahr erhielten.[22] Im März 1970 sprach Mielke noch von über 2700 unaufgeklärten „feindlichen Handlungen" im Zusammenhang mit dem Widerstand gegen die Niederschlagung des „Prager Frühlings".[23]

Der gescheiterte Versuch, einen demokratisch-parlamentarisch legitimierten Sozialismus in einem kommunistischen Land zu etablieren, verbitterte nicht nur Intellektuelle, sondern auch weite Kreise der Bevölkerung und viele bis dahin noch reformgläubige SED-Mitglieder, von denen später einige prominente Bürgerrechtler – beispielsweise Freya Klier oder Jürgen Fuchs – die DDR-Opposition maßgeblich beeinflussten. Weil sich in der DDR auch Studenten an widerständigen Aktivitäten beteiligten, wiegelte Ulbricht auch hier auf seiner Pressekonferenz mit Dubček in der ihm eigenen Art ab: „Wir sind mit der Universitätsreform so weit, daß alle Studenten nur den Fortschritt sehen. Sie haben gar keine Zeit, sich mit bürgerlicher Ideologie, die aus Westdeutschland importiert wird, zu beschäftigen. Lieber singen sie fröhliche Lieder, als daß sie diesen westdeutschen Quatsch hören. So ist die Lage."[24]

Einerseits verfolgte die SED mit Genugtuung die gerade nicht von „bürgerlicher Ideologie" getragene Studentenrevolte in der Bundesrepublik und vor allem die von den Desinformationsspezialisten des MfS publizistisch unterstützten Anti-Springer-Kampagnen an den Universitäten. Anderseits war die SED-Führung aber auch in großer Sorge, dass sich die formierende jugendliche DDR-Opposition auch von westlichen Protestformen inspirieren lassen könnte. Bedrohlich musste es der SED erscheinen, dass sowohl die westdeutsche 68er Studentenbewegung als auch der Widerstand in der DDR gegen die Niederschlagung des „Prager Frühlings" – anders als beim Juniaufstand 1953 oder nach dem Mauerbau – keineswegs sozialismusfeindlich auftraten. Vielmehr einten sie im Grunde – ungeachtet aller vorhandenen gravierenden Unterschiede – ihre utopische Sozialismusvorstellungen. Die daraus resultierende Ratlosigkeit der SED-Führung spiegelte sich auch in den Medien wider.

Die SED-Parteileitung im Staatlichen Rundfunkkomitee konstatierte fünf Tage nach der ČSSR-Invasion in einer „ersten Einschätzung der Situation" im allgemeinen zwar eine „außerordentliche Einsatzbereitschaft", doch habe sich daraus nicht in jedem Falle „Klarheit über die politischen Zusammenhänge" und uneingeschränkte Zu-

stimmung ergeben.[25] „Unklarheiten und Schwankungen" zeige sich
bei „den Klangkörpern und in der Studiotechnik". Der tschechische
Trompeter des Tanzorchesters habe erklärt, „es sei alles ganz anders,
als wir es darstellten". Im Bereich der Dramaturgie habe die Partei keine Illusionen über den „politisch-ideologischen Zustand", weshalb
man dort die Entwicklung genau beobachten wolle. Der offiziell akkreditierte tschechoslowakische Rundfunkkorrespondent Jan Sekaj
habe in der Funkhauskantine die „bekannte antisozialistische Haltung
tschechischer Rundfunkmitarbeiter zum Ausdruck" gebracht. Auslandskorrespondenten, Studiotechniker und ausländische Rundfunkmitarbeiter – insbesondere beim Auslandssender „Radio Berlin International" – gerieten wegen „unklarer" politischer Haltung ins Visier
der Parteileitung. Einige von ihnen mussten in der Folgezeit den
Dienst quittieren.

Der Moskauer Korrespondent des DDR-Hörfunks Adolf Her-
litzka ersuchte einen Monat vor der Invasion aus Protest gegen die
Medienkampagnen gegen Dubček um seine Ablösung. Im November
1969 stellte er schließlich einen Antrag auf Familienzusammenführung
in die ČSSR. Der Skandinavienkorrespondent des DDR-Rundfunks,
Horst Wachholz, kündigte am 21. August seiner Redaktion an, er
wolle in einem Kommentar „gegen die Beteiligung der DDR am Einmarsch in die ČSSR" protestieren. Alle Versuche, Wachholz einzu-
schüchtern oder mit dem Angebot eines Chefredakteurspostens zu
korrumpieren, schlugen fehl. Er kehrte nicht mehr in die DDR
zurück, woraufhin sein Eigentum vom MfS beschlagnahmt wurde. Im
August 1990 wurde Wachholz im Funkhaus Nalepastraße öffentlich
rehabilitiert.

Die Abteilung XX des MfS nahm auf Befehl Mielkes nach den Ereignissen des „Prager Frühlings" ihren Parteiauftrag zur „politisch-
operativen" Sicherung der Medien mit besonderer Gründlichkeit
wahr.[26] Dabei trug die Stasi nicht die Verantwortung für die Medien-
inhalte, sofern sie das MfS nicht direkt betrafen. Vielmehr ging es dem

Mielke-Ministerium um die Bespitzelung und lückenlose Überwachung des beruflichen und persönlichen Umfeldes der journalistischen und technischen Mitarbeiter in den Printmedien, im Hörfunk und im Fernsehen.[27]

Zuverlässige Journalisten bei „Radio Berlin International", dessen Programme ansonsten nicht für die Ostblockstaaten bestimmt waren, erhielten im Sommer 1968 auf Beschluss des Politbüros den Geheimauftrag, ein „gegen den westdeutschen Imperialismus und seine Einmischungsbestrebungen in der ČSSR" gerichtetes Programm im „Sender Moldau" („Radio Vltava") in tschechischer und slowakischer Sprache zu produzieren.[28] Der unmittelbar der ZK-Abteilung Auslandsinformation unterstellte und mit dem MfS eng kooperierende Geheimsender „Moldau" hatte sich darauf vorbereitet, sein Programm vom 21. August 1968, dem Tag der Invasion der Warschauer-Pakt-Truppen in der SSR, auszustrahlen. Am 13. Februar 1969 stellte man die Sendungen ein. Ihre Resonanz bei der ČSSR-Bevölkerung war für die DDR-Auslandspropaganda ein Fehlschlag.

Der Aufbruch zu einem „Sozialismus mit menschlichem Antlitz" in der ČSSR, an dem zur zusätzlichen Irritation der ostdeutschen Kommunisten in erster Linie tschechoslowakische Journalisten maßgeblich beteiligt waren, hat die organisatorischen Anstrengungen zur strafferen Anleitung und Kontrolle des DDR-Fernsehens beschleunigt.[29] Unter der Leitung Karl-Eduard von Schnitzlers entstand eine politische Kommentatorengruppe. Das SED-Zentralkomitee verschaffte sich den unmittelbaren Zugriff auf die Produktionsabläufe und Sendeinhalte. Dazu gehörte auch die Verlegung eines direkten Telefonkabels zum Regiepult der „Aktuellen Kamera". Auch auf dem Schreibtisch Schnitzlers stand ein rotes Telefon, um kurzfristig „Empfehlungen" für seine Kommentare und seinen „Schwarzen Kanal" übermitteln zu können. Er bestritt jedoch, jemals Weisungen aus dem Zentralkomitee erhalten zu haben.

Im gesamten Jahr 1968 stand bei der Agitationskommission beim

Politbüro und der ZK-Abteilung Agitation die Strategie und Taktik bei der Berichterstattung der DDR-Medien über die Vorgänge in Prag im Mittelpunkt ihrer hektischen Aktivitäten.[30] Zielscheibe ihrer Attacken waren neben der Bundesrepublik sowie deren Medien und den USA aber vor allem tschechoslowakische Journalisten, denen von den SED-Agitationsbürokraten die Hauptschuld am „Prager Frühling" zugewiesen wurde. Daraus resultierte bei der SED auch die Angst vor einer „Infizierung" der DDR-Journalisten. Für alle Mitarbeiter der politischen Programme des Hörfunks und des Fernsehens wurde deshalb eine Reihe von „Qualifizierungsmaßnahmen" angeordnet, denn die Analyse der Berichterstattung über die Ereignisse in der ČSSR hatte ergeben: „Nicht wenige Genossen, die auf diesem Gebiet arbeiten, sind dem Stand ihres fundierten politischen Wissens, ihrer spezialisierten Kenntnisse und ihrem sicheren Urteil nach nur bedingt auf der Höhe ihrer Aufgaben."[31] Neben der politischen Indoktrination und der verschärften MfS-Überwachung aller Mitarbeiter beider elektronischen Medien versprach man sich auch von der Modernisierung der technischen Ausstattung der Hörfunk- und Fernsehsender und vor allem durch die Bildung der Staatlichen Kommission für Fernsehen „bessere Voraussetzungen für die Leitung beider Massenmedien und die Erhöhung ihrer Wirksamkeit zu schaffen."[32]

Ob das Fernsehen, insbesondere seit seiner wachsenden Bedeutung im Schlüsseljahr 1968, der SED weniger als Herrschafts-, sondern mehr als Propaganda- und Verschleierungsinstrument – auch zu Selbsttäuschung der Parteiführung – gedient hat, ist eine eher akademische Fragestellung.[33] In erster Linie diente das Fernsehen schon wegen der Omnipräsenz der elektronischen Westmedien zwar als ein schwaches Herrschaftsinstrument, mit dem natürlich auch extensiv Propaganda und Verschleierung zum Machterhalt betrieben wurde. Dies galt jedoch für alle DDR-Medien gleichermaßen. Zumindest der Generalsekretär und die ihm eng verbundenen Politbüromitglieder hatten ausreichende Möglichkeiten, sich über die politische und wirtschaftliche Lage sowie über die Stimmung in der Bevölkerung über eigene Kanäle hinlänglich zu informieren. Dass sie in ihren öffentlichen Auftritten die Realität verdrängten, steht auf einem anderen Blatt.

5. Erosion der SED-Medienherrschaft in der Honecker-Ära

5.1 Parteitagssprüche und Politbüro-Dekrete

Nach dem unfreiwilligen Rücktritt Walter Ulbrichts am 3. Mai 1971 vom Amt des Ersten Sekretärs des ZK der SED und seiner durch Erich Honecker erzwungenen Ablösung schien es zunächst Anzeichen für eine innen- und kulturpolitische Liberalisierung in der DDR zu geben. Es sah so aus, als ob auch die Medien davon profitieren sollten und sie die viel beschworene, jedoch durch die ideologische Selbstblockade längst zum Trugbild geratene „Massenwirksamkeit und -verbundenheit" doch noch erreichen würden. Werner Lamberz, dem nach dem Machtwechsel ins Politbüro aufgestiegenen ZK-Sekretär für Agitation, ging der Ruf voraus, umgänglicher und ideologisch weniger verbohrt als sein Vorgänger Albert Norden zu sein. Lamberz galt deshalb als Hoffnungsträger der Intellektuellen und sogar als möglicher Nachfolger des farblosen Apparatschiks Honecker.

Auf dem VIII. SED-Parteitag im Juni 1971, den die Partei-Propaganda in der Honecker-Ära unentwegt als den Auftakt zu einer neuen Epoche in der DDR-Geschichte hochstilisierte, erklärte die SED die Erhöhung des „materiellen und kulturellen Niveaus des Volkes" mit zur „Hauptaufgabe". Er verlangte von den Journalisten bessere stilistische, sprachliche und vor allem „lebensnahe" Beiträge. Den Werktätigen müsste mehr Gelegenheit gegeben werden, mit Hilfe der Massenmedien ihre „fortgeschrittensten Erfahrungen" austauschen zu können. Honecker kritisierte insbesondere die Programmgestaltung des Fernsehens. Eine „bestimmte Langeweile" müsse überwunden und den Bedürfnissen nach guter Unterhaltung Rechnung getragen werden. Obwohl schon vorher konzipiert, startete passend dazu kurz nach der Honecker-Rede die neue Krimiserie des DDR-Fernsehens „Polizeiruf 110"[1] als Gegengewicht zur auch in der DDR sehr erfolgreichen ARD-Reihe „Tatort". Ohne Resonanz sollte der Parteichef hingegen auf dem Parteitag von der Fernsehpublizistik verlangen, sie müsse „schlagkräftiger" gestaltet werden und den Erwartungen jener Teile der Bevölkerung besser entsprechen, deren Arbeitstag zeitig beginne und die deshalb in den Abendstunden „Zuschauer wertvoller Fernsehsendungen" sein wollten.

Honecker weckte auch falsche Hoffnungen, als er auf der vierten Tagung des ZK der SED im Dezember 1971 mit seiner damals viel beachteten Feststellung noch einen Schritt weiter ging. Er erklärte dort nämlich, in der Kunst und in der Literatur könne es seines Erachtens keine Tabus geben. Da er dies jedoch zugleich unter den Vorbehalt einer „festen Position des Sozialismus" stellte, hob er die soeben verkündete Tabu-Freiheit im gleichen Atemzug wieder auf. Ende Mai 1973 bekräftigte er dann wiederum auf einer ZK-Tagung mit deutlicheren Warnungen an die Adresse unbequemer Schriftsteller seine Mahnung, die Normen der „sozialistischen Ethik" zu beachten. Gleichzeitig sorgte er für Aufsehen mit dem indirekten Eingeständnis, eine Niederlage im teilweise mit brachialer Gewalt geführten Kampf gegen den nach Westen gerichteten Antennenwald erlitten zu haben. Der Parteichef räumte unumwunden ein, in fast jedem DDR-Haushalt werde Westfernsehen und -hörfunk empfangen. Er ermunterte sogar noch zum genaueren Hinhören, um die wahren Absichten der „regierenden Kreise" in Bonn nach der Unterzeichnung des 1972 zwischen beiden deutschen Staaten abgeschlossenen Grundlagenvertrages zu durchschauen. Auch überzeugte SED-Mitglieder fassten jetzt Mut und fühlten sich von der selbst auferlegten Westfernseh-Abstinenz entbunden und setzten sich – so der Parteijargon – dem elektronisch verbreiteten „Gift aus dem Äther" aus. Künftig sollte die neu gewährte Freiheit in der Honecker-Ära nicht unwesentlich zur Erosion der SED-Medienherrschaft beitragen, zumal die Parteiführung mitunter ein Schattenboxen mit den West-Medien führte. Dabei setzte sie erkennbar voraus, dass die Bevölkerung durch die elektronischen West-Medien und deren seit 1973 akkreditierten Ost-Berliner Korrespondenten bereits über zunächst von ihr selbst verschwiegene Vorgänge informiert war.

Warum das Fernsehen ansprechender werden müsse, konkretisierte Honecker im Mai 1976 auf dem IX. SED-Parteitag. Er verlangte – offenkundig im Blick auf die im Vorjahr auch von ihm in Helsinki unterzeichnete KSZE-Schlussakte – , den „neuen Anforderungen der Innen- und Außenpolitik" müssten alle Massenmedien mit „immer größerer Wirksamkeit gerecht werden. Das gelte um so mehr, „als unter unseren Bedingungen die ideologische Auseinandersetzung mit der bürgerlichen Ideologie vor allem im Äther in voller Schärfe und ohne Pause sozusagen täglich rund um die Uhr stattfindet." Die Notwendigkeit, die Langeweile zumindest aus dem Hörfunk und dem Fernsehen zu verbannen, entsprang demnach nicht nur entsprechenden Wünschen der Konsumenten, sondern zugleich dem Zwang, mit den Programmen der bundesdeutschen Sender konkurrieren zu müssen. Insgesamt zeigte sich Honecker jedoch 1976 zufrieden mit dem Einfluss von Presse, Hörfunk und Fernsehen auf das „geistige Leben in der Gesellschaft." Seit dem VIII. Parteitag im Jahre 1971 sei deren Massenwirksamkeit gestiegen. Die Auflage aller Tages- und Wochenzeitungen einschließlich der Illustrierten habe sich in den vergangenen fünf Jahren auf 16,7 Millionen Exemplare erhöht.

Auf dem X. SED-Parteitag im April 1981 verkündete Honecker wie gehabt neue medienpolitische Erfolge, doch er wünschte sich weitere Verbesserungen in der ideologischen Überzeugungsarbeit. Presse, Hörfunk und Fernsehen hätten sich seit 1976 zwar wiederum als „zuverlässige Instrumente der sozialistischen Ordnung und als schlagkräftige Waffen in der Auseinandersetzung mit dem Imperialismus"

erwiesen, doch Honecker mahnte weitere Anstrengungen an.[2] Denn
für die Massenmedien komme es vor allem darauf an, die aktive Verbreitung der sozialistischen Ideologie, die innen- und außenpolitische
Information und die „geistig-kulturelle Bereicherung und Unterhaltung" im weitesten Sinne des Wortes als eine einheitliche Aufgabe zu
verstehen und zu verwirklichen. Die Bemühungen um „weltanschauliche Tiefe", schnelles politisches Reagieren und Massenwirksamkeit
müssten „ideenreich" fortgesetzt werden. Die Werktätigen sollten
noch stärker mit ihren Ideen, Initiativen, Vorschlägen und kritischen
Hinweisen selbst zu Wort kommen, was sich in der Arbeit mit den Le-
ser-, Zuschauer- und Hörerbriefen sowie mit den Volkskorrespondenten, den ehrenamtlichen Mitarbeitern der Medien, niederschlagen
müsse. Das Parteiorgan „Neues Deutschland" habe dabei auch künftig beispielgebend voranzugehen. Die gleiche Verantwortung trügen
die täglich in einer Gesamtauflage von rund fünf Millionen erscheinenden SED-Bezirkszeitungen. Die über 600 Betriebszeitungen würden ihrer „gesellschaftlichen Funktion" um so besser gerecht, je gezielter sie von den Leitungen der Parteiorganisationen in den Betrieben als ihr Organ behandelt und genutzt werden. Kritischer befasste
sich Honecker auf dem X. Parteitag indes mit dem Fernsehen, das
zwar in den letzten Jahren durchaus „wirksame" Programmleistungen
erbracht hätte. Doch künftig gehe es vor allem darum, dass das gesamte Programm noch besser den „hohen Maßstäben unserer gesellschaftlichen Entwicklung" und den vielseitigen Ansprüchen der Millionen Zuschauer gerecht werde. Dazu gehöre auch die Verbesserung
des alternativen Programmangebots im I. und II. Programm des
DDR-Fernsehens. Generell sei der Verbreitungsgrad der Massenmedien weiter angestiegen. So erschienen 1981 in der DDR 1770 verschiedene Zeitungen und Zeitschriften, deren Gesamtauflage die 40-Mil-
lionen-Grenze erreiche. 90 Prozent aller Haushalte seien mit Fernsehempfängern ausgestattet, davon 17 Prozent mit Farbgeräten, und praktisch jede Familie besitze einen oder mehrere Rundfunkempfänger.

Auf dem XI. und zugleich letzten SED-Parteitag im April 1986 widmete Honecker den Massenmedien offenbar unter dem Eindruck des von Gorbatschow geduldeten größeren Spielraums für die sowjetischen Medien in seinem Rechenschaftsbericht nur bemerkenswert wenige Zeilen. Er stellte lediglich fest, dass die DDR-Medien ihren Auftrag erfüllen und die Bürger umfassend unterrichten würden. Ein weitere Erhöhung des Niveaus sei jedoch erforderlich, weil in der gegenwärtigen weltpolitischen Lage die „Instrumente der Politik sowohl der einen wie der anderen Seite eine immer größere Rolle" spielen würden." Ein unverhüllter Hinweis auf die immer deutlicher zutage tretende Wirkung der westlichen elektronischen Medien in der DDR-Bevölkerung. Im Übrigen bedankte sich Honecker überschwänglich beim Fernsehen für den dem XI. Parteitag gewidmeten Film über Ernst Thälmann, von dem er sich „kraftvolle Impulse für die Erhöhung der Qualität in großer Breite" erhoffte. Der damals verantwortliche Leiter des Bereiches „Dramatische Kunst" im DDR-Fernsehen, Erich Selbmann, beschreibt im Rückblick die verworrene Entstehungsgeschichte des inhaltlich und künstlerisch höchst fragwürdigen Propagandafilms, der – einmalig in der Geschichte des DDR-Fernsehens – auf einen Beschluss des Politbüros aus dem Jahre 1983 zurückging.[3]

Die Handschrift von Werner Lamberz trugen zwei propagandistisch-agitatorische Politbüro-Beschlüsse vom November 1972 und Mai 1977 über die sich aus dem VIII. und dem IX. Parteitag für die Presse, den Hörfunk und das Fernsehen ergebenden Aufgaben.[4] Während der Beschluss von 1972 „Über die Aufgaben der Agitation und Propaganda bei der weiteren Verwirklichung der Beschlüsse des VIII. Parteitages der SED" das „Über-die-Köpfe-hinweg-Reden" in den Medien in erster Linie durch einen höheren Informationsgehalt und Unterhaltungswert ersetzt wissen wollte, stand der wesentlich straffer und rigider gefasste Beschluss vom Mai 1977 über „Die weiteren Aufgaben der politischen Massenarbeit der Partei" schon unübersehbar im Zeichen des seit der Ausbürgerung des Liedermachers und Reformkommunisten Wolf Biermann nach dessen Kölner Konzert am 13. November 1976 eisiger gewordenen innen- und deutschlandpolitischen Klimas. Lamberz forderte in der zweitägigen Diskussion mit Nachdruck, das „polemische Wesen unserer Agitation und Propaganda weiter auszuprägen". Insbesondere sollte die „Polemik mit dem Feind" – gemeint war natürlich die Abwehr gegen den nicht mehr zu unterbinden Einfluss der West-Sender – intensiviert werden, um die noch vorhandenen „Ausflüsse bürgerlicher Ideologie, falsche, rückständige oder überholte Ansichten, Meinungen und Gewohnheiten aus dem Bewußtsein der Menschen zu verdrängen". Statt auf den noch 1972 gewünschten höheren Unterhaltungswert sollten sich die Medien nunmehr stärker auf ihre „kulturell-erzieherische" Funktion konzentrieren, um, wie es hieß, die geistigen Ansprüche der Werktätigen zu entwickeln. Das bedeutete im Klartext, sie sollten sich beispielsweise nicht mit den prominenten Biermann-Sympathisanten solidarisieren, denen Lamberz im Hause des Schauspielers Manfred Krug vorhielt – vom Gastgeber heimlich auf Tonband mitgeschnitten –, dass ihn selbst Westjournalisten gefragt hätten, warum man nicht Biermann, als er noch unbekannt gewesen sei, vor Gericht gestellt habe.[5]

Der im Gefolge der Biermann-Ausweisung erzwungene Exodus von Künstlern in die Bundesrepublik und die Entlassung von Autoren, Schauspielern und Redakteuren wirkten sich insbesondere auf die Qualität der Programme des Hörfunks und der Fernseh-Fachbereiche „Dramatische Kunst" und „Unterhaltung/Musik" verheerend aus. Die zu Beginn der Honecker-Ära an die Person von Werner Lamberz geknüpften Hoffnungen auf eine größere Medienvielfalt waren zerplatzt.

Aus den die SED-Führung nur bedingt zufriedenstellenden Ergebnissen der innerdeutschen Vertragspolitik zog sie Anfang der siebziger Jahre für sich die Konsequenz, die Eigenstaatlichkeit der DDR durch einen strikten Abgrenzungskurs von der Bundesrepublik zu unterstreichen. Deshalb tilgte sie vor und nach der Unterzeichnung des Grundlagenvertrages am 12. Dezember 1972 die Bezeichnungen „Deutschland" oder „deutsch" aus den Namen von öffentlichen Einrichtungen und gesellschaftlichen Organisationen. Davon waren auch die Medien betroffen. 1971 entstand aus dem „Deutschlandsender" und der „Berliner Welle" die „Stimme der DDR". Im Februar 1972 ändert der „Deutsche Fernsehfunk" seinen Namen in „Fernsehen der DDR" und aus der Berufsvereinigung „Verband der deutschen Journalisten" wurde 1972 der „Verband der Journalisten der DDR" (VdJ).

5.2 Agonie unter dem Agitationssekretär Joachim Herrmann

Zum Nachfolger des am 6. März 1998 unter nach wie vor ungeklärten Umständen bei einem Hubschrauberabsturz in Libyen tödlich verunglückten Werner Lamberz ernannte das Politbüro den Chefredakteur von „Neues Deutschland" Joachim Herrmann (1928-1992). Er amtierte bis zu seinem unfreiwilligen Rücktritt im Herbst 1989 als letzter ZK-Sekretär für Agitation und Propaganda. Herrmann, hatte nach dem Kriege zuerst als Bote und anschließend als Volontär und Redakteur bei der „Berliner Zeitung" seine journalistische Laufbahn begonnen, wo er später – von 1962 bis 1965 – auf dem Sessel des Chefredakteurs landete. Er war intellektuell seinen Vorgängern Norden und Lamberz weit unterlegen, was er mit einem despotischen Auftreten gegenüber Untergebenen und Unterwürfigkeit gegenüber Honecker kompensierte, dessen häufige Eingriffe in die Medien-Berichterstattung er bedingungslos vollzog.

Joachim Herrmann unterstanden die ZK-Abteilungen Agitation, Propaganda und Befreundete Parteien sowie die Agitationskommission beim Politbüro. Der letzteren gehörten sowohl hauptamtliche ZK-Funktionäre als auch ehrenamtliche Mitglieder wie die Chefre-

dakteure von „Neues Deutschland", der „Berliner Zeitung", des FDJ-
Organs „Junge Welt", der Gewerkschaftszeitung „Tribüne", der Leiter des Presseamtes oder die Vorsitzenden der Staatlichen Komitees für
Rundfunk und Fernsehen an. Zu Zeiten Albert Nordens entwarf die
Agitationskommission noch mit erheblichem Arbeitsaufwand Argu-
mentationslinien für mittelfristig zu erwartende politische Entwick-
lungen. Im letzten Jahrzehnt des SED-Regimes degenerierten die Sitzungen der Agitationskommission unter Herrmann zu einer Befehlsausgabe, auf der er in der Regel dienstags, unmittelbar nach den Polit-
büro-Sitzungen, zunächst die Ansichten Honeckers langatmig
referierte, um sie dann, keinen Widerspruch duldend, für verbindlich
zu erklären. Dabei machte er sich so verhasst, dass er bereits am
10. November 1989 aus der SED ausgeschlossen wurde.

Im Gegensatz zu Ulbricht vermied Honecker weitgehend den direkten Kontakt zu DDR-Journalisten. Beide Parteichefs betätigten
sich jedoch mit ähnlicher Intensität als „General-Chefredakteure" aller Medien. Ihr besonderes Augenmerk richteten sie auf die Berichterstattung der sogenannten Leitmedien – „Neues Deutschland",
die Fernsehnachrichtensendung „Aktuelle Kamera" und die Nachrichtenagentur ADN. Honecker nahm sich sogar Zeit, für ADN ei-
genhändig Meldungen, Kommentare und Artikel zu verfassen oder zu
redigieren.

Bis zu seinem unfreiwilligen Rücktritt nahm Erich Honecker
persönlich Einfluss insbesondere auf die redaktionelle Gestaltung der
ersten beiden Seiten des SED-Zentralorgans „Neues Deutschland", an
dem sich wiederum alle anderen Zeitungen orientieren mussten. In die
Berichterstattung der „Aktuellen Kamera" des Fernsehens griff
Honecker unmittelbar und – zum Schrecken der Redakteure – auch
noch kurz vor oder während der Sendung ein. Furore machte am 5.
Oktober 1989 sein Anruf bei dem Fernsehjournalisten Lutz Renner,
der kurz vor Beginn der „Aktuellen Kamera" eine anschließende Li-
ve-Diskussion mit führenden SED-Ideologen ankündigte und die Zu-

schauer aufforderte, kritische Fragen an die Teilnehmer zu richten. 17 Minuten vor Beginn der Sendung, so Renner, sei der Befehl des Generalsekretärs gekommen, „keine Probleme zu behandeln, sondern nur rückwärtsgewandt Positives zu erzählen."[6]

Die Gleichschaltung der Medien erfolgte im Wesentlichen zweigleisig. Einmal über die tägliche telefonische oder fernschriftliche Übermittlung eilbedürftiger inhaltlicher und formaler Vorgaben – beispielsweise die von der ZK-Abteilung Agitation bestimmte Platzierung von ADN-Meldungen, Kommentaren und Fotos. Zum anderen mußten donnerstags die Chefredakteure beziehungsweise deren Vertreter der direkt von der SED angeleiteten Medien zur wöchentlich einberufenen „Argumentation" im Hause des Zentralkomitees erscheinen. Dort war außerdem die Leitung des Presseamts vertreten, die unmittelbar danach die Chefredakteure der Blockparteizeitungen zu instruieren hatte.

Die sogenannten „Donnerstags-Argus", leitete in der Regel von 1973 bis 1989 der wegen seiner Rabulistik gefürchtete Leiter der ZK-Abteilung Agitation, Heinz Geggel. Auf seiner letzten „Argu", am 19. Oktober 1989, versuchte sich der in Panik geratene Geggel in der Flucht nach vorn und versprach, die restriktive Pressepolitik einzustellen und für mehr Bürgernähe sorgen zu wollen. Er sei aber nicht bereit, „eine große Vergangenheitsbewältigung zu machen", denn die Chefredakteure seien doch die eigentlich Verantwortlichen gewesen.[7] Damit stellte Geggel die Realität auf den Kopf. Die Chefredakteure sollten ihre Redaktionen zwar nach dem „Einzelleitungsprinzip" führen, hatten aber ausschließlich als Vollstrecker und Weiterleiter der Parteibeschlüsse zu fungieren.

In ihren schriftlich an die Redaktionen übermittelten „Empfehlungen" bemühte sich die ZK-Abteilung Agitation um einen verbindlicheren Ton. Ein typisches Beispiel dafür: „Am morgigen Donnerstag findet die Übergabe der zweimillionsten Wohnung in Anwesenheit des Generalsekretärs statt: Wir bitten, darüber auf Seite 1 vom

Freitag sehr groß aufgemacht zu berichten.“[8] Solche freundliche „Bitten“ der Agitationsbürokratie waren natürlich Anordnungen, denen sich die Chefredakteure angesichts der dann drohenden Nachzensur nicht zu entziehen wagten. Häufig kannten sie selbst nicht die Hintergründe von unvermittelt ausgesprochenen Verboten. Dennoch waren sie gezwungen, diese als ihre eigene Meinung in den Redaktionen zu vertreten. Wenn es beispielsweise lediglich hieß: „Kein Wort über Erdöl“, weil mit der Sowjetunion gerade komplizierte und geheime Verhandlungen über ausstehende Erdöllieferungen geführt wurden, ließen die Redaktionen vorsichtshalber auch Korrespondentenberichte aus dem Nahen Osten unter den Tisch fallen, weil darin die Erwähnung von Erdöl oft nicht zu vermeiden war. Solche für die Medien bestimmten Sprachregelungen der ZK-Abteilung Agitation dienten nicht nur der Verschleierung unangenehmer Fakten und geheimer Vorgänge. Sie enthielten vielmehr auch für den allgemeinen Sprachgebrauch bestimmte ideologische Metaphern, an die sich zumindest diejenigen hielten, die ihre Karriere nicht gefährden wollten.

Im Außenverhältnis ließ es die SED-Führung in den achtziger Jahren sogar zu, dass privilegierte Reisekader im Westen sich über die Langeweile in DDR-Medien auslassen konnten. So räumte der stellvertretende Chefredakteur von „Neues Deutschland“ in einem Vortrag vor Studenten im Juni 1984 in West-Berlin ein, dass seine Zeitung weder für Leser im Westen „und nicht einmal für jeden DDR-Bürger“ gemacht sei.[9] „Neues Deutschland“ richte sich ausschließlich an Funktionäre und aktive Parteimitglieder, die auch zwischen den Zeilen lesen könnten. Und wörtlich fügte Wessel hinzu. „Das SED-Zentralorgan ist etwa mit den Börsen-Nachrichten zu vergleichen, und die verstehen hier auch nur bestimmte Leute zu lesen.“ Nicht nur der Schriftsteller Stefan Heym kritisierte verschiedentlich in westdeutschen Medien die Langeweile und die Hofberichterstattung in den DDR-Medien. Noch deutlicher wurde der damalige Nestor der Wirtschafts- und Gesellschaftswissenschaften der DDR, der, wie er sich selbst nannte, „linientreuer Dissident Jürgen Kuczynski. Auf die Frage, was ihn am meisten in der vierzigjährigen DDR-Geschichte geärgert habe, antwortete im Sommer 1988 Kuczynski dem SPD-Parteiorgan „Vorwärts" in einem Interview: „Die Medien. Vor dreißig Jahren war unsere Presse viel besser. Jetzt übt sie keine Kritik mehr, wir haben keinen Meinungsstreit. Unsere Zeitungen sind zum Teil horrende langweilig."[10] Die Nachfrage, ob dies nicht ein Relikt der stalinistischen Vergangenheit sei, bejahte Kuczynski, wobei er offenbar nicht bemerkte, dass sein nostalgischer Blick auf die DDR-Medien der fünfziger Jahre verklärt war. Denn zu den Hochzeiten des Stalinismus polemisierten die SED-Medien zwar drastischer und ungezügelter, doch um ihren Informationsgehalt stand es nicht besser als am Ende der Honecker-Ära.

5.3 Medien-Planspiele für den Kriegsfall

Obwohl in den siebziger und achtziger Jahren die SED-Propaganda nicht müde wurde, immer wieder zu betonen, von deutschem Boden solle kein Krieg ausgehen, bereitete sie sich intensiver als je zuvor insgeheim auf den Mobilmachungsfall vor. Die Rolle, die dabei den Medien zugedacht war, wurde erst nach der Öffnung der DDR-Archive bekannt, zumal nur wenige Journalisten und Funktionäre eingeweiht waren.

Der mögliche Einwand, auch demokratisch verfasste Staaten träfen Vorbereitungen für den Kriegsfall, ist sicherlich auch für die Einbeziehung der elektronischen Medien in die Informationspolitik im Verteidigungszustand und im Katastrophenfall zutreffend. Doch im Unterschied dazu war es – sowohl unter der SED- als auch unter der NS-Diktatur – auf Knopfdruck möglich, rigorose Eingriffe in die gesamte Medienlandschaft zu vollziehen, denn diese entsprachen ja bereits in Friedenszeiten, ebenso wie die überzogene Pflege des Feindbildes, der gängigen Praxis.

Der ZK-Agitationssekretär Joachim Herrmann unterzeichnete
am 29. September 1986 in seiner der Öffentlichkeit damals völlig unbekannten Eigenschaft als Vorsitzender des Zentralen Nachrichten-
und Informationsbüros (ZeNIB) eine als „Geheime Kommandosa-
che" deklarierte Beschlussvorlage für den Nationalen Verteidigungs-
rat. Sie trug den Titel „Grundsätze über die Zensur von Veröffentlichungen in der Deutschen Demokratischen Republik während der
Mobilmachung und im Verteidigungszustand".[11] Dazu hatte sich
Herrmann vorher die Zustimmung der Politbüromitglieder Egon
Krenz, Willi Stoph, Heinz Keßler und Erich Mielke sowie des Innen-
ministers Friedrich Dickel und des Chefredakteurs von „Neues
Deutschland", Herbert Naumann, eingeholt.

Laut Vorlage hatte die Neufassung der Zensurbestimmungen der
ZK-Abteilungsleiter Agitation Heinz Geggel erarbeitet. Tatsächlich
dürfte aber sein ihm unterstellter Leiter des Sektors „B-Arbeit", der
vom Verteidigungsministerium abgestellte und besoldete Oberst Kurt
Langnese, der Verfasser gewesen sein. Aus dessen Feder stammt eine
Vielzahl überlieferter zentraler Dokumente, in denen er mit großer
Akribie ständig neue Planspiele für die Einführung der Vorzensur
und die Arbeitsbedingungen der Medien im Kriegsfalle entwickelte.

In der Begründung der Vorlage über die Grundsätze der Militär-
zensur hieß es einführend, die Erfahrungen aus dem Zweiten Weltkrieg und die Erkenntnisse über die Vorbereitung anderer Länder auf
einen möglichen Krieg seien berücksichtigt worden. Dementspre-
chend sollten auch in der DDR sämtliche für die Öffentlichkeit bestimmten Publikationen, Bekanntmachungen, Aufführungen sowie
alle anderen durch Wort, Schrift, Bild und Film vermittelten Informationen der Vorzensur unterliegen und etwaige Verstöße gegen erteilte
Auflagen durch eine systematische Nachkontrolle ermittelt werden.

Die Einführung der Zensur im Kriegsfalle hatte in der DDR auf
Weisung des SED-Generalsekretärs beziehungsweise in dessen Auftrag durch den ZeNIB-Vorsitzenden zu erfolgen. Bei der Auswahl der

Zensoren war auf deren Parteiverbundenheit und politische Erfahrung zu achten. Außerdem kamen nur „spezialfachlich hochqualifizierte Kader" in Betracht, die nach den „Festlegungen" des MfS zu bestätigen waren.

Die Bildung des Sektors „B-Arbeit" in der ZK-Abteilung Agitation am 1. September 1982 ging auf einen Beschluss des ZK-Sekretariats vom 30. Juni 1982 zurück.[12] Die Aufgabenstellung dieses Sektors blieb selbst den Kollegen des Obristen Langnese in den anderen Sektoren der Abteilung Agitation weitgehend verborgen. Sogar die Bedeutung des „B" war allgemein unbekannt. Obwohl vielen zuständigen Funktionären die B-Arbeit am Arbeitsplatz in Gestalt von Übungen zur Vorbereitung auf die Mobilmachung im Rahmen der Zivilverteidigung ein Begriff war, wussten sie dennoch nicht, dass sich das „B" bereits seit Anfang der sechziger Jahre aus der „Berechnungsarbeit" der Staatlichen Plankommission für die im Kriegsfall benötigten Ressourcen ableitete.[13] Der zuvor gebräuchliche Terminus „Mob-Arbeit" durfte aus Tarnungsgründen nicht mehr verwendet werden.

Die Gründung des Zentralen Nachrichten- und Informationsbüros beschloss der Nationale Verteidigungsrat am 20. September 1974.[14] Am 24. November 1975 bestätigte Honecker eine Anordnung des damaligen ZeNIB-Vorsitzenden Werner Lamberz[15], deren später nur gringfügig modifizierten Festlegungen bis in den Herbst 1989 galten. Danach sollten dem Agitationssekretär im Kriegsfalle die Nachrichtenagentur ADN, das Fernsehen und der Hörfunk, die „Berliner Zeitung", das FDJ-Organ „Junge Welt, die „Neue Berliner Illustrierte" sowie – was später entfiel – die Parteizeitschrift „Neuer Weg" direkt unterstellt werden. Die Anleitung von „Neues Deutschland" behielt sich der Generalsekretär Honecker auch im Mobilmachungsfall vor. Allen anderen Zeitungen und Zeitschriften sollten mit Ausnahme der SED-Bezirkszeitungen die Lizenz entzogen werden, wodurch das staatliche Presseamt überflüssig wurde, dessen Personal teilweise dem ZeNIB zur Verfügung gestellt werden sollte.

Hörfunk- und Fernsehen hatten für das Inland jeweils nur noch ein Programm zu senden, während die „Stimme der DDR" für die Bundesrepublik und das westeuropäische Ausland sowie „Radio Berlin International" weltweit weiterhin auf Sendung gehen sollten. Der Seitenumfang der noch zugelassenen Zeitungen war drastisch zu verringern. Darüber hinaus wurden nicht nur detaillierte Regelungen für das Verhalten, die Uniformierung und die Auswahl der vorgesehenen Frontberichterstatter – in der Regel ohne deren Wissen – erlassen, sondern in den siebziger Jahren auch Vorkehrungen für die Übernahme von Fernseh- und Hörfunksendern „auf dem besetzten Territorium des Kriegsgegners" getroffen. Die Chefredakteure der Printmedien erhielten den Auftrag, sich darauf vorzubereiten, Zeitungen für die „Bevölkerung befreiter Territorien des Kriegsgegners redaktionell zu erarbeiten".[16] Eine verräterische Formulierung, die auf besondere Vorbereitungen zum Erstangriff auf den „Gegner" schließen lässt. Ein derartiges Szenario lag ungeachtet der permanent bekundeten Friedensbeteuerungen auf der von Honecker bis zum Ende seiner Amtszeit beharrlich verfolgten Linie. Forderte er doch unablässig auf den unter strenger Geheimhaltung abgehaltenen Sitzungen des Nationalen Verteidigungsrates von den erst nach der „Wende" namentlich bekannt gewordenen Teilnehmern ein „kriegsbezogenes Denken und Handeln".[17]

Für den angenommenen Fall, dass „Neues Deutschland" und die „Junge Welt" ihre elektronische Ganzseitenübertragung in den Druckorten Rostock, Halle, Erfurt und Dresden einstellen mußten, sollten die 1981 gebildeten Bezirksbüros der Massenmedien einspringen, die von den Chefredakteuren der SED-Bezirkszeitungen geleitet wurden.[18] Sie waren, ebenso wie die Auslandsbüros der Massenmedien, im Kriegsfall direkt dem ZeNIB-Vorsitzenden unterstellt. Die Auslandsbüros sollten in der Regel von dem ansässigen ADN-Korrespondenten in Zusammenarbeit mit dem jeweilig zuständigen DDR-Botschafter geleitet werden.

Bei Stabsübungen zur Überprüfung der Vorkehrungen für die Anleitung der Massenmedien im Kriegsfall – beispielsweise „Presse 87" am 26. September 1989 oder der noch am 1. April 1989 von Joachim Herrmann geleiteten Schulungsmaßnahme „Medium 89"[19] – führte Oberst Langnese eine penible Regie nach strengem militärischen Ritual, was den anwesenden Journalisten lächerlich erschienen und von ihnen nicht ernst genommen worden sein soll.[20] Karl-Heinz Arnold, der langjährige stellvertretende Chefredakteur der „Berliner Zeitung", beschreibt sarkastisch seine erste Instruktion in den siebziger Jahren über die im Kriegsfalle seiner Zeitung gestellten Aufgabe, ein zentrales Informationsblatt herauszugeben: „Eines Tages hatte ich den Chefredakteur als einer seiner Stellvertreter zu einem geheimnisvollen Treffen zu begleiten. Es fand in einem Kasernenkomplex unweit der Mauer statt. Wir fuhren in ein Areal von Backsteinbauten ohne erkennbaren Dienstbetrieb. In einem schmucklosen Raum, einem Klassenzimmer ähnlich, saßen an einem Tisch bereits zwei Personen, Politbüro-Mitglied Werner Lamberz und ein Obergeneral der Volksarmee in Uniform. ... Die relativ kleine Mannschaft dieses Informationsblatts werde im Verteidigungsfall vom anwesenden Chefredakteur geleitet, sein anwesender Stellvertreter werde zugleich als Redaktionssekretär fungieren. Beide hätten dann militärische Ränge. Das beeindruckte mich, wollte ich doch schon immer über den Rang eines Fahnenjunkers der Wehrmacht hinaus kommen. Natürlich sagte ich nichts dergleichen, sondern bewahrte angemessenes Schweigen."[21]

Im Kriegsfall hätte das von der SED perfektionierte Prinzip der „Zensur ohne Zensor" für die DDR-Medien nicht mehr gegolten. Zensoren in Uniform hätten wie im Zweiten Weltkrieg dafür Sorge tragen müssen, die Kriegsziele „des imperialistischen Aggressors, seine Gefährlichkeit, Abenteuerlichkeit und Menschenfeindlichkeit" zu entlarven und den „Haß auf den Feind" zu verstärken.[22]

5.4 Gegenöffentlichkeit: Kirchenzeitungen und Inoffizielle Publizistik

Im Jahre 1988 gab es in der DDR 34 periodisch erscheinende Publikationen von Kirchen und Religionsgemeinschaften in einer Gesamtauflage von 376.000 Exemplaren. Sie unterlagen der Vorzensur des Presseamtes, dem insbesondere die fünf evangelischen Kirchenzeitungen ein Dorn im Auge waren, weil dort in der gebotenen Vorsicht Themen auch behandelt wurden, die andere Kirchenmedien aussparten und von der übrigen Presse ohnehin nicht angesprochen werden durften. Dazu zählten unter anderem Forderungen nach einem Sozialen Friedensdienst, Freizügigkeit bei der Wahl des Wohnsitzes, Reisefreiheit, Abschaffung des Wehrunterrichts an den Schulen oder die Umweltproblematik. Allein 1988 durften deshalb 17 Zeitungen nicht ausgeliefert werden. Außerdem kam es zu zahlreichen Eingriffen in einzelne Artikel oder zu deren Streichung, so dass gelegentlich Kirchenzeitungen mit weißen Flecken erscheinen mussten.

Zum Kontroll-Instrumentarium des Presseamtes gehörten für die Kirchenzeitungen das häufig inquisitorisch geführte Gespräch mit deren Chefredakteuren über die zuvor eingereichten Fahnenabzüge sowie der flankierende Einsatz von Stasi-Spitzeln in den Redaktionen und Druckereien. Von dort in letzter Minute erhaltene konspirative Hinweise auf missliebige Artikel konnten notfalls noch rechtzeitig die Auslieferung der Kirchenzeitungen durch den für sie obligatorischen Postversand verhindern.

Die klassische Vorzensur, der in der DDR nur die Kirchenzeitungen unterworfen waren, machte der Leiter des Presseamtes, Kurt Blecha, häufig zur Chefsache. Sie wurde innerhalb seiner Dienststelle von den besonders sorgfältig abgeschotteten Arbeitsbereichen des Abteilungsleiters Lektorat/Lizenzen wahrgenommen. Mit welcher Perfidie man dabei vorging, enthüllte Blecha in seiner Kollektiv-Dissertation an der Juristischen Hochschule der MfS aus dem Jahre 1971.

Dort heisst es, mit Ausnahme der von „progressiven christlichen Kräften", herausgegebenen Zeitschriften werde der größte Teil der 31 lizenzierten kirchlichen Publikationsorgane lektoriert. Dadurch werde sichergestellt, gegebenenfalls durch den für Kirchenzeitungen obligatorischen Postvertrieb die Auslieferung zu unterbinden. Bei Beanstandungen berufe sich das Presseamt darauf, es gehöre zu den Lizenzbedingungen, die „sozialistische Gesetzlichkeit" einzuhalten. Im Laufe der Jahre hätten sich unter anderem folgende Methoden der Einflussnahme bewährt: Kritische Gespräche mit Chefredakteuren mit vorbeugendem Charakter, Gespräche mit Vertretern der dem Chefredakteur übergeordneten Kirchenleitung, um beispielsweise seine Abberufung zu fordern oder die Nominierung eines neuen Chefredakteurs abzuweisen sowie die Beschlagnahme einer beanstandeten Nummer. Darüber hinaus beständen zwischen Mitarbeitern des Presseamtes und einzelnen Kirchenpublizisten „vertrauliche Informationsverbindungen", über die gezielte Mitteilungen oder Warnungen lanciert, aber auch Kenntnisse von „Internas der Gegenseite" gewonnen werden könnten. Außerdem bestände die Möglichkeit, „Positionen reaktionärer Verfasser der Kirchenpresse durch polemische Artikel in progressiven Organen ad absurdum zu führen". Dabei sei jedoch darauf zu achten, nicht den Eindruck eines Dialogs entstehen zu lassen.[23] Bei der Vorbereitung von Kirchensendungen für den Hörfunk und das Fernsehen bediente man sich in den Staatlichen Komitees für Rundfunk und Fernsehen ähnlicher Zensurmaßnahmen.[24]

Zu DDR-Zeiten war Gerhard Thomas Chefredakteur der evangelischen Wochenzeitungen „Die Kirche" und „Mecklenburgische Kirchenzeitung". Nach der „Wende" musste er sich gegen den ihn erhobenen Verdacht der inoffiziellen MfS-Mitarbeit zur Wehr setzen. Thomas räumte ein, sich mit MfS-Vertretern etwa viermal jährlich getroffen zu haben, um sich einen „relativen Veröffentlichungsspielraum" zu erhalten. In diesen Gesprächen sei es insbesondere um die

Behinderung der Zeitungsarbeit durch die Zensur des Presseamts gegangen. Andererseits unterhielt Thomas ohnehin regelmäßige dienst-
liche Kontakte zu seinem MfS- Kontrolleur, dem Betriebsingenieur in
der Druckerei, dem er jeweils vor dem Andruck einen Fahnenabzug
übergeben musste. Weitere Abzüge gingen an das Presseamt beziehungsweise an die Arbeitsgruppe für Kirchenfragen im SED-Zentralkomitee. Falls von irgendeiner Seite Einwände erhoben wurden,
stoppte man den Druck und bestellte den Chefredakteur oder einen
Vertreter des Herausgebers ins Presseamt. Entweder erzielte man dabei einen Kompromiss, bei dem die Redaktion in der Regel Streichungen oder Änderungen akzeptieren musste, oder die vorbereitete
Zeitung durfte nicht erscheinen.

Die katholischen Kirchenzeitungen und die Publikationen anderer Religionsgemeinschaften mieden Reizthemen wie beispielsweise
die vormilitärische Erziehung, den Wehrersatzdienst oder sonstige
kontroverse innenpolitische Themen. Sie beschränkten sich in ihrer
Berichterstattung weitgehend auf innerkirchliche Angelegenheiten.
Deshalb trugen sie in den siebziger und achtziger Jahren weniger Konflikte als die evangelischen Medien mit den Zensoren im Presseamt
aus.

Häufig unter dem Dach der evangelischen Kirche und nominell
meistens für den „innerkirchlichen Gebrauch" bestimmt, erschienen
in den achtziger Jahren bis zu 40 periodisch oder unregelmäßig erscheinende hauptsächlich von Friedens- und Umweltgruppen herausgegebene Inoffizielle Publikationen.[25] Die Bezeichnungen Unter-
grundpresse oder Samisdat-Veröffentlichungen treffen nicht ganz den
Sachverhalt, weil sie zwar illegal erschienen, aber staatlicherseits nur
von Fall zu Fall gegen sie vorgegangen wurde. Zudem zeichneten Ende der achtziger Jahre die Autoren häufiger mit ihrem Namen.

Im Grunde durften in der DDR gemäß der „Anordnung über das
Genehmigungsverfahren für Druck- und Vervielfältigungserzeugnis-
se" vom 20. Juli 1959 nicht einmal Modeschnittmuster unlizensiert er-

scheinen. Diese Anordnung gestattete jedoch, staatlichen und gleich-gestellten Institutionen mit betriebseigenen Maschinen und Materia-lien Vervielfältigungen für den dienstlichen Gebrauch herzustellen. Diese Möglichkeit nutzten kirchliche und außerkirchliche Gruppen unter dem Dach der evangelischen Kirche dazu, hektrographierte Pe-riodika für den „innerkirchlichen Gebrauch" in meist unregelmäßigen Abständen herzustellen und zu verbreiten. Eine Gesetzeslücke ent-deckten bildende Künstler und Schriftsteller, die graphische Blätter, teilweise mit literarischen Texten versehen, bis zu einer Auflage von 99 Exemplaren zusammenstellten, die dann von Hand zu Hand wei-tergegeben wurden. Seit dem Ende der sechziger Jahre entstanden ins-besondere in Leipzig zahlreiche Veröffentlichungen dieser Art, die zu-nehmend auch gesellschaftskritische Beiträge enthielten. Materielle und ideelle Unterstützung erhielten die Herausgeber der Inoffiziellen Publikationen von im Westen lebenden ehemaligen Aktivisten aus der DDR-Bürgerrechtsbewegung sowie von westdeutschen, in der DDR akkreditierten Journalisten.

Die Inoffiziellen Publikationen beschäftigten sich vorrangig mit den bereits erwähnten, in der Kirchenpresse allerdings nur sporadisch behandelten Tabu-Themen. Die Behörden gingen gegen die Heraus-geber und Autoren jedoch nur vereinzelt offen vor. Zum einen war das MfS durch eingeschleuste Inoffizielle Mitarbeiter über die Redak-tionsarbeit häufig im Bilde, die sie auch durch die IMs partiell inhalt-lich zu steuern vermochte. Darüber hinaus beauftragte das MfS selbst Strohmänner mit der Herausgabe von vermeintlichen In-offiziellen Publikationen, um inhaltlich, strategisch und taktisch be-dingte Meinungsverschiedenheiten unter den Bürgerrechtsgruppen anzuheizen.

Einer breiteren Öffentlichkeit in beiden deutschen Staaten wur-de die Existenz der Inoffiziellen Presse erst durch den Zugriff des Staatssicherheitsdienstes auf die Umweltbibliothek im Gemeindehaus der Ost-Berliner Zionskirche in der Nacht vom 24. zum 25.Novem-

ber 1987 bekannt. Die Stasi vermutete fälschlicherweise aufgrund von
Spitzelberichten, dort Mitglieder der „Initiative für Frieden und Menschenrechte" (IFM) bei der Herstellung des seit 1986 erscheinenden
„grenzfalls" zu überraschen. Die erste Nummer des „grenzfalls" erschien am 29. Juni 1986 zur Berliner Friedenswerkstatt. Darin hieß es
zu den Zielen der Zeitschrift: „Sie will versuchen, ein DDR-weites In-
formationsnetz auf- und auszubauen, um den einzelnen Friedens-,
Ökologie-, Menschenrechts-, Zweidrittel-Welt- und sonstigen Gruppen, die über staatliche Medien keine Möglichkeit zur Informations-
weitergabe bzw. -verbreitung besitzen, den Weg zur Verständigung
untereinander zu ebnen."[26] Der „grenzfall", der in einer Auflage zwischen 8000 und 1000 Exemplaren erschien und bald zur wichtigsten
Oppositionszeitschrift wurde, musste im Januar 1988 nach der Ausbürgerung seiner wichtigsten Mitarbeiter, Wolfgang Templin und Ralf
Hirsch, sein Erscheinen einstellen.

Maßgeblich für das zuletzt eher differenzierte und zögerliche
Vorgehen der SED-Führung gegen Oppositionelle und deren Publikationen dürfte ihr nicht mehr zu übersehender schleichender Macht-
verfall gewesen sein. Abträgliche Fernsehbilder aus dem Westen – von
Mahnwachen an der Zionskirche oder Protestaktionen gegen Wahl-
betrug – wollte man deshalb tunlichst vermeiden. Der Machtzerfall
der DDR-Führung resultierte letztlich aus ihrer wirtschaftlichen
Schwäche und den dadurch bedingten Abhängigkeiten von der Bundesrepublik und dem seit Mitte der achtziger Jahre nicht mehr einzu-
dämmenden Einfluss der sowjetischen Reformpolitik auf Intellektuelle, Künstler und – zumindest hinter vorgehaltener Hand – auch auf
Journalisten sowie nicht zuletzt auf Teile der SED-Mitgliedschaft.
Aus diesem Umfeld bildete sich eine zwar kleine, aber bald nicht mehr
zu ignorierende Gegenöffentlichkeit. Zu deren wichtigsten Kommu-
nikationszentren zählten bald die zuletzt auf mehrere zehntausend geschätzten Exemplare der Inoffiziellen Publikationen, deren Verbreitung und Nutzung um ein Vielfaches höher war.[27]

5.5 Das „Sputnik"-Verbot – Der Anfang vom Ende

In der jüngeren DDR-Geschichte machen die Reaktionen auf drei Ereignisse den schleichenden Machtzerfall der SED-Führung besonders deutlich: die Niederschlagung des „Prager Frühlings" im Jahre 1968, die 1976 vom Politbüro verfügte Ausbürgerung Wolf Biermanns und das so genannte „Sputnik"-Verbot vom November 1988. Diese Daten sind deshalb von besonderer Relevanz, weil sich an ihnen nicht nur widerständiges Verhalten von Bürgerrechtlern, Schriftstellern, Schauspielern und anderen systemkritischen Künstlern, sondern auch die kontinuierlich gewachsene Desillusionierung der noch an die Reformierbarkeit des Sozialismus glaubenden SED-Parteimitglieder endgültig festmachen lässt. Vom „Sputnik"-Verbot führte deshalb unter dem Vorzeichen von Glasnost und Perestroika der direkte Weg zur demokratischen Revolution des Herbstes 1989 mit den bekannten letalen Folgen für die SED-Diktatur. Der „Sputnik", eine dem amerikanischen „Reader's Digest" nachempfundene, in acht Sprachen seit 1967 erscheinende Monatszeitschrift der sowjetischen Auslandspropaganda, hatte eine Gesamtauflage von etwa einer Million Exemplaren, wovon die Deutsche Post in der DDR ca. 130.000 im Abonnement und ca. 60.000 im Einzelverkauf vertrieb. Die Zeitschrift erfreute sich angesichts der Tristesse der Medienlandschaft bereits vor Beginn der Perestroika aufgrund ihrer aufgelockert illustrierten und bunten Mischung aus Reiseberichten, Kochrezepten und Kulturbeiträgen eines beträchtlichen Zuspruchs.[28] Doch seit Mitte der achtziger Jahre stieß der „Sputnik" auch bei Intellektuellen auf große Resonanz, erhielten sie doch hier aus erster Hand Informationen über die Reformpolitik Gorbatschows oder die schonungslose Aufarbeitung der stalinistischen Vergangenheit der KPdSU.

Die verkrampfte Diktion der ADN-Meldung vom 18. November 1988 unter der Überschrift „Mitteilung der Pressestelle des Ministeriums für Post- und Fernmeldewesen" ließ unschwer Erich

Honeckers Handschrift erkennen. Er dekretierte: „Wie die Pressestelle des Ministeriums für Post- und Fernmeldewesen mitteilt, ist
die Zeitschrift ‚Sputnik' von der Postzeitungsliste gestrichen worden. Sie bringt keinen Beitrag, der der Festigung der deutsch-sowjetischen Freundschaft dient, statt dessen verzerrende Beiträge zur
Geschichte."[29]

Die offizielle Bekanntmachung über die Streichung einer Publikation des befreundeten sozialistischen Auslandes von der Postzeitungsliste der DDR besaß eine neue Qualität. Zwar verhinderten Anfang 1988 bereits die ideologischen Bedenkenträger im SED-Zentralkomitee die Auslieferung von drei Ausgaben der sowjetischen Zeitschrift „Neue Zeit" wegen der darin enthaltenen Auszüge aus einem
zeitkritischen Stück des sowjetischen Dramatikers Michael Schatrow.
Doch schon zuvor waren bereits stillschweigend kurzfristig die „Bud-
apester Rundschau" und die „Prager Volkszeitung" auf den Index gekommen. Aber, so Stefan Wolle, „erst die kraftmeierische Pose des öffentlich verkündeten Verbots einer Publikation aus der UdSSR, verbunden mit der duckmäuserischen Verlogenheit der äußeren Form seiner Bekanntmachung, löste den Proteststurm aus."[30]

Der Zorn der Abonnenten entlud sich zunächst nach der
Nichtauslieferung des Oktoberheftes in einer Flut von Eingaben an
das Postministerium. Diese Ausgabe enthielt unter anderem Verglei-
che von Hitlers und Stalins Verbrechen, wobei sowjetische Historiker
und Zeitzeugen in diesem Zusammenhang insbesondere die Ver-
säumnisse und die Willkür Stalins bei der Kriegführung gegen
Deutschland schilderten.

Nach der „Wende" ließ der Postminister Rudolph Schulze
(CDU) erklären, er habe die Streichung des „Sputniks" von der Postzeitungsliste erst aus der Bekanntmachung im „Neuen Deutschland"
erfahren.[31] Dies dürfte zutreffen, denn es deckt sich mit entsprechenden Aussagen von Joachim Herrmann vor dem Untersuchungsaus-
schuss der Volkskammmer am 17. Januar 1990.[32] Dort erklärte er, es

sei zunächst erwogen worden, DDR-Autoren zu suchen, die zum Inhalt des Oktoberheftes des „Sputniks" Stellung beziehen sollten. Dies
habe man aufgegeben, weil man keine öffentliche Debatte über das
Verhältnis zur Sowjetunion auslösen wollte. Auf die Frage wer die Lüge zu verantworten habe, der Postminister habe die Zeitschrift von der
Postzeitungsliste gestrichen, antwortete Herrmann: „Das sind dann
zwei: der, der sie diktiert hat [gemeint ist Honecker; G. H.], und der
– Letzerer bin ich –, der sie an ADN weitergeleitet hat."

Das einstige Politbüromitglied, der Präsident der Gesellschaft für
Deutsch-Sowjetische Freundschaft, Erich Mückenberger, hatte Ende
der achtziger Jahre infolge der antisowjetischen Politik Honeckers einen besonders schweren Stand, denn seine Organisation konnte kaum
noch zeitgenössische Literatur oder Filme aus dem offiziell immer
noch befreundeten Bruderland in ihrer Arbeit einsetzen. Vor dem Un-
tersuchungsausschuss der Volkskammer gab Mückenberger nach der
„Wende" zu Protokoll, er sei damals nicht einmal zum „Sputnik"-Ver-
bot befragt worden. Es habe im Politbüro eine Gruppe gegeben, die
über alles Bescheid gewusst hätte. Dazu hätten unter anderen Günter
Mittag, Erich Mielke und zum Teil der Ministerratsvorsitzende Willi
Stoph gehört. Eine andere Gruppe, zu der Mückenberger sich selbst
zählte, habe man nur zur Zustimmung gebraucht.[33]

Dietmar Keller, seinerzeit stellvertretender Kulturminister, erinnerte sich in einem Nachruf auf seinen ehemaligen Chef, Hans-Joachim Hoffmann, an dessen Reaktion auf das Verbot: „Voller Sarkas-
mus und Bitterkeit waren seine Worte in jener Dienstberatung als er
‚Sputnik'-Verbot und Verhinderung der Aufführung sowjetischer
Spielfilme kommentierte. Hochroten Kopfes, vor Zorn und wohl auch
vor Ohnmacht bebend, sah ich ihn mit Mitgliedern des Politbüros te-
lefonieren oder von ‚Beratungen' aus dem ‚Großen Haus' zurück-
kehren."[34]

Folgt man den mit gebotener Vorsicht zu genießenden und – ge-
linde gesagt – emotional gefärbten Erinnerungen Alfred Neumanns

(1909-2001), der sich einst Hoffnungen auf die Ulbricht-Nachfolge
gemacht hatte und deshalb wohl auch Honecker verachtete, bestätigt
sich der Alleingang des Parteichefs und seiner engsten Vertrauten beim
„Sputnik"-Verbot.[35] Der unter Honecker völlig einflusslos gewordene Neumann gehörte dem Politbüro von 1958 bis 1989 an und amtierte
seit 1968 als 1. Stellvertreter des Ministerratsvorsitzenden. In dieser
Funktion übte er auch die Aufsicht über das Postministerium aus. Im
Gespräch mit dem ostdeutschen Historiker Siegfried Prokop schloss
Neumann mit Vehemenz aus, dass die Volksbildungsministerin Margot Honecker ihren Mann „aufgehetzt habe, denn sie sei schließlich eine „intelligente Frau" gewesen. Honecker sei morgens zornentbrannt
in die Politbürositzung gekommen und habe eine Philippika gegen
den „Sputnik" gehalten und keiner habe so recht gewusst, was er sagen sollte. Auf Prokops Nachfrage, ob nicht doch Margot Honecker
aus „Angst um ihre Geschichtslehrer"die Initiative ergriffen habe,
brauste Neumann auf: „Nein, das hat er gemacht. Er hat Geggel, dem
Leiter der Agitationsabteilung des ZK, die Weisung gegeben. Geggel
wies sofort das Postministerium an. Unerhört! Mir unterstand die
Post, mir! Der Postminister Rudolph Schulze war ein CDU-Mann,
der von nichts wußte. In seinen Apparat kam das Verbot rein, ohne
daß er etwas wußte. Der Minister rief bei mir an, als ich von der Politbürositzung kam. Er fragte: ‚Neumann, was ist denn da los? – ‚Ach
du Scheiße, Mensch', denke ich, ‚muß ich einen Kniefall vor einem
CDU-Mann machen, der ja ein anständiger Mensch war'. Ich sagte:
‚Kollege Schulze'…‚Mensch, und jetzt versuchte ich, ihm das beizu-
biegen, wie die Sache gelaufen war. Also, der hatte das erst erfahren,
als es passiert war. Honecker hat doch mir nichts gesagt. Er hätte doch
die Leitungsebene einhalten müssen. Honecker wußte, daß ich für die
Post zuständig bin. Er hätte auf der Staatsebene zu mir kommen und
sagen müssen: ‚Ich habe die Absicht, den Sputnik zu verbieten.' Aber
er stellte das über die Abteilung Agitation/Propaganda durch. Das war
ein Eingriff, der überhaupt nicht statthaft war. Mich wundert nur, daß

die Postleute überhaupt pariert haben. Sie hätten den Agitationsleuten in den Hintern treten müssen und sie rauswerfen sollen. Das wäre doch nur als staatliche Weisung gegangen." Letzteres hat natürlich nichts mit der Wirklichkeit zu tun. Selbstherrliche Eingriffe des SED-Zentralkomitees in die Tätigkeit staatlicher Organe und der gesellschaftlicher Organisationen waren alltäglich. Wenn aus der Sicht des „Großen Hauses" irgendein Handlungsbedarf bestand, scherte man sich dort nicht um Formalitäten.

Andererseits bestanden fest installierte direkte Parteistränge zur zweiten Ebene solcher Ministerien, die unter der Leitung von Ministern aus den Blockparteien standen. Der Staatssekretär im Postministerium Manfred Calov (SED), seit seiner Tätigkeit im Zentralkomitee ein Vertrauensmann des ZK-Sekretärs für Wirtschaft Günter Mittag, dürfte im Vorfeld des „Sputnik"-Verbotes deshalb vermutlich besser als sein Minister informiert gewesen sein. Zumindest schaltete sich Calov bereits zu einem Zeitpunkt aktiv ein, als lediglich die aus der Nichtauslieferung der Oktoberausgabe zu ziehenden administrativen Konsequenzen zur Debatte standen. Calov unterschrieb, was protokollarisch für einen Staatsfunktionär ziemlich ungewöhnlich war, zusammen mit dem ZK-Abteilungsleiter Transport- und Nachrichtenwesen, Dieter Wöstenberg, am 27. Oktober 1988 eine interne Hausmitteilung des SED-Zentralkomitees an Günter Mittag, dem er darin die weitere Verfahrensweise erläuterte.[36] Demnach hatten die Mitarbeiter der Post die Weisung erhalten, auf Anfragen nach den Gründen für die Nichtauslieferung von Heft 10 zu antworten, es wäre beim Postamt nicht angeliefert worden. Auf diesbezügliche Eingaben sollte im Widerspruch zum geltenden, von der Verfassung garantierten Petitionsrecht nicht reagiert werden.[37] Anfragen nach Erstattung des anteiligen Abonnementspreises von 2,- M mussten abschlägig beantwortet werden

Ein weiteres Lehrstück über den „Rechtsstaat" DDR lieferte Calov in einem ergänzenden Schreiben an Günter Mittag vom 31. Oktober, das er diesmal unter dem Kopf des Postministeriums absandte.[38] Darin schob er unter Berufung auf § 28 Absatz 1 und 5 des Gesetzes über das Post- und Fernmeldewesen die rechtliche Begründung für die Nichterstattung des anteiligen Abonnementspreises für das Oktoberheft nach und kam zu dem Ergebnis: „Demnach leistet die Deutsche Post nur Ersatz für den materiellen Schaden, den sie infolge Verletzung ihr obliegender Rechtspflichten verursacht hat. Im konkreten Falle liegt eine Verletzung von Rechtspflichten nicht vor." Am Jahresende erhielten die Abonnenten im Hinblick auf die veränderte, jetzt nicht mehr zu verschleiernde Rechtslage doch noch den anteiligen Betrag für drei Monate zurück.

Die ADN-Meldung über das Vertriebsverbot des „Sputniks" dürfte im Postministerium mit Erleichterung aufgenommen worden sein, denn jetzt war jedermann klar, wo die Verantwortlichen dafür zu suchen waren. Nunmehr erreichten das SED-Zentralkomitee, die FDJ, die Gesellschaft für Deutsch-Sowjetische Freundschaft, das Presseamt[39], die Zeitungsredaktionen sowie andere staatliche und gesellschaftliche Institutionen Tausende von Eingaben aus Betrieben, Universitätsinstituten, Schulen und von Einzelpersonen. Die Einzel- und Kollektiveingaben enthielten – signifikant für die Endzeit des SED-Regimes – kaum noch die üblichen „parteilichen" Rückversicherungsklauseln, obwohl sie zu einem erheblichen Teil aus der Feder von SED-Mitgliedern stammten. Soweit man allzu drastisch formulierte Eingaben nicht an das MfS zur weiteren „Bearbeitung" abgab, erhielten die Einsender standardisierte Antworten – in der Regel mit Verweis auf einen ND-Leitartikel vom 25. November 1988, der unter der Überschrift „Gegen die Entstellung der historischen Wahrheit" aus einer scharfen Polemik gegen die „verzerrte Darstellungen der geschichtlichen Leistung des Sowjetvolkes, verbreitet in der DDR, sind für uns unzumutbar, um unserer Freundschaft mit der Sowjetunion willen." Der Verfasser des Artikels, der stellvertretende ND-Chefredakteur Hajo Herbell, meldete sich nach elf Monaten, am 24. Oktober 1989, zum gleichen Thema noch einmal reumütig im SED-Zentralorgan zu Wort: „ Interessantes über die sowjetischen Erfahrungen kann man übrigens auch in Zeitschriften aus der UdSSR finden. Es wird deshalb auch allgemein begrüßt, daß der ‚Sputnik' wieder in Umlauf kommt. Sein zeitweiliges Verschwinden von der Postzeitungsliste war eine Episode, die die mündigen Bürger der DDR, die sich als Freunde des Sowjetlandes verstehen, nicht begreifen konnten – ein Punkt, aus dem auch der Autor dieser Zeilen Lehren zieht."

Im Herbst 1988 sprang man mit Kritikern anders um. Ein Beispiel dafür findet sich in einer Antwort des Presseamtes vom 29. Dezember 1988 auf eine Beschwerde des Direktors, des Parteisekretärs und des Fachlehrers für Staatsbürgerkunde der Kleinmachnower Erweiterten Spezialoberoberschule „Georg Thiele" vom 8. November. Sie beklagten sich darüber, dass die „politisch-erzieherische Arbeit unter den Schülern" in bestimmten Punkten unglaubwürdig werde, wenn man ohne öffentliche Erklärung und Begründung Presseerzeugnisse zurückhalte und dadurch das Entstehen von Gerüchten fördere. In der Antwort des Presseamtes hieß es dazu: „Wir könnten uns vorstellen, daß Sie inzwischen bei nochmaliger Beschäftigung vor allem mit dem Kommentar im ‚Neuen Deutschland' vom 25. 11. 1988 doch noch zu einer anderen Entscheidung [über das „Sputnik"-Verbot; G. H.] gelangt sind.[40] Mit einigen Beschwerdeführern vereinbarte man auch persönliche Beschwichtigungsgespräche.

Ein Bericht der Zentralen Auswertungs- und Informationsgruppe (ZAIG) im MfS vom 30. November 1988 unter der stasideutschen Überschrift „HINWEISE zu einigen bedeutsamen Aspekten der Reaktion der Bevölkerung im Zusammenhang mit der Mitteilung über die Streichung der Zeitschrift ‚SPUTNIK' von der Postzeitungsvertriebsliste der DDR" vermittelt ein durchaus zutreffendes Bild von den für die Parteiführung katastrophalen Folgen des „Sputnik"-Verbots.[41] Eingangs betonen die Verfasser, es habe kaum Meinungs- und Argumentationsunterschiede zwischen SED-Mitgliedern und Partei-

losen gegeben. Sie konstatieren, dass die Mehrzahl der Meinungs-
äußerungen Unverständnis bis hin zu prinzipieller Ablehnung des
Verbots widerspiegele. In diesem Sinne hätten sich besonders heftig
und teilweise außerordentlich aggressiv Angehörige der technischen,
medizinischen, künstlerischen und pädagogischen Intelligenz sowie
Studenten an allen Hochschulen geäußert. Das „Sputnik"-Verbot werde selbst von „progressiv und gesellschaftlich" engagierten Bürgern
zum Anlass einer erneuten generellen Kritik an der Informationspolitik genommen. Als hauptsächliches Gegenargument werde die Ent-
mündigung der Bevölkerung ins Feld geführt. Auch „progressive
Kräfte" – also eigentlich zuverlässige Genossen – aus der Wissenschaft
hielten die Entscheidung nicht mehr für zeitgemäß, denn es gäbe in
der DDR eine Vielzahl befähigter Historiker, „die eine überzeugende
Auseinandersetzung mit falschen Auffassungen hätten führen können."

Der ZAIG-Bericht enthält darüber hinaus einen Katalog der re-
gistrierter Protestaktionen, der von Austritten aus der SED und der
DSF bis zur Verbreitung von Flugblättern und dem Anbringen von
Losungen wie beispielsweise „Sputnik Pressefreiheit jetzt" oder „Ho-
ney rück den Sputnik raus" reichte. Aus Dresden kam die Meldung:
„Während einer Aufführung der Oper ,Der Barbier von Sevilla' an der
Semperoper Dresden am 26. November 1988 wurde von dem Dar-
steller des Figaro (Jürgen HARTFIEL – Schwiegersohn von Prof.
Theo ADAM) in einer Spielszene in Abweichung vom Operntext
geäußert, den Grafen Almavia rasieren zu wollen. Dieser habe jetzt
Zeit, da ,er immer den Sputnik gelesen' habe."

Die Moderatorin des „Jugendsenders DT64", Silke Hasselmann,
begann am 19. November eine DT64-direkt-Sendung mit dem lako-
nischen Satz „Ein Sputnik ist heute abgestürzt".[42] Sie wurde umgehend zur „Rotlichtbestrahlung" zum Sender „Stimme der DDR"
strafversetzt.

Eine Folge des „Sputnik"-Verbots ganz anderer Art verzeichnet
das Arbeitsprotokoll der SED-Politbürositzung vom 28. Februar

1989.[43] Dort befindet sich als Anlage eine Aufstellung von 24 DDR-Zeitungen und Zeitschriften, für die der sowjetische Außenhandelsbetrieb Buchexport zum 1. April eine erhebliche Reduzierung der Bezugszahlen mit der Begründung eines erforderlichen Ausgleich der gegenseitigen Lieferungen vorgesehen hatte. Von der Illustrierten „Für Dich" strichen die Sowjets beispielsweise 46.000 Exemplare und 300 vom FDJ-Organ „Junge Welt", deren Chefredakteur Hans-Dieter Schütt man darüber übrigens nicht informierte.[44] Insgesamt wurde der Bezug um 193.799 Exemplare gekürzt. Dies entsprach exakt der Anzahl der von der DDR abbestellten „Sputnik"-Exemplare. Die Behandlung des Tagesordnungspunktes 20 der Politbürositzung – Berichterstatter war Honecker – fasste man dahingehend zusammen, die Entscheidung des sowjetischen Außenhandelsbetriebs sei zur Kenntnis genommen und Außenhandelsminister Gerhard Beil beauftragt worden, entsprechend zu verfahren. Den Grund für die von der sowjetischen Seite reduzierten Zeitungs- und Zeitschriftenbezüge verschweigt das Protokoll.

Zu den ersten Amtshandlungen des neuen SED-Generalsekretärs Egon Krenz zählte ein Umlauf mit Datum vom 20. Oktober an die Mitglieder des Politbüros, dem er den Entwurf für eine ADN-Meldung beilegte, in der die Wiederaufnahme des „Sputniks" in die Postzeitungsliste und entsprechende Verhandlungen mit dem zuständigen sowjetischen Außenhandelsbetrieb angekündigt wurde.[45] Krenz verwies darauf, dass im Zentralkomitee viele Briefe eingegangen seien, die diese Bitte geäußert hätten und – so wörtlich: „Genossen aus Leipzig haben informiert, daß auch für ihre Situation eine solche Entscheidung beruhigend wirken würde."

Der FDJ-Zentralratsvorsitzende Eberhard Aurich hatte bereits am 13. Januar 1989 zusammen mit engen Vertrauten, unter ihnen der Chefredakteur der „Jungen Welt", Hans-Dieter Schütt, für Egon Krenz ein umfangreiches „mit höchster Vertraulichkeit" zu behandelndes Papier verfasst, in dem zutreffende, mit handfesten Beispielen belegte Kritik von Jugendlichen an der Informationspolitik der Partei sowie konkrete Verbesserungsvorschläge für die Berichterstattung der Zeitungen und des Fernsehens – hier insbesondere die der „Aktuellen Kamera" – enthalten waren. Denn, so die ranghöchsten FDJ-Funktionäre, Jugendliche hätten oft das Gefühl, viele Informationen und Meldungen seien gar nicht für sie bestimmt, obwohl sie sich für deren Hintergründe sehr interessierten. Wörtlich fahren die Verfasser fort: „Bei vielen Ereignissen wird nichts oder zu spät erklärt. Daraus entwickelte sich nach dem 17. Januar 1988, nach den Verleumdungen der DDR im Juni (Rockkonzerte) und nach der Sputnik-Entscheidung eine langanhaltende Debatte."[46] Obwohl Aurich und seine Vertrauten auf der Grundlage ihres festgefügten ideologischen Weltbildes argumentierten, traute sich Krenz nicht, mit ihnen sofort über ihre Vorschläge zu sprechen. Er wagte es erst Ende Oktober 1989, die inzwischen durch die „Wende" überholten FDJ-Vorschläge dem noch amtierenden ZK-Abteilungsleiter Agitation Geggel zur Kenntnis mit der Bitte um Rücksprache zu geben. Der setzte am 3. November offenbar nur noch seine Paraphe auf das Papier und verschwand in den Ruhestand.

6. Das Ende des Medienmonopols der SED

6.1 Rückzugsgefechte von Egon Krenz

Egon Krenz enttäuschte als neuer SED-Generalsekretär in seiner Fernsehansprache nach der spektakulären Ablösung Honeckers am Abend des 18. Oktober 1989 voreilige Hoffnungen auf das Entstehen einer freien und unabhängigen Medienlandschaft in der DDR. Dem Vermächtnis seines Vorgängers folgend, wollte der neue SED-Chef den Sozialismus unter keinen Umständen zur Disposition stellen. Krenz ermunterte die Journalisten zwar zum „Gedankenaustausch mit ihren Lesern, Hörern und Zuschauern, warnte aber zugleich unmissverständlich: „Unsere Presse kann nicht Tribüne eines richtungslosen, anarchistischen Geredes werden. Sie wird mit Sicherheit kein Tummelplatz für Demagogen sein, und sie muß – wie die Politiker – darauf achten, daß komplizierte Sachverhalte und Fragen nicht durch allzu flinke und simple Antworten verwässert werden. Es ist gut, daß die Presse schon selbst in den vergangenen Wochen Maßstäbe hervorgebracht hat, wie Journalisten ihrer gesellschaftlichen Verantwortung, aber auch ihren Möglichkeiten wirkungsvoll gerecht werden können. Besondere Erwartungen richten sich an das ‚Neue Deutschland' und an die ‚Aktuelle Kamera'."[1]

Im Frühherbst 1989 hielten sich die von Krenz entdeckten neuen Maßstäbe der Medien-Berichterstattung noch im bescheidenen Rahmen. Allenfalls kurz vor dem 18. Oktober gab es zaghafte Anzeichen bei einigen Blockparteizeitungen und sogar bei Mitarbeitern der staatlichen Nachrichtenagentur ADN, die auf eine vorsichtige Distanzierung vom Meinungsmonopol der SED-Führung hindeuteten.

Selbst das durchaus schon vorher zwar aufgelockert und lesbar gestaltete, ansonsten aber bis zum Schluss unbeirrt linientreue und auf Egon Krenz eingeschworene FDJ-Organ „Junge Welt" setzte über den Zeitungskopf seiner Ausgabe vom 14./15.Oktober die ironisch-hintersinnige Botschaft: „Fast alle Blätter werden bunter. Was sagt uns das?" Kleingedruckt hieß es darunter: „Die Herbstferien sind da!".

Dagegen überschrieb noch nach dem Sturz Honeckers das SED-Zentralorgan „Neues Deutschland" am 20. Oktober wie gehabt in pathetisch-parteilicher Diktion seinen Bericht auf Seite drei über eine vor der Fernsehkamera geführte Diskussion von Egon Krenz, Günter Schabowski und jungen Arbeitern im Berliner VEB-Werkzeugmaschinenkombinat „7. Oktober": „Offenheit, Besonnenheit und Konstruktivität". Bei der Unterzeile dürfte der langjährige ND-Leser allerdings schon seinen Augen nicht mehr getraut haben. Sie lautete: „Ein Stück Parteitagsdiskussion in einer Art, wie sie vor zwei Wochen noch nicht denkbar gewesen wäre." Noch sensationeller war allerdings, dass am Vortage der Hörfunk und das Fernsehen der DDR ein Vorgespräch von Krenz mit den im schönsten Berliner Dialekt vom Leder ziehenden Werkzeugmacher Ronald Berus im Wortlaut gesendet hatte.[2]

Die neue SED-Führung stellte sich zwar dem öffentlichen Dialog, doch die Fehler der Vergangenheit sollten dabei allenfalls oberflächlich erwähnt werden, denn die Grundfesten des Sozialismus/Kommunismus wollte man schließlich nicht ins Wanken bringen. Die Interims-Machthaber hegten immer noch die utopische Vorstellung, die Bevölkerung und die aufgebrachte Parteibasis mit einer etwas großzügiger bemessenen Informationszuteilung beschwichtigen und den Sozialismus in letzter Minute doch noch reformieren zu können. Letzteres hatten im Übrigen anfangs auch Teile der Bürgerrechtsgruppen im Sinn.

Das neugewählte SED-Politbüro war aber alsbald nur noch begrenzt handlungsfähig. Die Bevölkerung ließ sich, ermuntert durch die

Aktivitäten der Bürgerrechtler und der sich neu formierenden politischen Parteien und Gruppierungen, nicht mehr mit Halbwahrheiten abspeisen. Hunderttausende friedliche Demonstranten in Berlin, Leipzig und in zahlreichen anderen DDR-Städten erzwangen schließlich auch in der Medienpolitik eine „Wende", die vom Gros der Journalisten in den Printmedien, beim Fernsehen und dem Hörfunk sowie bei ADN zwar mit einiger Verzögerung, dann größtenteils aber mit gewohntem Übereifer nachvollzogen wurde.

Die mit Nachdruck vorgetragene Forderung der meisten Redner vor den mehr als 500.000 Teilnehmern der Demonstration am 4. November 1989 auf dem Berliner Alexanderplatz nach unbeschränkter Meinungs-, Presse- und Versammlungsfreiheit hatte jedenfalls auch bei den SED-Journalisten seine Wirkung nicht verfehlt. Egon Krenz führte deshalb am Morgen des 9. November in seiner bezeichnenderweise nicht veröffentlichten Einführung zum zweiten Beratungstag der 10. SED-ZK-Tagung bittere Klage über die despektierliche Berichterstattung von Parteijournalisten: „Ich habe Gelegenheit genommen, mir gestern abend die Berichte über unser Plenum im Fernsehen und im Rundfunk anzusehen bzw. anzuhören und habe diese Frage heute morgen im Politbüro auch aufgeworfen. Ich glaube, wir müssen unsere hier anwesenden Genossen, die auf dem Gebiet der Medien arbeiten – vor allem im Rundfunk, im Fernsehen, in den Zeitungen – bitten, die Verantwortung als Parteijournalisten voll wahrzunehmen. (Beifall)"[3]

Krenz erinnerte die SED-Journalisten nachdrücklich an die Beachtung des Parteistatuts und verlangte von den anwesenden verantwortlichen „Genossen im Rundfunk" kategorisch, in der Diskussion zur negativen Berichterstattung des Hörfunks vom Vortage Stellung zu nehmen. Denn, so Krenz: „Berichterstattung muß eine wahrheitsgetreue Berichterstattung, darf keine entstellte Berichterstattung sein. Wenn wir zulassen, daß die Medien in Wort und Bild unsere aufopferungsvoll arbeitenden Parteifunktionäre der Öffentlichkeit sozusagen vorführen, dann brauchen wir uns nicht zu wundern, daß einer nach dem anderen zurücktritt. Ich bin für kritische Berichterstattung. Aber kritische Berichterstattung ist etwas anderes als Anklage jener Genossinnen und Genossen, die sich hart in den Kämpfen der Partei eingesetzt haben. Eine entscheidende Säule meiner Rede war auch gestern: Wir dürfen nicht zulassen, daß das, was in 40 Jahren geschaffen worden ist, infrage gestellt wird.[...] Ich habe gestern das Vertrauen des Zentralkomitees bekommen in der Annahme, daß wir gemeinsam eine Politik durchsetzen wollen, die Politik der Erneuerung, aber nicht die Politik der Zulassung der Opposition in Presse Rundfunk und Fernsehen. (Lebhafter Beifall)"[4]

Eine Veröffentlichung dieser entschiedenen Absage des SED-Generalsekretärs an die Grundrechte der Presse- und Meinungsfreiheit hätte wenige Stunden vor der Maueröffnung vermutlich den friedlichen Verlauf der landesweit stattfindenden Demonstrationen infrage gestellt. Zumal dann, wenn die abstrusen Empfehlungen von Krenz für die Demonstrations-Berichterstattung nach außen gedrungen wären. Denn statt der von den Demonstranten ausgegebenen Losungen sollten die des SED-Zentralkomitees in den Medien öffentlichkeitswirksam herausgestellt werden. Der noch amtierende Parteichef räsonierte schließlich noch: „Wäre es nicht möglich, Informationen über Demonstrationen, die in kleineren Städten und mit geringeren Dimensionen stattfinden, in den Lokalzeitungen zu behandeln? Warum muß das alles in die zentralen Medien hinein? (Nicht zu verstehender Zuruf)"[5]

Der am Vortage vom Plenum zum ZK-Sekretär für Informationswesen und Medienpolitik gewählte Günter Schabowski sah sich im Laufe der Debatte genötigt, in seiner neuen Funktion, die im Grunde nur noch die eines Partei-Pressesprechers war, vorsichtig zu Krenz auf Distanz zu gehen. Schabowski gab zunächst vor, nur „eine sachliche Ergänzung" liefern zu wollen.[6] Anschließend monierte er jedoch ebenfalls „den zuweilen rüpelhaften Ton", in dem sich Journalisten an

Gesprächspartner aus der Regierung wenden würden. Seiner Meinung nach müßte man auch „den Demonstrationskalender überprüfen". Das hieße jedoch nicht, dass man die „Information über diese Demonstrationen liquidieren sollte". Er hielte das für einen groben Fehler, weil man sich damit in das gleiche Fahrwasser begeben würde, „das uns zu der heutigen Entwicklung geführt hat". Fairerweise müsse man zudem feststellen, dass es die bis vor einigen Tagen herrschende „Art der uferlos breiten Berichterstattung mit einer Dominanz feindlicher Auffassungen" nicht mehr gäbe. Andererseits sei die Lage bei „Neues Deutschland", bei den SED-Bezirkszeitungen sowie beim Rundfunk und Fernsehen „bitterernst", da die meisten Chefredakteure und Leiter zur Disposition ständen. Dennoch müsse man eine „einwandfreie Berichterstattung" über die Beratung der ZK-Tagung und das Auftreten von Mitgliedern des Zentralkomitees sowie des Politbüros „sichern". Um dies zu bewerkstelligen, sah Schabowski – im Bewusstsein und im Zwiespalt mit seinen anderslautenden öffentlichen Beteuerungen nur einen Ausweg – den einstweiligen Rückgriff auf die alten Praktiken: „Die Methoden können im Augenblick nur wieder Methoden der Administration und Gängelei sein, anders ist es nicht möglich. Aber wir werden klar machen, daß es Übergangsschritte sind. Wir müssen das sichern, es hilft alles nichts."[7]

Am Ende seines Diskussionsbeitrages beschwor Schabowski die SED-Bezirksleitungen eindringlich, sich mit den Redaktionen der Bezirkszeitungen zusammenzusetzen, um ihnen ihre Verantwortung für den „Kurs der Erneuerung und die Linie der Partei" bewußt zu machen. Vor dieser Passage hat Schabowski einen Satz aus der Protokollmitschrift teilweise gestrichen beziehungsweise redigiert. Dessen ursprüngliche, die tatsächliche Lage jedoch treffender beschreibende Fassung lautete: „Auf die Zeitungen haben wir im Grunde zur Zeit überhaupt keinen Einfluß, es bestehen keine Kontakte, und die Chefredakteure nach Berlin zu rufen und ihnen etwas zu erzählen, ist völlig sinnlos."[8]

Tatsächlich hatte die einstmals gefürchtete ZK-Abteilung Agitation die Anleitung und Kontrolle der SED-Medien längst eingestellt und befand sich in der Abwicklung. Der seit 1958 amtierende Leiter des Presseamts beim Vorsitzenden des Ministerrates, Kurt Blecha, der faktisch der Abteilung Agitation unterstellt war und als deren gefügiger Befehlsempfänger die Anleitung der Blockpartei- und der Kirchenzeitungen wahrnahm, wurde auf eigenen Wunsch von seinem Amt am 7. November 1989 entbunden und durch Wolfgang Meyer, den bisherigen Leiter der Hauptabteilung Presse im Ministerium für Auswärtige Angelegenheiten, ersetzt. Er übernahm gleichzeitig die neugeschaffene Funktion eines Regierungssprechers in der Modrow-Regierung. Meyer, ein stets regimetreuer ehemaliger ADN-Auslandskorrespondent, vermochte auf die vom Presseamt bisher reglementierten Zeitungen jedoch keinen Einfluss mehr zu nehmen.

Das über vierzig Jahre von der SED beherrschte Medienimperium in der SBZ/DDR war über Nacht zusammengebrochen und hatte sich verselbständigt. Die Agitationsbürokratie im SED-Apparat verschwand vollständig im unfreiwilligen Ruhestand – zusammen mit vielen ihrer wichtigsten journalistischen Helfershelfer. Parteijournalisten aus dem zweiten Glied versuchten dagegen mit unterschiedlichem Erfolg, sich unter den neuen Verhältnissen einzurichten.

6.2 „Medienfrühling" im Herbst

Die von Günter Schabowski am 9. November 1989 auf der 10. SED-ZK-Tagung geäußerten Befürchtungen über die „bitterernste" Lage bei den SED-Medien waren nicht aus der Luft gegriffen. Deren Chefredakteure mussten fast alle bis Ende Januar 1990 ihre Sessel räumen. Aus den Redaktionskollegien schieden darüber hinaus zahlreiche altgediente und belastete Journalisten aus. Ein vergleichbares Revirement fand auch bei den meisten anderen Tageszeitungen und bei den elektronischen Medien statt.

Das Personalkarussell begann bei der Chemnitzer „Freien Presse", deren Chefredakteur und dessen Stellvertreter unter anderem Unterschlagungen von Geldern aus Solidaritätsaktionen des Verbandes der Journalisten vorgeworfen wurde.[9] Die „Lausitzer Rundschau" entschuldigte sich am 11. Dezember 1989 dafür, dass sie sich in der Vergangenheit in den Dienst einer falschen Medienpolitik gestellt habe. Es seien „dirigistische Eingriffe" von außen vorgenommen worden, die die journalistische Arbeit behindert hätten. Gleichzeitig teilte das Cottbuser SED-Bezirksorgan mit, sein bisheriger Chefredakteur sei auf eigenem Wunsch von seinem Amt entbunden und ein Nachfolger „in freier, offener und geheimer Wahl" bestimmt worden.

Wesentlich zurückhaltender gab sich demgegenüber der vormalige Abteilungsleiter Wissenschaft, der zum neuen Chefredakteur von „Neues Deutschland" bestimmte Wolfgang Spickermann. Ohne die Namen seines Vorgängers Herbert Naumann und die der vier abgelösten stellvertretenden Chefredakteure oder die Modalitäten ihres Ausscheidens und die seiner eigenen Wahl zu erwähnen, verwies Spickermann die Leser lapidar auf das veränderte Impressum. Zugleich versprach er in altvertrauten Wendungen, künftig eine erneuerte Zeitung mit „Lebensnähe, Wahrhaftigkeit und Parteilichkeit" zu gestalten.[10]

Später äußerte sich Spickermann präziser über seine Inthronisierung. Ende Oktober 1989 sei Schabowski in eine Redaktionsversammlung gekommen und habe eine Liste mit den Namen des neuen Chefredakteurs und seiner Vertreter präsentiert. Dies habe zu „Aufruhr" und zu Drohungen geführt, das Haus zu verlassen. Daraufhin habe es Schabowski der Redaktion überlassen, einen eigenen Vorschlag zu unterbreiten. Man habe sich dann, so Spickermann, am 28./29. Oktober auf ihn geeinigt, weil er schon vorher beim ND war und „als Kandidat für die Alten genauso akzeptabel wie für die Neuen" erschien.[11] Auf Nachfrage bestätigte dies Schabowski insoweit, er habe lediglich als Ersatz für den nicht mehr zu haltenden Herbert

Naumann den bisherigen stellvertretenden Chefredakteur Harald Wessel vorgeschlagen, „der mir als intellektuell, parteidiszipliniert aber kritisch aufgefallen war". Wessels Redaktionskollegen sahen dies anders, weil sie ihn offenbar für einen bedenkenlosen Opportunisten mit Sonderstatus hielten, der enge Verbindungen zu Politbüromitgliedern unterhielt. Als es wegen Wessels Nominierung zu einem „regelrechten Aufstand" gekommen sei, habe Schabowski der Redaktion freie Hand gelassen, wobei er allerdings „nie an den farblosen Spickermann" gedacht habe. [12]

Einige SED-Zeitungen begannen alsbald, gleich mehrfach ihre Untertitel zu verändern. So firmierte das ND am 4. Dezember nach dem Rücktritt des SED-Zentralkomitees vom Vortage nicht mehr als dessen Organ, sondern als „Zentralorgan der Sozialistischen Einheitspartei Deutschlands". Seit dem 18. Dezember – nach Abschluss des SED-PDS-Sonderparteitages – nennt sich das bis heute als einzige Zeitung der neuen Bundesländer noch im Parteibesitz befindliche ND im Untertitel nur noch schlicht „Sozialistische Tageszeitung". Im Impressum hieß es damals allerdings noch vorübergehend, sie sei die „Zeitung der Sozialistischen Einheitspartei Deutschlands – Partei des Demokratischen Sozialismus". Immerhin verschwand aus der ND-Kopfzeile die seit dem 1. Mai 1958 dort platzierte Losung „Proletarier aller Länder vereinigt euch". Diesbezügliche Unmutsbekundungen aus der Leserschaft nötigten Spickermann, verärgerte Altgenossen mit seiner Glosse „Neu im Kopf" am 19. Dezember zu beruhigen: „Wir bekennen uns selbstverständlich dazu, das Werk von Marx, Engels und Lenin fortzusetzen. Zu diesem Werk gehört das Kommunistische Manifest. Unsere neue moderne sozialistische Partei knüpft zugleich aber auch an sozialdemokratisches, sozialistisches, antifaschistisches und pazifistisches Erbe an."

Dieser unverändert gültigen ideologischen Mixtur der PDS-Programmatik folgt das ND seither unverdrossen, obwohl es sich nicht mehr als Sprachrohr der Partei verstehen will. Mit seiner inzwischen

von 1,1 Millionen auf circa 60.000 Exemplare gesunkenen täglichen
Auflage macht es sich zum Anwalt der früheren Eliten und der vom
SED-Regime Begünstigten, die heute ihren einstigen Privilegien nach-
trauern. Besonderer Wertschätzung und moralischer Unterstützung
erfreuen sich in der ND-Berichterstattung und Kommentierung ehemalige hauptamtliche und inoffizielle MfS-Mitarbeiter. Ungebrochene Solidarität übt das Blatt auch mit den angeblich von der „Sieger-
justiz" verfolgten westdeutschen „Kundschaftern an der unsichtbaren
Front".

Nach wie vor vorhandene restaurative Tendenzen innerhalb
der ND-Redaktion setzen dem Informationsgehalt des Blattes enge
Grenzen. Es vermittelt allerdings als einzige Tageszeitung der neuen
Bundesländer Einblicke in die PDS-übergreifende, vielschichtige
Diskussion, die sich zwischen Rechtfertigung und Beschönigung der
Vergangenheit, aber auch dem Eingeständnis von Versäumnissen bewegt. Eine Thematik, die sich im Übrigen auch bei PDS-nahen Gast-
autoren aus den neuen und alten Bundesländern und in den mit
pluralistischem Anstrich redigierten Leserbriefspalten des ND
wiederfindet.

Jens König, Nachfolger des jetzigen ND-Feuilletonredakteurs
Hans-Dieter Schütt als Chefredakteur des FDJ-Zentralorgans „Junge
Welt", der einstmals mit täglich über 1,4 Millionen Exemplaren erscheinenden auflagenstärksten DDR-Tageszeitung, verkündete in der
Ausgabe seines Blattes vom 10. Januar 1990, dass es künftig nicht
mehr „Erfüllungsgehilfe" der FDJ oder der SED sein werde. Statt
„Organ des Zentralrats der FDJ" bezeichnete sich die JW im Untertitel als „Linke Sozialistische Jugendzeitung". In den folgenden Jahren
entwickelte sie sich zu einer in der Bedeutungslosigkeit versunkenen,
linkssektiererisch agierenden Gazette, die ihr Erscheinen aus finanziellen Gründen schon einmal temporär einstellen musste.

Am 10. Januar 1990 fand in Berlin eine Beratung der Chefredakteure und Verlagsleiter der SED-PDS-Bezirksorgane statt, auf der die

Bildung von parteieigenen Verlagsgesellschaften vom Parteivorsitzenden Gregor Gysi in Aussicht gestellt wurde.[13] Drei Tage später empfahl jedoch das Parteipräsidium dem Vorstand, auf elf der 17 zur parteieigenen Zentrag gehörenden Verlage sowie auf 21 von insgesamt 26 Zeitungsdruckereien zu verzichten und sie in das Volkseigentum überführen zu lassen.[14] Daraufhin erklärten in der folgenden Woche die 14 Bezirkszeitungen der SED-PDS ihre Unabhängigkeit von der Partei und gaben sich teilweise auch gleich neue Namen mit regionalen Bezügen. Dies geschah nicht zuletzt unter dem Damoklesschwert der zum 31. März auslaufenden hohen Subventionierung. Dahinter stand natürlich auch die Absicht, möglichst frühzeitig in der noch existierenden DDR dem allgemein verbreiteten Wunsch nach Wiederherstellung der 1952 abgeschafften Länder werbeträchtig zu entsprechen. So wurde beispielsweise aus dem Erfurter Blatt „Das Volk" die „Thüringer Allgemeine" und aus der in Gera erscheinenden „Volkswacht" die „Ostthüringer Nachrichten".

Mit ihren Unabhängigkeitserklärungen hatten die ehemaligen SED-Bezirksorgane ihre materiellen und finanziellen Probleme keineswegs gelöst. Bereits im Spätherbst 1989 hatten westdeutsche Zeitungs- und Zeitschriftenverlage damit begonnen, Kooperationsangebote insbesondere an DDR-Zeitungen im grenznahen Gebiet und in Ost-Berlin heranzutragen, die ebenso wie devisenträchtige, teilweise ganzseitige westliche Anzeigenaufträge von den DDR-Zeitungen bereitwillig akzeptiert wurden.[15] Anfang 1991 war die seit dem Frühjahr 1990 stillschweigend begonnene Zusammenarbeit zwischen einigen ostdeutschen Zeitungsverlagen mit westdeutschen Partnern in den Bereichen Redaktion Technik und Vertrieb fast lückenlos, ohne dass dafür eine Rechtsgrundlage bestand. Es zeichnete sich indes ab, dass die Organe der ehemaligen Blockparteien sowie der Massenorganisationen im Gegensatz zu den ehemaligen SED-Bezirkszeitugen und der „Berliner Zeitung" nicht kostendeckend wirtschaften konnten.

Die ehemaligen SED-Bezirksorgane vernachlässigten die Ge-

samtinteressen des vereinigten Deutschlands in einer „isolationistisch"
ausgerichteten Berichterstattung. Die Pflege der „DDR-Identität"
durch die ehemaligen SED-Journalisten berücksichtigte die herge-
brachten Lesegewohnheiten der Abonnenten. Dadurch blieb die Le-
ser-Blatt-Bindung über den Systemwechsel hinaus erhalten.[16]

Zwischen 1990 und 1992 sank die Auflage der Tageszeitungen
von 9,8 auf deutlich unter sieben Millionen. Im Herbst 1991 konkur-
rierten zwar 60 publizistische Einheiten mit insgesamt 349 Ausgaben
von west- und ostdeutschen Verlagen miteinander, doch mehr als 85
Prozent der Gesamtauflage entfiel auf die 15 ehemaligen SED-Bezirksorgane. 27 neugegründete Titel wurden in diesem Zeitraum wieder eingestellt.[17]

Für den Verdrängungswettbewerb auf dem ostdeutschen Zeitungsmarkt wird fälschlicherweise die Verkaufspolitik der Treuhandanstalt verantwortlich gemacht. Sie war bis zur Veräußerung der ehemaligen SED-Bezirksorgane an die größten westdeutschen Verlags-
häuser im April 1991 Eigentümerin dieser Zeitungen. Doch entsprechend den Auflagen des Bundeskartellamts durfte ein Großverlag nur
eine Regionalzeitung erwerben oder sich – wie beispielsweise bei der
„Leipziger Volkszeitung" die Verlage Madsack und Springer – bei einer Zeitung zusammen mit einem anderen Verlag beteiligen. Der Ruf
nach einem Eingreifen der Bundesregierung in die Strukturen der privatwirtschaftlich organisierten Presse war jedoch zwecklos, sofern die
kartellrechtlichen Normen eingehalten wurden. Die Bundesregierung
bedauerte zwar die Entwicklung auf dem ostdeutschen Pressemarkt
und hätte eine verlegerische Verselbständigung großer Lokalausgaben
mit leistungsfähigen Redaktionen und einer damit verbundenen weiteren Dezentralisierung der Zeitungslandschaft den Vorzug gegeben,
wenn es einen praktikablen Weg dafür gegeben hätte.[18] Dieser Möglichkeit stand jedoch das hohe Verdrängungsrisiko von Lokalausgaben
ohne eingeführten, klar unterscheidbaren eigenen Titel und Zeitungs-
mantel entgegen.

Der Vorsitzende des Deutschen Journalistenverbandes, Hermann Meyn, bedauerte ebenfalls die ihm unvermeidbar erscheinende Konzentrationswelle auf dem Zeitungsmarkt der neuen Bundesländer, da nur die Großverlage in der Lage seien, größere Durststrecken durchzustehen, mit Niedrigpreisen Konkurrenten aus dem Markt zu drängen, aber dafür auch den Journalisten „anständige Gehälter" zu zahlen.[19] Der Pressevielfalt sei dies alles nicht zugute gekommen, auch wenn sich der einzelne Journalist bei einem Medien-Multi wohler fühle „als bei einem kleinen Krauter, der knauserig investiert, mehr probiert als riskiert und den Laden schließt, wenn in der Kasse vorübergehend Ebbe herrscht." Meyn kommt deshalb zu dem Ergebnis, dass aus medienwirtschaftlichen Gründen der Treuhandanstalt wohl keine andere Wahl geblieben sei. Denn das medienpolitisch attraktive Modell der Redakteurs- und Belegschaftsbeteiligung hätte einen Investitionsbedarf in Höhe von vielen Millionen vorausgesetzt. Ostdeutsche Verleger, aber auch westdeutsche Klein- und Mittelverlage seien dazu nicht in der Lage gewesen. Und aus Konkurrenzneid hätten sie sich auch nicht dazu aufgerafft, Gesellschaften zur Übernahme von Zeitungsverlagen zu gründen.[20]

Fast alle der 18 ehemaligen Blockparteizeitungen fanden nach der Wende schnell westdeutsche Kooperationspartner, die jedoch in den meisten Fällen bald ihr Interesse zugunsten der ehemaligen SED-Bezirksorgane verloren hatten und ihre Neuerwerbungen einstellten. Als eine Spätfolge der SED-Medienpolitik musste auch das ehemalige Hallenser LDPD-Organ „Liberal-Demokratische Zeitung" (LDZ), das nach der „Wende" als Mantelblatt der „Leipziger Volkszeitung" unter dem Titel „Hallesches Tageblatt" erschien, zum 31. Dezember 1995 aufgeben. Dies kommentierte der von 1969 bis 1990 amtierende LDZ-Chefredakteur, Hans-Herbert Biermann: „Ist die Zeitung ein Opfer der Marktwirtschaft? Oder der Willkür des heutigen Herausgebers? Nach meiner Meinung weder – noch. Die Ursachen liegen meines Erachtens einerseits in der Pressepolitik der DDR und ande-

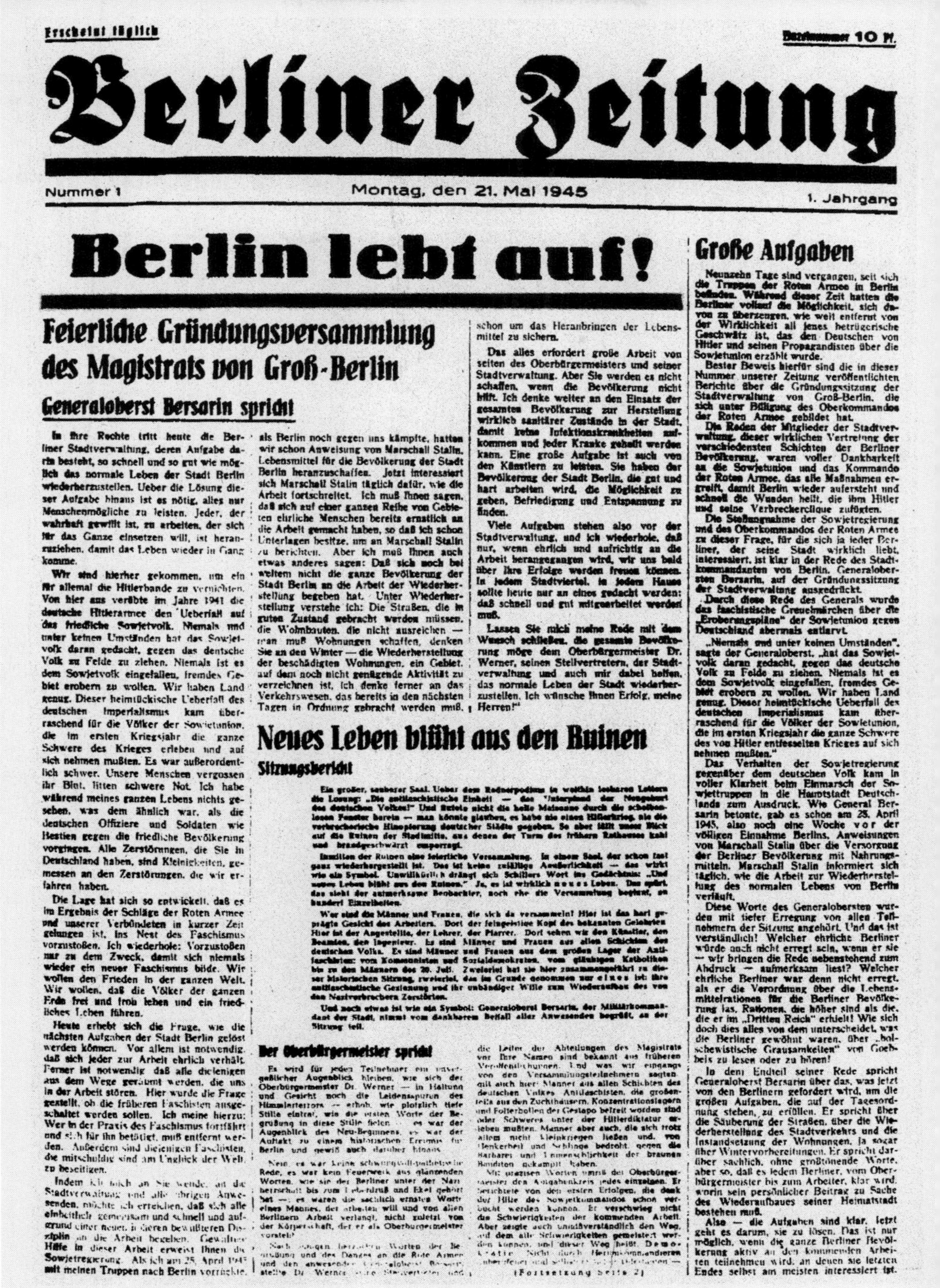

Erscheint täglich

Bezugsnummer 10 Pf.

Berliner Zeitung

Nummer 1   Montag, den 21. Mai 1945   1. Jahrgang

Berlin lebt auf!

Feierliche Gründungsversammlung des Magistrats von Groß-Berlin

Generaloberst Bersarin spricht

Neues Leben blüht aus den Ruinen

Stimmungsbericht

Der Oberbürgermeister spricht

Große Aufgaben

(Fortsetzung Seite 2)

Abb. 1: Erstausgabe der „Berliner Zeitung"

IML

Das Volk

TAGESZEITUNG DER SOZIALDEMOKRATISCHEN PARTEI DEUTSCHLANDS

Nr. 1 1. JAHRGANG | BERLIN, SONNABEND, 7. JULI 1945 | PREIS 15 PFENNIG

Wille und Weg

Von Otto Grotewohl
Vorsitzender der Sozialdemokratischen Partei Deutschlands

Der 17. Juni 1945 ist ein bedeutsamer Tag in der Geschichte der Sozialdemokratischen Partei Deutschlands. Weit über tausend kampferprobte Funktionäre hatten sich an einer historischen Versammlungsstätte der Berliner Arbeiterschaft zusammengefunden. Nach zwölf Jahren Gewaltherrschaft, Brutalität und Trennung legten sie die Hände wieder ineinander zu gemeinsamer Tat. Keine Verfolgung, keine noch so rohe Gewalt, keine Todesdrohung der Nazisten hat vermocht, die Zuversicht und das Zusammengehörigkeitsgefühl dieser Männer und Frauen und den Glauben an ihre Sache zu erschüttern.

Wie einst ihre Väter die schmachvollen Jahre des Sozialistengesetzes ungebrochen trotz aller Opfer überstanden hatten, so fand auch diese Avantgarde auf den ersten Ruf wieder zusammen. Da standen sie wieder nebeneinander, Mann neben Mann, Frau neben Frau aus den Gefängnissen, Zuchthäusern und Konzentrationslagern. Geschlagen, gemartert und gefoltert, aber ungebrochen in ihrem Kampfesmut und ungebrochen in ihrem Willen, den Aufbau der Organisation überall sofort tatkräftig zu beginnen.

Mit Befriedigung haben wir von der Roten Armee das Geschenk der Vereinigungsfreiheit nach kurzer Zeit der Besatzung entgegengenommen. Wir sehen in dem Befehl Nr. 2 des Obersten Chefs der Sowjetischen Militärischen Administration, Marschall G. K. Shukow, vom 10. Juni 1945 einen Vertrauensbeweis an die antifaschistische Bevölkerung des russischen Okkupationsgebiets. Die Sozialdemokratische Partei Deutschlands wird die ihr gegebene Möglichkeit der öffentlichen Betätigung nutzen, um ehrlichen Willens und ohne jede Einschränkung am Wiederaufbau unseres schwergeprüften Volkes mit aller Kraft mitzuwirken. Der Weg wird lang und dornig sein. Die Welt hat den Glauben an das deutsche Volk durch die verbrecherischen Gewaltmethoden des Hitlerregimes verloren. Wir werden unseren Weg gehen frei von allen Illusionen, aber auch frei von allen Belastungen der Vergangenheit.

Klar und nüchtern steht vor uns die Deklaration über die Niederlage Deutschlands, wonach die alliierten Vertreter Deutschland politische, verwaltungsmäßige, wirtschaftliche, finanzielle, militärische und sonstige Forderungen auferlegen werden, die sich aus der vollständigen Niederlage Deutschlands ergeben. Nach der Deklaration haben alle deutschen Behörden und das deutsche Volk den Forderungen der alliierten Vertreter bedingungslos nachzukommen und alle Proklamationen, Befehle, Anordnungen und Anweisungen uneingeschränkt zu befolgen. Wir wissen, daß die Beseitigung und Heilung aller Schäden und Verbrechen, die das schändliche Hitler-Regiment im Namen des deutschen Volkes über die Völker Europas gebracht hat, die einzige Form der Wiedergutmachung ist. Die Anerkennung der Wiedergutmachung ist für uns kein Lippenbekenntnis, sondern ernste und verantwortungsbewußte Verpflichtung. Nur auf diesem Wege werden wir das Vertrauen der Welt zurückgewinnen und unseren Beitrag zur wahrhaften Befriedung der Völker leisten können. Das politische Werkzeug für diese Arbeit ist uns durch die Vereinigungsfreiheit und die Freiheit der politischen Betätigung in die Hand gegeben. Die wesentlichste Aufgabe in dieser Hinsicht besteht im Aufbau einer antifaschistischen demokratischen Republik und in der restlosen Ausrottung nazistischen und militaristischen Denkens innerhalb des deutschen Volkes, an dessen Stelle wieder Redlichkeit, Sauberkeit und die einfachste menschliche Anständigkeit treten muß.

Diese Maßnahmen gehen Hand in Hand mit der Schaffung wirtschaftlicher Voraussetzungen, die dem deutschen Volk Lebensmöglichkeiten und ein Dach über

Vom Chaos zur Ordnung

Aufruf der Sozialdemokratischen Partei Deutschlands

Männer und Frauen! Deutsche Jugend!

Der Nazifaschismus ist in einen grausigen Abgrund der Vernichtung versunken! Er hat das deutsche Volk in tiefster seelischer Qual, in einer unvorstellbaren Not zurückgelassen! Das Gefühl für Rechtlichkeit ist gelähmt! Die nackte Not grinst dem Volke aus den Ruinen vernichteter Wohnungen und geborstener Fabriken entgegen. Hitlers Cäsarenwahnsinn ist durch die siegreichen verbündeten Armeen ausgemerzt und damit die militaristische Raubgier des deutschen Imperialismus für alle Zeiten vernichtet.

Das deutsche Volk muß die Kosten der faschistischen Hochstapelei bezahlen!

Ehrlose Hasardeure und wahnwitzige Machtpolitikaster haben den Namen des deutschen Volkes in der ganzen Welt geschändet und entehrt.

Schweigend und voll Ergriffenheit senken wir unsere Fahnen vor unserem Johannes Stelling, Rudolf Breitscheid, Julius Leber, Wilhelm Leuschner und vor den tausendfachen Opfern aus allen Parteien, Konfessionen und Gesellschaftsschichten des deutschen Volkes, die der blutgierige Faschismus verschlungen hat. Aber all diese Opfer an Gesundheit und Blut, Hab und Gut in der illegalen Arbeit haben es leider nicht vermocht, die satanische Organisation der Unterdrückung zu beseitigen.

Das deutsche Volk wird nicht verzweifeln!

Sein Lebenswille wird stärker sein als sein Unglück! Mit seinen letzten Kräften wird es sich aufraffen, denn

es will, wird und muß weiterleben!

Die Geschichte erteilt dem deutschen Volk die eherne Lehre, sich auf seinem dornenvollen Opfergang, trotz Hunger und Elend, durch unermüdliche Arbeit und eisernen Willen die Achtung aller friedlichen, freiheitliebenden Völker zu erwerben.

Niemals und von niemandem soll das deutsche Volk je wieder als vertrauensseliges Opfer gewissenloser politischer Abenteurer mißbraucht werden. **Der politische Weg des deutschen Volkes** in eine bessere Zukunft ist damit klar vorgezeichnet:

Demokratie in Staat und Gemeinde, Sozialismus in Wirtschaft und Gesellschaft!

Wir sind bereit und entschlossen, hierbei mit allen gleichgesinnten Menschen und Parteien zusammenzuarbeiten. Wir begrüßen daher auf das wärmste den Aufruf des Zentral-Komitees der Kommunistischen Partei Deutschlands vom 11. Juni 1945, der zutreffend davon ausgeht, daß **der Weg für den Neubau Deutschlands von den gegenwärtigen Entwicklungsbedingungen Deutschlands abhängig ist**, und daß die entscheidenden Interessen des deutschen Volkes in der gegenwärtigen Lage die Aufrichtung eines antifaschistischen demokratischen Regimes und einer parlamentarisch-demokratischen Republik mit allen demokratischen Rechten und Freiheiten für das Volk erfordern.

In dieser entscheidenden Stunde ist es wiederum die geschichtliche Aufgabe der deutschen Arbeiterklasse, Trägerin des Staatsgedankens zu sein:

einer neuen antifaschistisch-demokratischen Republik!

Jedes eigensüchtige Parteiengezänk, wie es das politische Schlachtfeld der Weimarer Republik erfüllte, muß im Keime erstickt werden. In einer antifaschistisch-demokratischen Republik können demokratische **Freiheiten nur denen gewährt werden, die sie vorbehaltlos anerkennen.** Demokratische Freiheiten sind aber denen zu versagen, die sie nur nutzen wollen, um die Demokratie zu schmähen und zu zerschlagen.

Das elementarste Lebensgesetz des neuen Staates

verlangt die völlige Beseitigung aller Reste der faschistischen Gewaltherrschaft. Ebenso muß der Militarismus aus den Köpfen und Herzen getilgt werden. Die durch den Faschismus geistig entwurzelte Jugend muß wieder zu freien und kritisch denkenden Menschen erzogen werden.

Der neue Staat muß wieder gutmachen, was an den Opfern des Faschismus gesündigt wurde, er muß wieder gutmachen, was faschistische Raubgier an den Völkern Europas verbrochen hat. Dieser Staat muß zuerst und vor allem dem deutschen Volk die wirtschaftliche und moralische Kraft geben, diese übermenschliche Aufgabe zu erfüllen.

Deshalb fordert die Sozialdemokratische Partei Deutschlands:

1. Restlose Vernichtung aller Spuren des Hitlerregimes in Gesetzgebung, Rechtsprechung und Verwaltung, einen sauberen Staat der Rechtlichkeit und Gerechtigkeit. Haftpflicht der Mitglieder der NSDAP und ihrer Gliederungen für die durch das Naziregime verursachten Schäden.
2. Sicherung der Ernährung. Bereitstellung von Arbeitskräften und genossenschaftlicher Zusammenschluß in der Landwirtschaft. Verbreiterung der Fettgrundlage durch Einfuhr von Rohstoffen, Futtermitteln und Vieh. Förderung der Verbrauchergenossenschaften und Neuregelung des Kleinhandels.
3. Sicherung des lebensnotwendigen Bedarfs der breiten Volksmassen an Wohnung, Kleidung und Heizung mit Hilfe der kommunalen Selbstverwaltung.
4. Wiederaufbau der Wirtschaft unter Mitwirkung der kommunalen Selbstverwaltung und der Gewerkschaften. Beschleunigte Wiederherstellung der Verkehrsmittel. Beschaffung von Rohstoffen. Beseitigung aller Hemmungen der privaten Unternehmerintiative unter Wahrung der sozialen Interessen. Beseitigung der nazistischen Ueberorganisation in der Wirtschaft. Klarer und einfacher Neuaufbau ehrenamtlich verwalteter Wirtschaftsverbände. Neuaufbau des Geldwesens. Sicherung der Währung. Kommunale Kredite für Industrie, Handwerk und Handel. Belebung des bargeldlosen Zahlungsverkehrs. Vereinfachung des Steuerwesens durch straffste Zusammenfassung der Steuerarten. Stärkere Berücksichtigung der sozialen Lage bei der Bemessung der Steuern.
5. Volkstümlicher Kulturaufbau. Erziehung der Jugend im demokratischen, sozialistischen Geiste. Förderung von Kunst und Wissenschaft.
6. Neuregelung des Sozialrechtes. Freiheitliche und demokratische Gestaltung des Arbeitsrechtes. Einbau der Betriebsräte in die Wirtschaft. Mitwirkung der Gewerkschaften und Verbrauchergenossenschaften bei den Organisationen der Wirtschaft. Ausbau der Sozialversicherung zur Sozialversorgung für Kranke, Wöchnerinnen und Mütter, Invalide und Unfallverletzte, Witwen, Waisen, Kriegsversehrte und Arbeitslose. Einbeziehung aller arbeitenden Menschen in die Sozialversorgung.
7. Förderung der Wohnungsfürsorge und des Siedlungswesens. Kommunale Wohnungsaufsicht. Anpassung der Mieten und Hypotheken an die durch die Kriegsfolge geschaffene Wirtschaftslage. Aufteilung des Großgrundbesitzes zur Beschaffung von Grund und Boden für umsiedlungsbereite Großstädter. Verpflanzung von mittel- und kleinindustriellen Betrieben in wirtschaftlich günstig gelegene Landbezirke.
8. Verstaatlichung der Banken, Versicherungsunternehmungen und der Bodenschätze. Verstaatlichung der Bergwerke und der Energiewirtschaft. Erfassung des Großgrundbesitzes und der lebensfähigen Großindustrie und aller Kriegsgewinne für die Zwecke des Wiederaufbaus. Beseitigung des arbeitslosen Einkommens aus Grund und Boden und Mietshäusern. Scharfe Begrenzung der Verzinsung aus mobilem Kapital. Verpflichtung der Unternehmer zur treuhänderischen Leitung der ihnen von der deutschen Volkswirtschaft anvertrauten Betriebe. Beschränkung des Erbrechtes auf die unmittelbaren Verwandten.
9. Anpassung des Rechtes an die antifaschistisch-demokratische Staatsauffassung. Staatlicher Schutz der Person. Freiheit der Meinungsäußerung in Wort, Bild und Schrift unter Wahrung der Interessen des Staates und der Achtung des einzelnen Staatsbürgers. Gesinnungsfreiheit und Religionsfreiheit. Strafrechtlicher Schutz gegen Rassenverhetzung.

Unser armes und gequältes Volk muß durch die Schuld Hitlers durch unsägliches Elend und ein tiefes Tal des Leides gehen!

Wir wollen mithelfen, es wieder emporzuführen zu den Höhen einer menschenwürdigen Kultur, zu der Freundschaft mit allen Völkern der Welt.

Wir wollen vor allem den **Kampf um die Neugestaltung auf dem Boden der organisatorischen Einheit der deutschen Arbeiterklasse führen!** Wir sehen darin eine moralische Wiedergutmachung politischer Fehler der Vergangenheit, um der jungen Generation eine einheitliche politische Kampforganisation in die Hand zu geben. Die Fahne der Einheit muß als leuchtendes Symbol in der politischen Aktion des werktätigen Volkes vorangetragen werden! Wir bieten unsere Bruderhand allen, deren Losung ist:

Kampf gegen den Faschismus, für die Freiheit des Volkes, für Demokratie, für Sozialismus!

Darum rufen wir alle unsere Freunde, Genossinnen und Genossen in Stadt und Land auf, mit der alten Hingabe und neuem Mut sofort mit dem Aufbau der Organisation zu beginnen.

Vorwärts an die Arbeit!

Zentralausschuß der Sozialdemokratischen Partei Deutschlands

Max Fechner   Erich W. Gniffke   Otto Grotewohl

Gustav Dahrendorf, Karl Germer, Bernhard Göring, Hermann Harnisch, Helmuth Lehmann, Karl Litke, Otto Meier, Fritz Neubecker, Josef Orlopp, Hermann Schlimme, Richard Weimann

Berlin, den 15. Juni 1945

Abb. 2: Titelblatt Erstausgabe des SPD-Organs „Das Volk" vom 7. Juli 1945

NEUES DEUTSCHLAND

ZENTRALORGAN DER SOZIALISTISCHEN EINHEITSPARTEI DEUTSCHLANDS

1. Jahrgang / Nr. 1   Berlin, Dienstag, 23. April 1946   Einzelpreis 15 Pf.

Das größte Ereignis für unser Volk nach der faschistischen Tragödie: Die Sozialistische Einheitspartei Deutschlands ist geschaffen

Manifest an das deutsche Volk

Deutsche Männer und Frauen, deutsche Jugend!

Ein Werk von größter Bedeutung für Deutschlands Zukunft ist getan. In der Hauptstadt Berlin, in den Ländern Sachsen, Thüringen und Mecklenburg und in den Provinzen Brandenburg und Sachsen-Anhalt haben sich die Sozialdemokratische Partei Deutschlands und die Kommunistische Partei Deutschlands vereinigt. Die unheilvolle Zeit der Spaltung der Arbeiterbewegung, des Bruderkampfes zwischen Kommunisten und Sozialdemokraten ist beendet. Die beiden Arbeiterparteien haben sich auf der Basis gemeinsamer Grundsätze und Ziele und eines einheitlichen Statuts vereinigt. Die Sozialistische Einheitspartei Deutschlands ist geschaffen!

Die Uneinigkeit ist den Deutschen schon oft zum Verhängnis geworden. Im August 1914 zerbrach die erste Weltmacht die Einheit der sozialistischen Bewegung auseinander. Durch diese Spaltung wurden die Kräfte des Friedens und der Freiheit gelähmt. Die Revolution von November 1918 hat die Machtpositionen des Militarismus und Imperialismus nicht beseitigt. Die Reaktion gewann wieder die Oberhand und konnte die demokratischen Freiheiten aushöhlen, bis schließlich der Hitlerfaschismus triumphierte und den zweiten Weltkrieg entfesseln konnte.

So wurde das schaffende deutsche Volk seiner politischen Freiheiten beraubt. Es verlor mehr als alle seine großen Errungenschaften, wurde zu dem schändlichsten der Eroberungskriege mißbraucht und in ein Meer von Blut und Tränen, Opfer und Leiden gestürzt.

Niemals wollen wir vergessen:

Millionen Tote und Krüppel, zertrümmerte Städte, zerstörte Landwirtschaft, zerstörte Transportwesen, eine überdrückende Last van Verantwortung und Schuld vor Welt, Armut und Not, Elend und Verzweiflung — das ist das Erbe der Hitler, Göring, Goebbels und Himmler.

Und niemals dürfen wir vergessen:

Dieses große Unglück konnte über unser Volk nicht zuletzt deswegen hereinbrechen, weil die Widerstandskräfte gegen den Faschismus und Krieg sich gegenseitig in Parteienhader zersplittert hatten.

Deutsche in Stadt und Land!

Wir stehen an einer Wende. Was heute getan und was heute unterlassen wird, ist für Generationen entscheidend. Einen ganz neuen Weg gilt es zu beschreiten, wenn Deutschland eine Zukunft gewinnen will.

Nur die Vernichtung der Kräfte des Militarismus und Imperialismus, der Aufbau der lebendigen und kämpferischen Demokratie und die durch Taten bekundete aufrichtige Friedenswille kann das deutsche Volk in die Gemeinschaft der friedliebenden Nationen zurückführen.

Die antifaschistisch-demokratische Republik und die Politik der Völkerverständigung ist deshalb unerläßliche Voraussetzung für die Existenz und Zukunft Deutschlands.

Die Fortsetzung der Spaltung im Lager der Arbeiterbewegung, im Lager der Demokratie und des Sozialismus, würde Freiheit und Frieden von neuem gefährden und das ganze Leben als Volk und Nation aufs höchste bedrohen.

Die Einheit der Arbeiterbewegung, die Zusammenarbeit aller aufbauwilligen und demokratischen Volkskräfte ist darum höchstes nationales Gebot. Die Vereinigung der beiden Arbeiterparteien zur Sozialistischen Einheitspartei Deutschlands ist eine große nationale und soziale Tat für unser Volk und Vaterland. Nach dem furchtbaren Erlebnis Hitlerkrieges ist Deutschland, das Geburtsland von Marx und Engels, das erste im Zeichen der Vereinigung der sozialistischen Arbeiterbewegung.

Diese Vereinigung vervielfacht die Kräfte des Neuaufbaues der Wirtschaft. Sie gibt der Mütterkeit, dem Neid der Reaktion zu bannen und ein neues Leben in Frieden zu gewinnen. Sie sichert den Kräften des Friedens und einer wahren Humanität die Führung der Nation.

Für die politische und organisatorische Einheit der Arbeiterbewegung ist die stärkste Garantie für die Einheit Deutschlands sein!

Aus Schutt und Asche, Schmach und Schande, steigt ein neues Leben, eine bessere und freie Zukunft hervor!

Wer die Konzentrationslager und die Folterhöllen der Gestapo nicht vergessen hat, wer den rasende Terror des Faschismus und der Reaktion noch einmal spürt, wird für des freiheitliebende Bündnis feiern kann.

Wer die eiskälten Schrecken in den Luftschutzkellern noch in den Adern zittern hat, muß mühen, daß wir uns unsere Kinder eines Tages wieder vor der Gefahr eines neuen Krieges mit all seinen Grausamkeiten stehen.

Darum fordert das schaffende Volk die Einheit der Arbeiterbewegung!

Wer aber aus der Vergangenheit nichts gelernt hat und weiter Haß und Zwietracht in den Volk streuen will, der ist ein Feind der Einheit!

Die Sozialistische Einheitspartei Deutschlands ist die gemeinsame Partei aller Werktätigen, die nicht nur Demokraten und Antifaschisten, sondern nur Gegner des Kapitalismus vereinigt. Der neue Terror des Faschismus und der Reaktion bedeutet nicht den Übergang zum Einparteiensystem. Neben der Sozialistischen Einheitspartei Deutschlands haben die demokratisch-antifaschistischen Parteien, die auf dem

Boden unseres Programms und einer anderen Weltanschauung stehen, ihre Daseinsberechtigung. Die Sozialistische Einheitspartei Deutschlands sieht es sich zur Aufgabe, auch in Zukunft enge und aufrichtige Zusammenarbeit mit den antifaschistisch-demokratischen Parteien zu pflegen.

Unsere Parole heißt:

Kein Einparteiensystem,
aber Schluß mit der Spaltung der Arbeiterbewegung
und Festigung der antifaschistisch-demokratischen Einheitsfront!

Die Zukunft gehört der Sozialistischen Einheitspartei Deutschlands. Neben dieser Millionenpartei der Sozialismus ist auf die Dauer nirgends in Deutschland Platz für Splittergruppen. Die volle organisatorische Einheit der marxistischen Bewegung wird sich überall und gegen alle Widerstände restlos durchsetzen.

Die Sozialistische Einheitspartei Deutschlands ist die Partei des Aufbaues einer antifaschistisch-demokratischen parlamentarischen Republik, die dem Volk alle Rechte der Meinungsfreiheit und Mitbestimmung sichert, volle Glaubens- und Gewissensfreiheit gewährt, aber Faschismus und Militarismus mit ihren Wurzeln vernichtet. Der Staat, den wir aufbauen, ist ein wahrhaft demokratischer Staat, der auch den Religionsgenossenschaften gegenüber weitgehende Toleranz übt. Das neue Deutschland muß eine untellbare freie deutsche Republik sein. Allen separatistischen Bestrebungen sagen wir den schärfsten Kampf an. Die öffentlichen Verwaltungsorgane müssen sich dem Grundsätzen der Sparsamkeit und Sachlichkeit anpassen, sie müssen sich als dienende Organe des Volkes betrachten; das Volk hat ihre Tätigkeit zu kontrollieren.

Die Sozialistische Einheitspartei Deutschlands ist die Partei des Neuaufbaues der deutschen Wirtschaft. Ihre Aufgabe ist die Beschleunigung des Wiederaufbaues der zerstörten Städte, die allseitige Förderung der Landwirtschaft und der Industrie für den Erzeugung ziviler Güter. Damit die Wirtschaft nicht mehr der Bereicherung der Großkapitalisten und dem Eroberungskriege dienstbar gemacht werden kann, sind die Kriegsverbrecher und Kriegsinteressenten zu enteignen und ihre Betriebe wie ihr gesamtes Vermögen in die öffentliche Hand zu überführen.

Wir erstreben die Durchführung der demokratischen Bodenreform in ganz Deutschland, um den Grundbesitz der Kriegs- und Naziverbrecher, des Landes zu brechen, den Kleinbauern, Umsiedlern und Landarbeitern eine selbständige Existenz zu schaffen und die Volksernährung durch intensiveren Landbau zu sichern.

Die Sozialistische Einheitspartei Deutschlands ist die Partei der Erneuerung der deutschen Kultur. Sie fördert die wahre Größe der Nation, indem sie alle schädlichen und reaktionären Ueberlieferungen bekämpft und alles Hohe und Schöne des deutschen Geistesleben zur Entfaltung bringt. Damit wird auch unser Volk in die Kulturgemeinschaft der freiheitlichen und fortschrittlichen Völker der Menschheit eingehen. Wir erstreben die Durchführung der demokratischen Schulreform in ganz Deutschland, die den Ungeist des Nazismus, Militarismus und der Untertanengesinnung aus der deutschen Schule verbannt, alle wertvollen Bildungseinrichtungen erhält, ein einheitliches Schulsystem schafft, den Kindern aus den allgemeinen Bildungseinrichtungen dient und alle Bildungsprivilegien aufhebt, um dem Begabten aus allen Volksschichten die höchsten Bildungsstätten zu öffnen.

Die Sozialistische Einheitspartei Deutschlands ist die Partei der entschiedensten Interessenvertretung der Werktätigen. Sie

Karl Marx   *Friedrich Engels*

kämpft für das volle Mitbestimmungsrecht der Gewerkschaften und Betriebsvertretungen in der Wirtschaft. Ihre Forderung ist der 8-Stunden-Tag, eine ausreichende Sonntagsruhe, vollbezahlter Urlaub, Ausbau des Arbeitsschutzes und der Sozialversicherung. Tarifliche Mindestlöhne haben den Werktätigen eine ausreichende Existenz zu sichern. Sie kämpft für die Verbesserung der Lebenshaltung der Werktätigen und für den Schutz aller Schaffenden vor Ueberteilung und Ausbeutung. Für Schieber und Parasiten darf im neuen Deutschland kein Platz sein!

Die Sozialistische Einheitspartei Deutschlands ist die wahrhaft nationale Partei des deutschen Volkes; denn ihr Programm dient der Gegenwart und der Zukunft Deutschlands. Sie ist eine unabhängige Partei, die ihre Wurzeln tief im schaffenden deutschen Volk geschlagen hat, sich von vielen fremden Einflüssen freihält und das Wohlergehen des eigenen Volkes zum höchsten Gesetz gemacht hat. Unser Weg und unser Programm entsprechen den Interessen des deutschen Volkes, die besonderleben der deutschen Wirtschaft, Politik und Kultur. Als demokratische und sozialistische Partei tritt sie entschieden für die Erhaltung der Einheit Deutschlands ein und erstrebt durch die Sicherung der demokratischen Entwicklung und des Friedens die baldmöglichste Wiederherstellung der inneren und äußeren staatlichen Unabhängigkeit Deutschlands. Nur auf diesem Wege kann die deutsche Arbeiterschaft die Pflichten der internationalen Solidarität erfüllen und das deutsche Volk in die Familie der freiheitliebenden Völker Aufnahme finden.

Die Sozialistische Einheitspartei Deutschlands will aber den Aufbau einer antifaschistisch-demokratischen Republik nicht stehenbleiben. Ihr Ziel ist die sozialistische Gesellschaftsordnung, die alle Ausbeutung des Menschen durch den Menschen aufhebt, die dem Frieden endgültig sichert und eine volle entfaltete Demokratie herbeiführt. Der Sozialismus beseitigt das Kernübel der Ausbeutung gesellschaftlicher Ordnung, das Privateigentum an den Produktionsmitteln, an Grund und Boden, an Bergwerken und Betrieben. Er verwirklicht das Prinzip der Planwirtschaft, die die Ausbeutung des werktätigen Menschen ausschließt und die Kräfte der Arbeit zur höchsten Entfaltung bringt. Die Sozialistische Einheitspartei Deutschlands wird aber den Aufbau einer antifaschistisch-demokratischen Republik nicht stehenbleiben. Ihr Ziel ist die sozialistische Gesellschaftsordnung, die alle Ausbeutung des Menschen durch den Menschen aufhebt, die dem Frieden endgültig sichert und eine volle entfaltete Demokratie herbeiführt. Als sozialistische Partei kann die Sozialistische Einheitspartei Deutschlands betrachtet sich als die Vollstreckerin dieses geschichtlichen Erfordernisses. Sie ist eine Partei des Sozialismus!

Arbeiter und Arbeiterinnen! Angestellte!

Die Sozialistische Einheitspartei Deutschlands ist als konsequente Vertreterin der Interessen aller vom Kapital Geknechteten und Ausgebeuteten, als Partei der konsequenten Demokratie und des Sozialismus eure Partei!

Bauern und Bäuerinnen!

Die Sozialistische Einheitspartei Deutschlands ist als die Partei des friedlichen Arbeit, der Entfaltung der Landwirtschaft und der Freiheit nicht minder eure Partei!

Handwerker und Gewerbetreibende!

Die Sozialistische Einheitspartei Deutschlands ist als die Partei der prinzipiellen Feindschaft mit Monopol- und Großkapital, als die Partei der Entwicklung des Gewerbes, der Pflege des friedlichen Handels und Wandels ebenso auch e u r e Partei!

Lehrer, Ingenieure, Aerzte, Künstler, Studenten und Wissenschaftler!

Die Sozialistische Einheitspartei Deutschlands ist als die Partei des Fortschrittes und als entscheidende nationale Kraft, als Partei, die für die Hebung der Volksbildung, für die Freiheit der Wissenschaft und Künste entscheidend eintritt, vor allem auch e u r e Partei!

Frauen und Mütter!

Es gibt keine andere Partei, die ein so klares und entschiedenes Friedensprogramm vertritt wie die Sozialistische Einheitspartei Deutschlands. Nur im Frieden kann das Glück der Familie gedeihen. Nur die neue demokratische Republik kann euch gleichen Lohn für gleiche Leistung, eine volle Gleichberechtigung als Frau auf allen Gebieten und den Ausbau des Kinder- und Mutterschutzes sichern. Der Sozialismus, für den wir kämpfen, bringt den Frauen gleiches Recht und volle Entfaltungsmöglichkeiten.

Frauen und Mütter!

Die Sozialistische Einheitspartei Deutschlands ist daher auch e u r e Partei!

Deutsche Jugend!

Der Nazismus hat euren Glauben schmählich mißbraucht und eure edelsten Tugenden entwürdigt. Doch die deutsche Jugend ist unsere Hoffnung. In euren Händen wird die Zukunft des Vaterlandes liegen. Unsere Weltanschauung und der Glaube der jungen Generation winken. Hier findet ihr die höchsten Ideale. Die Sozialistische Einheitspartei Deutschlands kämpft nicht nur euer Gegenwartsinteressen in Schule, Beruf und öffentlichem Leben. Sie will euch bei friedlicher Aufbauarbeit, beim Lernen, in der Freizeit auch beim Wandern, Tanzen und Spielen sehen. Sie vertritt die neue Zeit.

Die Sozialistische Einheitspartei, diese junge, dem Leben durchpulste Kampfpartei, ist deshalb euer Partei, die Partei der deutschen Jugend!

Männer und Frauen in Stadt und Land! Burschen und Mädel in Werkstatt und Schule!

Wir sind die Bannerträger des neuen Deutschland! Unser Sieg ist der Triumph der Freiheit, des Friedens, der Völkerverständigung und des Fortschrittes!

Schließt euch der Millionenpartei des schaffenden Volkes an! Kämpft für Deutschland! Es lebe die antifaschistisch-demokratische Republik! Es lebe · Sieg des Sozialismus!
Es lebe die stolze und mächtige Sozialistische Einheitspartei Deutschlands!

Berlin, Ostern 1946

Der Vereinigungsparteitag der Sozialistischen Einheitspartei Deutschlands

Abb. 3: Titelblatt Erstausgabe „Neues Deutschland" vom 23. April 1946.

LIZENZURKUNDE

PRESSEAMT BEIM VORSITZENDEN DES MINISTERRATES
DER DEUTSCHEN DEMOKRATISCHEN REPUBLIK

LIZENZ-NR. 115

1. Das Presseamt beim Vorsitzenden des Ministerrates der Deutschen Demokratischen Republik erteilt hiermit
   **der Bezirksleitung Magdeburg der Sozialistischen Einheits-
   partei Deutschlands**
   die Lizenz zur Herausgabe der Zeitung ~~XXXXXXXX~~ **"Volksstimme"**

2. Chefredakteur der Zeitung ~~XXXXXXXX~~ **Heinz Wiese**

3. Herausgeber der Zeitung ~~XXXXX~~ **Bezirksleitung Magdeburg der SED**

4. Die Zeitung ~~XXXXXX~~ erscheint im Verlag: **Verlag Volksstimme Magdeburg**

5. Inhalt der Zeitung ~~XXXXXX~~ **Organ der Bezirksleitung Magdeburg der SED**

6. Zeitdauer der Gültigkeit der Lizenz: **unbefristet**

7. Lizenztechnische Angaben über die Zeitung ~~XXXXXX~~:
   a) Erscheinungsweise: **6 x wöchentlich**
   b) Auflage: **Ø 372.700 Exemplare**
   c) Umfang: **51 Seiten wöchentlich**
   d) Format: **36,5 x 51 cm**

8. Diese Lizenz wird unter der Bedingung erteilt:
   a) daß der Charakter des Presseerzeugnisses den gesetzlichen Bestimmungen der Deutschen Demokratischen Republik entspricht;
   b) daß das auf Grund dieser Lizenz erscheinende Presseerzeugnis mit einem Impressum zu versehen ist, das enthält: Lizenzträger, Chefredakteur, Herausgeber, Verlag, Lizenzgeber und Lizenz-Nr.
   c) sonstige Bedingungen: **Die Zeitung erscheint mit 20 Kreisausgaben**

9. Diese Lizenz ist nicht übertragbar. Sie kann, sofern die Voraussetzungen für die Erteilung der Lizenz nicht mehr gegeben sind, durch das Presseamt beim Vorsitzenden des Ministerrates entzogen werden.

10. Anzahl der dem Presseamt beim Vorsitzenden des Ministerrates einzureichenden Belegexemplare: **2**

Berlin, den **7. August 1973**

-,-

(Lizenzgebühr)   (Siegel)

PRESSEAMT
BEIM VORSITZENDEN DES MINISTERRATES
DER DEUTSCHEN DEMOKRATISCHEN REPUBLIK

Blecha

Dr. Blecha
LEITER

Abb. 4: Lizenzurkunde des Presseamtes

Abb. 5: Titelblatt des „Magazins" vom Oktober 1973

Wochenpost

1

27. Jahrgang
4. Januar 1980

30 Pfennig

Auf den Spuren Canalettos in Warschau

Vor 35 Jahren, am 17. Januar 1945, wird Warschau durch die Sowjetarmee und Einheiten der 1. Polnischen Armee befreit. Die Stadt ist total zerstört, aber nicht durch unmittelbare Kriegseinwirkung; sie wurde von den faschistischen Okkupanten planmäßig in die Luft gesprengt: Haus für Haus, Straße für Straße. 800 000 Warschauer kamen während des Krieges ums Leben. Die einst so blühende Hauptstadt Polens glich einer Totenlandschaft. Aber schon am 3. Januar 1945 hatte der Nationale Landesrat beschlossen: Warschau wird wieder aufgebaut. Fünf Jahre später wird die Krakowskie Przedmieście, eine berühmte Magistrale, wieder hergestellt, mit allen historischen Bauten. Daß es mit einer solchen Detailtreue gelingt, ist einem Maler zu verdanken: Bernardo Belotto, genannt Canaletto. Vor 200 Jahren malte er 26 Ansichten von Warschau, und er malte sie so genau, daß seine Bilder den Architekten als Vorlage dienten. Auch beim Wiederaufbau des Königsschlosses, der seiner Vollendung entgegengeht. In dem zur Weichsel führenden Flügel (siehe unsere Bilder) wird zur Zeit der Canaletto-Saal rekonstruiert. Lesen Sie dazu die Seiten 16/17.

Repro: T. Biernacki
Foto: Roger Melis

Abb. 6: Titelblatt der „Wochenpost" vom 4 Januar 1980

Abb. 7: Titelblatt der verbotenen „Sputnik"-Ausgabe vom November 1988

Abb. 8: Ansturm auf die erste Ausgabe der „Berliner Zeitung" am 21. Mai 1945

Abb. 9: Mitarbeiter des sowjetzonalen, im britischen Sektor Berlins gelegenen Berliner Rundfunks demonstrieren am 1. Mai 1946 an der Siegessäule.

Abb. 10: In der Sendereihe „Treffpunkt Berlin" des Berliner Rundfunks diskutieren 1948 die Hörfunkjournalisten (von l. nach r.) Herbert Geßner, Michael Storm (damaliges Pseudonym von Markus Wolf), Karl-Eduard von Schnitzler, Günther Cwojdrak und Helmut Schneider.

Abb. 11: Karl-Eduard von Schnitzler im Einsatz für den Berliner Rundfunk mit dem Reporter Werner Klein im September 1948.

Abb. 12: „Kampfdemonstration" von Mitarbeitern des Staatlichen Rundfunkkomitees Anfang der fünfziger Jahre

Abb. 13: Wandtafel aus den fünfziger Jahren mit Einheitspropaganda des Berliner Rundfunks und des Deutschlandsenders

Abb. 14: In dem seit 1956 im DFF wöchentlich ausgestrahlten „Treffpunkt Berlin" diskutiert Karl-Eduard von Schnitzler 1960 mit Walter Ulbricht und dem Vorsitzenden des Staatlichen Rundfunkkomitees Gerhart Eisler über den „Deutschlandplan des Volkes" der SED.

Abb. 15: Internationale Pressekonferenz des SED-Politbüromitgliedes und ZK-Sekretärs für Agitation und Propaganda, Albert Norden, im Oktober 1960. Norden präsentiert Aufnahmen vom „Judenmörder Globke in Nazi-Uniform".

Abb.16: Internationale Pressekonferenz Albert Nordens im Dezember 1963 über den „Bonner Revanchismus". Er will mit der Personalakte des Bundesministers Hans Krüger in der Hand dessen NS-Vergangenheit dokumentieren.

Abb. 17: Albert Norden im Fernsehinterview zu den Kommunalwahlen im Oktober 1965: In der DDR seien die Interessen des Staates mit denen der Bürger identisch.

Abb. 18: In der populären DFF-Unterhaltungssendung „Mit dem Herzen dabei" trat Walter Ulbricht im April 1966 zusammen mit Max Fechner (Mitte) „unter brausendem Beifall der über 3000 begeisterten Zuschauer" auf. Es war der erste öffentliche Auftritt des ehemaligen Justizministers Fechner, der sich nach dem Juni-Aufstand 1953 in einem ND-Interview gegen eine Bestrafung der Streikenden ausgesprochen hatte und dafür zu acht Jahren Zuchthaus verurteilt und zeitweilig aus der SED ausgeschlossen wurde.

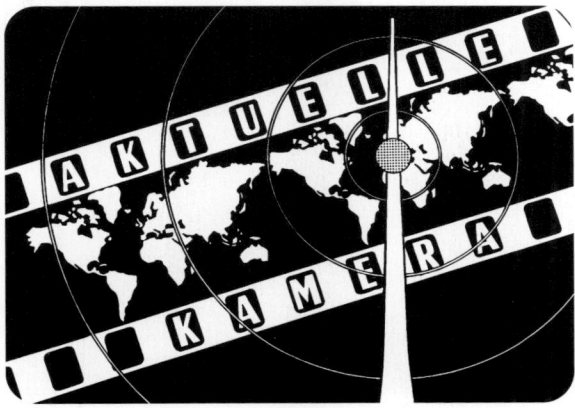

Abb. 19: Logo der Aktuellen Kamera (1967)

Abb. 20: Werner Lamberz (Mitte), ZK-Sekretär für Agitation und Propaganda, 1973 mit den Schauspielern Peter Borgelt (l.) und Klaus Piontek (r.)

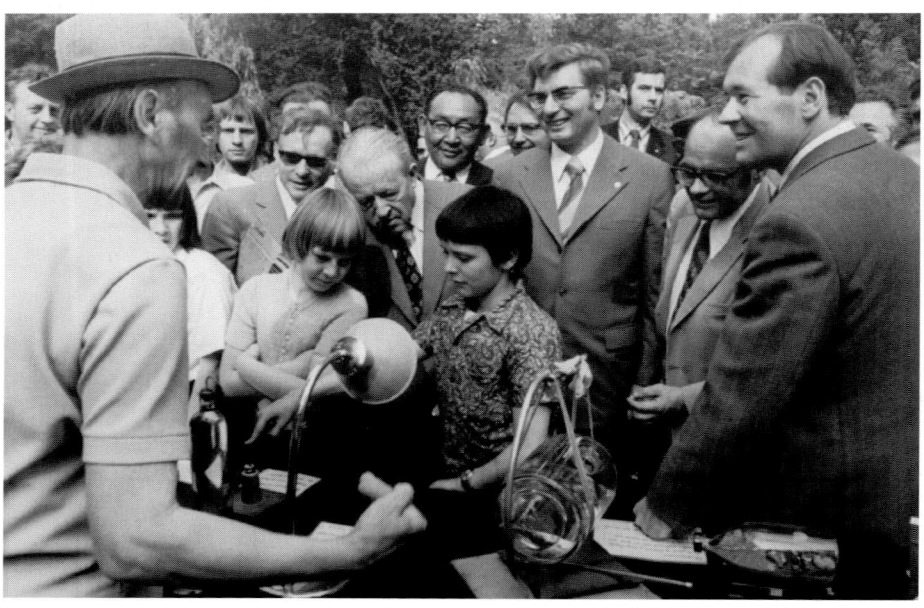

Abb. 21: Pressefest des „Neuen Deutschland" im Juni 1974 mit Werner Lamberz (3.v.r.) und dem ND-Chefredakteur Joachim Herrmann (r.)

Abb. 22: Werner Lamberz eröffnet im Mai 1977 die Konferenz des ZK der SED über weitere Aufgaben der politischen Massenarbeit der Partei.

Abb. 23: Der ZK-Sekretär für Agitation und Propaganda, Joachim Herrmann, gratuliert Karl-Eduard von Schnitzler 1983 zum 65. Geburtstag. 1992 schreibt Schnitzler über Herrmann, er sei „mitsamt seinem Apparat ein blinder, tauber und brutaler Durchpeitscher des engeren Führungskreises um Honecker" gewesen.

Abb. 24: Gratulationscour 1986 zum 65. Geburtstag des Vorsitzenden des Staatlichen Komitees für Fernsehen, Heinz Adameck (vorn links Joachim Herrmann, Mitte: ZK-Abteilungsleiter Agitation Heinz Geggel, hinten rechts Karl-Eduard von Schnitzler.

Abb. 25: Fototermin des Chefredakteurs des FDJ-Organs „Junge Welt" Hans Dieter Schütt (l.) und seines Stellvertreters Peter Neumann (r.) mit Erich Honecker im Februar 1989. Schütt hatte zuvor Egon Krenz eingeschaltet, um wenigstens ein Bild mit Honecker zur Illustration des von Schütt verfassten und vom Generalsekretär zuvor abgesegneten JW-Interviews zu erhalten.

Abb. 26: Uniformität der DDR-Presse

Abb. 27: Egon Krenz und Günter Schabowski bei ihrem Besuch im Kombinat „7. Oktober", Neues Deutschland vom 22. Oktober 1989

Abb. 28: Honecker empfing selten DDR-Journalisten. Er traf jedoch häufig mit ausländischen Journalisten zusammen – hier mit den amerikanischen Journalisten Jim Hoagland (r.) und Robert McCartney von der „Washington Post" sowie Scott Sullivan und Michael Meyer von „Newsweek".

Abb. 29: Demonstration am 4. November 1989 auf dem Berliner Alexanderplatz für Presse- und Meinungsfreiheit

Abb. 30: Journalisten demonstrieren in Berlin am 28. Juni 1990 für den Erhalt des Jugendradios DT 64.

rerseits im Versagen der deutsch-deutschen Politik im Vorfeld des Einigungsvertrages."[21] Klagen über diesbezügliche Fehler sind jedoch nicht berechtigt, weil es keine praktikablen, rechtlich abgesicherten Vorschläge und Modelle gab, um die von Politikern aller Parteien nicht gewollte Pressekonzentration in den neuen Bundesländern zu verhindern. Denn die Presse ist in der Bundesrepublik im Gegensatz zum öffentlich-rechtlichen Rundfunk privatwirtschaftlich organisiert und staatliche Subventionen bergen wie zu SED-Zeiten die Gefahr der Manipulation der Medien durch den Geldgeber.

Die jahrzehntelange Benachteiligung der Blockparteizeitungen durch die SED – unter anderem durch knapp bemessene Papierzuteilung, die Abhängigkeit von den Druckkapazitäten der Zentrag, die nur äußerst begrenzt zugelassene Inserentenwerbung oder das Verbot, neue Kreisausgaben herauszugeben – war in der Tat die eigentliche Ursache für den nicht zu verhindernden Untergang der ehemaligen Blockparteizeitungen nach der Wiedervereinigung. So war es unvermeidlich, dass die neuen Westeigentümer der früheren SED-Bezirksorgane deren frühere Privilegien als willkommenes Startkapital nutzen konnten.

Seit November 1989 entwickelten sich sowohl in den SED-Medien als auch in der Presse der ehemaligen Blockparteien Kritik und Selbstkritik mit unterschiedlicher Akzentuierung. Die SED-Zeitungen, der Hörfunk, das Fernsehen und die Nachrichtenagentur ADN stiegen zwar intensiv auf Affären und Skandale der abgetretenen Honecker-Parteiführung ein – beispielsweise bei der Aufdeckung der Hintergründe des „Sputnik"-Verbots vom Vorjahr, den Amtsmissbrauch und die persönlichen Bereicherung von Politbüromitgliedern oder die Relegierung von vier Ost-Berliner Oberschülern im Herbst 1988. Doch dabei verfiel man in der Regel eher in einen oberflächlichen Sensationsjournalismus unter bewusstem Verzicht auf sorgfältige Recherchen und Ursachenforschung. Einige der auf die Fortsetzung ihrer Karriere bedachten Protagonisten des Enthüllungsjournalismus erwiesen sich nicht selten als „Wendehälse", die ihr Wissen um das Privatleben der Spitzenfunktionäre trotz der umfassenden im SED-Staat betriebenen Geheimniskrämerei schon vorher unter der Hand bezogen hatten, um es jetzt mit gespielter Empörung in den Medien auszubreiten.

In das Raster des aufgebauschten Enthüllungsjournalismus passen die Reportagen des aus der Redaktion der „Aktuellen Kamera" stammenden Fernsehjournalisten Jan Carpentier. Er gehörte zum letzten Aufgebot der zur ideologischen Mobilisierung der Jugendlichen bestimmten Redaktion Fernsehsendereihe „elf99", die im Winter 1988/90 von der SED-Führung projektiert worden war und am 1. September 1989 auf Sendung ging. Carpentier nutzte diesen Sendeplatz nach der „Wende" beispielsweise für spektakuläre Berichte über das Prominentenghetto in Wandlitz oder über die demoralisierten Wehrpflichtigen im Wachregiment des MfS „Feliks Dzierzynski". Der damals 34jährige Jan Carpentier galt noch im Jahr zuvor für den Intendanten des Fernsehens, Heinz Adameck, als ein geeigneter Nachfolger von Karl Eduard von Schnitzler für die Moderation des „Schwarzen Kanals", weil Carpentier sich bereits „bei politischen Ereignissen als Moderator bewährt" habe. Joachim Herrmann begrüßte Adamecks Vorschlag ausdrücklich und vermerkt dazu handschriftlich „*sehr gut!*" [Unterstreichung im Original; G. H.].[22]

Unabhängig von den Profilierungsversuchen einiger wendebeflissener Aktivisten waren die SED-Medien jedoch weiterhin bestrebt, fundamentale Systemkritik zu konterkarieren oder sie nur dann zögerlich aufzugreifen, wenn dem Druck der Öffentlichkeit nicht mehr standzuhalten war. In dem offenkundigen Bestreben, alte Herrschaftselemente zu retten, kommunizierte man untereinander allem Anschein nach über informelle Informationsstränge, die an die Stelle der alten SED-Kommandostrukturen getreten waren.

Obwohl die Minister der Blockparteien, die der Regierung von Willi Stoph angehört hatten, ihre Ämter auch im Koalitionskabinett

Modrow beibehielten, verstanden sich deren Zeitungen jedoch nicht mehr als Akklamationsorgane der Regierung oder ihrer jeweiligen Parteiführung. Sie machten sich vielmehr unter Wahrung ihrer parteispezifischen Interessen im beginnenden Wahlkampf für die Wahlen am 18. März 1990 daran, nicht nur plakativ die Fehler der Vergangenheit zu benennen, sondern auch Schlussfolgerungen daraus zu ziehen und Vorschläge zur Organisation einer neuen Staats- und Gesellschaftsordnung zu unterbreiten. Solche von den SED-PDS-Medien gemiedenen Themen wie beispielsweise Planspiele zur Einführung der sozialen Marktwirtschaft, zur partiellen Umwandlung von Landwirtschaftlichen Produktionsgenossenschaften in Privatbetriebe, zur Förderung und Wiederbelebung des privaten Handwerks oder zur Beendigung der deutschen Teilung fanden daher hauptsächlich in den Zeitungen der ehemaligen Blockparteien einen breiten Raum. Deren besondere kritische Aufmerksamkeit galt folglich auch dem ideologischen Beharrungsvermögen der in den elektronischen Medien noch verbliebenen altgedienten Parteijournalisten. Deshalb plädierten die bürgerlichen Zeitungen ebenso wie die Publikationen des Neuen Forums und anderer am Runden Tisch beteiligten politischen Gruppierungen mit Nachdruck für die Verabschiedung eines Mediengesetzes.

Für viele DDR-Journalisten bedeutete der viel zitierte und strapazierte „Medienfrühling" im Herbst 1989 ein Umdenken und ein Aufraffen aus der oktroyierten, aber auch der selbst auferlegten Lethargie. Joachim Nölte beschreibt ihre damalige Befindlichkeit treffend: „Nur wenige Journalisten haben den Aufbruch vom Herbst 1989 aktiv mit herbeigeführt, doch für die meisten brachte er Erlösung und Ermutigung. Endlich bestand die Möglichkeit, dieses Geflecht von Opportunismus und Rebellion, von Feigheit und dem Wunsch, mutig zu sein, zu durchbrechen. Immer mehr kamen aus den Redaktionsstuben heraus und stellten sich auf die Seite der Bürgerbewegung. Es entstanden neue Zeitungsprojekte, neue Sendereihen."[23]

6.3 Ernüchterung nach der Aufbruchsstimmung

Bis Anfang 1990 veränderte sich die seit Anfang der fünfziger Jahre
fest gefügte DDR-Presselandschaft nur marginal. Nahezu konstant erschienen während dieses Zeitraumes 30 Wochenzeitungen und 39 Tageszeitungen. Davon befanden sich 17 Tageszeitungen im Besitz der
SED, vier gaben von der SED angeleitete Massenorganisationen heraus, die restlichen 18 waren Zentralorgane beziehungsweise Gebiets-
zeitungen der Blockparteien. Letztere erhielten nur ein knapp bemes-
senes Papierkontingent, das beispielsweise im Jahre 1988 nur für eine
Gesamtauflage von 834.000 Exemplaren reichte. Dies war lediglich
ein Anteil von 8,6 Prozent an der Gesamtauflage aller Tageszeitungen,
die bei 9,7 Millionen Exemplaren lag. Die direkt dem SED-Zentralkomitee unterstellte VOB-Zentrag verfügte zudem über 90 Prozent
der Druckkapazitäten. Auch Blockparteizeitungen wurden in Zen-
trag-Druckereien hergestellt, wobei sie einen früheren Redaktionsschluss gegenüber den SED-Zeitungen und somit Aktualitäts- und
Qualitätsverluste in Kauf nehmen mußten.

Über keinerlei materiellen Grundlagen verfügten die mehr als 30
um die Jahreswende 1989/90 gegründeten, zumeist wöchentlich erschienenen Zeitungen der Bürgerbewegung und der neuen politischen
Gruppierungen. Konrad Weiß beklagt wohl etwas zu harsch, sämtliche Neugründungen von oppositionellen und kritischen DDR-Journalisten hätten der „massiven und oft genug unfairen, ja kriminellen
Konkurrenz der westdeutschen Verlage" nicht standhalten können,
was ein besonders trauriges Kapitel der Wiedervereinigung sei.[24] Zu-
treffender beschreibt Jens Reich den Niedergang des Neuen Forums
und der anderen linksorientierten Protestbewegungen einschließlich
ihrer Publikationen. Diese Gruppierungen hätten bereits Ende 1989
aufgrund ihres chaotischen Auftretens und ihrer Zerstrittenheit jegli-
chen Kredit bei der Bevölkerung verspielt, um sich beim späteren
„Generationenwechsel in die PDS-Matte" tragen zu lassen und das

„postsozialistische Comeback" unter den besonderen deutschen Bedingungen zu suchen.[25]

Eine weitgehende Bestätigung findet Reichs Verdikt in der Geschichte der am längsten existierenden basisdemokratischen Publikation, der von Januar 1990 bis August 1992 erscheinenden Wochenzeitung „die andere".[26] Diese wie auch alle übrigen, mit viel Engagement aber wenig Professionalität produzierten Publikationen der Bürgerrechtsgruppen scheiterten in erster Linie, weil sie von ihren anfangs zahlreichen Lesern im Stich gelassen wurden. Gleichwohl lieferten sie einen wichtigen Beitrag zur allmählichen Überwindung des zu SED-Zeiten bis zum Überdruss praktizierten Verlautbarungsjournalismus.

Seit Mitte Oktober 1989 veränderten sich auch die Sendeinhalte des bisher zentralistisch angeleiteten Hör- und Fernsehfunks. Politisch belasteten Leitern wurde das Misstrauen auf Gewerkschafts- und SED-Versammlungen ausgesprochen. Der Dialog mit den Hörern und Zuschauern wurde aus den sich überschlagenden aktuellen Anlässen heraus in verschiedenen zuvor undenkbaren Sendeformen, wie beispielsweise live übertragenen Diskussionen geführt.[27] Die Einschaltquote der „Aktuellen Kamera" stieg im Laufe des Monats Oktober von den früher durchschnittlichen 10 Prozent auf über 40 Prozent und erreichte am 8. November bei der Übertragung einer SED-Kundgebung vor dem Gebäude des Zentralkomitees den Spitzenwert von 53,8 Prozent.[28]

Es zeigte sich indes bald, dass die Journalisten erhebliche Schwierigkeiten vor und nach der Wiedervereinigung hatten, sich auf die grundlegend veränderten politischen Verhältnisse einzustellen. Angela M. Elis, eine aus Leipzig stammende „Wossi", die in die Bundesrepublik ausgereist war und nach der „Wende" freie Mitarbeiterin beim MDR-Fernsehen wurde, kam nach eingehenden Gesprächen mit ihren aus der DDR stammenden Kolleginnen und Kollegen über deren persönliche Empfindungen, Erfahrungen und Verhaltensweisen im letzten Jahr der DDR zu dem Ergebnis, es habe sich ein in fünf Phasen ablaufender Umstellungsprozess bei ihren Gesprächspartnern vollzogen.[29] In der ersten Phase habe Vorsicht und Zurückhaltung angesichts der noch nicht einzuschätzenden politischen Veränderungen geherrscht, die dann in der zweiten Phase in Euphorie über die extensiven Nutzungsmöglichkeiten einer bisher unbekannten journalistischen Freiheit umgeschlagen sei. Die vierte Phase sei von verstärkt aufkommenden Schamgefühlen über das eigene Versagen in der Vergangenheit bestimmt gewesen, die anschließend in der vierten Phase der Enttäuschung über das Scheitern von hochgesteckten, im Herbst 1989 gehegten Erwartungen gewichen sei. Nunmehr seien in der fünften Phase berufliche Zukunftsängste und die damit verbundene Sorge enstanden, sich „zu weit aus dem Fenster gehängt" zu haben.

6.4 Neuorientierung im Schatten der Vergangenheit

Bereits 1989/90 gab es Anzeichen dafür, dass einige der in den neuen Bundesländern weiterbeschäftigten ehemaligen SED-Journalisten die vielzitierte Mauer in den Köpfen ihrer Leser zementieren wollten. Es ist sicherlich nicht repräsentativ, aber doch bezeichnend, wenn sich Reiner Oschmann, der damalige Chefredakteur von „Neues Deutschland", am 23. April 1996 in einem Kommentar zum 50. Jahrestag seiner Zeitung bemüßigt fühlte, auch künftig „die Barbarisierung des Kapitals beim Namen zu nennen und Wege zu ihrer Überwindung zu suchen."

Mit dem nicht zu beherrschenden Spagat zwischen orthodoxer marxistischer Ideologie und linkssozialistisch-alternativen Utopien hat sich das seit 1990 der PDS gehörende ehemalige SED-Zentralorgan „Neues Deutschland" auf die Suche nach dem Dritten Weg zwischen Sozialismus und Kapitalismus gemacht. Nicht wenige bei anderen Tageszeitungen der neuen Bundesländern beschäftigte ehemalige DDR-Journalisten dürften insgeheim ähnliche Vorstellungen hegen. Zu belegen ist dies jedoch nur schwer. Allenfalls tritt es bei hin und wieder in ostdeutschen Tageszeitungen neu aufgelegten „DDR-Nostalgie"-Debatten unter Redakteuren und Lesern deutlicher zutage.[30]

Eine unterschwellig bestehende Diskrepanz dürfte zwischen den veröffentlichten Meinungen links- beziehungsweise PDS-orientierter Journalisten und großen Teilen ihres Publikums bestehen. Gemeint sind aus DDR-Zeiten stammende Relikte eines „Law-and-Order-Denkens" ihrer Leserschaft – beispielsweise in der Ablehnung des „ungezügelten" Meinungspluralismus in den Medien, des emotionsgeladenen Parteienstreits im parlamentarischen Raum oder auch in der Forderung nach Verstärkung der Polizeipräsenz zur effektiveren Verbrechensbekämpfung. Solche und weitere wertkonservativ anmutende Einstellungen scheinen vor allem unter SED-Veteranen und der eher schweigenden PDS-Gefolgschaft verbreitet zu sein.

Journalisten haben ein berufsbedingtes Mitteilungsbedürfnis. Wohl auch deshalb liegen von keinem anderen Berufsstand der DDR so viele Selbstzeugnisse in Gestalt von Interviews, Zeitungs- und Zeitschriftenartikeln sowie von Büchern vor, in denen die Betroffenen mit sich selbst nicht selten schonungslos ins Gericht gehen.[31] Allerdings hat sich diese Aussagefreudigkeit in der Zwischenzeit in dem Maße gelegt, in dem es opportun erscheint, aus Karrieregründen einen Schlußstrich unter die Vergangenheit zu ziehen.

Eine Hemmschwelle bei der Auseinandersetzung mit der eigenen Vergangenheit besteht nicht selten in der inoffiziellen Mitarbeit für das MfS. Da eine systematische Überprüfung von MfS-Kontakten nur bei fest angestellten Mitarbeitern der neu gegründeten öffentlich-rechtlichen Rundfunkanstalten, jedoch nur gelegentlich bei den Printmedien stattfand, dürfte die Gesamtzahl der im „Sicherheitsbereich Medien" tätig gewesenen „IM-Journalisten" kaum noch zu ermitteln sein. Sofern diese in der Zwischenzeit enttarnt wurden, zeigten sie nur selten Bereitschaft, sich zu erklären. In solchen Fällen geschah dies nur mit einem geringen Schuldgefühl. Es gibt sogar Beispiele für die Dreistigkeit belasteter, nach der „Wende" weiterbeschäftigter Journalisten, die im Vertrauen auf die Vernichtung ihrer Akten mit Nachdruck öffentlich für die Überprüfung ihres Berufsstandes bei der Stasi-Unterlagen-Behörde plädierten.[32]

Im Bereich des DDR-Fernsehens und Hörfunks knüpfte das MfS sein inoffizielles Netz in den siebziger und achtziger Jahren besonders eng. Die seinerzeit mancherorts mit Kritik bedachten Entlassungen von MfS-belasteten Journalisten durch den Rundfunkbeauftragten für die neuen Länder, Rudolf Mühlfenzl, dürften nur die Spitze des Eisberges gewesen sein. Von den ehemals 10.000 Beschäftigten beim DDR-Rundfunk wurden 1991 nur knapp 200 der Stasi-Mitarbeit überführt und entlassen.[33]

Insbesondere der Ostdeutsche Rundfunk Brandenburg trennte sich Anfang der neunziger Jahre häufiger als der Mitteldeutsche Rundfunk von stasibelasteten Mitarbeitern, weil er gründlicher als der MDR die Überprüfung seiner Mitarbeiter auf MfS-Verstrickungen vorgenommen hatte. Die Fälle des populären ORB-Hörfunkmoderators Lutz Bertram oder des Schriftstellers Mathias Wedel, die beide nach ihrer Enttarnung ihre IM-Tätigkeit ohne besonderes Schuldbewusstsein einräumten, waren symptomatisch für die Unterwanderung der elektronischen Medien durch MfS-Spitzel. Beim Fernsehen fiel überdies auf, daß dort 1984, auf dem Höhepunkt der von der SED genehmigten Ausreisewelle, besonders viele berufsfremde Führungskader – vermutlich als Offiziere im besonderen Einsatz – eingestellt wurden.[34] Die Nachrichtensprecherin der „Aktuellen Kamera" Angelika Unterlauf, die sich nach eigenen Angaben selbst während ihres Schauspielstudiums einer IM-Anwerbung widersetzt hatte und deshalb ihre Ausbildung unterbrach, meinte rückblickend, sie habe immer gewusst, dass der Prozentsatz der Stasi-Mitarbeiter bei der „Aktuellen Kamera" sehr hoch gewesen sei.[35] Sie sei daher stets sehr vorsichtig gewesen und habe niemandem getraut. Weniger Gefahr drohte ihr von den Auslandskorrespondenten, die in der Regel nicht ihre

Kollegen bespitzeln sollten, sondern ihre nicht sende- oder druck-fähigen, dafür aber aussagekräftigeren Hintergrundberichte an das MfS übersandten. Vor der Kamera mussten sie nicht selten von ADN in Ost-Berlin gefertigte Manuskripte verlesen. Häufig war eine Aus-landstätigkeit an die Unterzeichnung einer Verpflichtungserklärung geknüpft, der man sich in der Regel nur unter Verzicht auf den be-gehrten Auslandseinsatz entziehen konnte.

Da die privatwirtschaftlich organisierte Presse und die privaten elektronischen Medien in den neuen Bundesländern nicht zur Über-prüfung ihres Personals durch die Stasi-Unterlagen-Behörde (BStU) verpflichtet sind, haben die westdeutschen Eigentümer zudem kei-nerlei Interesse, das Renommee ihrer Zeitungen und Sender durch die Aufdeckung von MfS-Aktivitäten ihrer Redakteure beschädigen zu lassen. Westdeutsche Verleger ignorierten sogar die in den Jahren 1990/91 aus ihren Redaktionen gekommenen Initiativen zur Durch-führung von freiwilligen Überprüfungen. Der Hörfunkjournalist Pe-ter Marx hat hierzu in Thüringen für DeutschlandRadio Berlin um-fangreiche Recherchen angestellt. Sie ergaben – und dies gilt sicherlich nicht nur für Thüringen –, dass die neuen Eigentümer der ehemaligen SED-Bezirks- und der Blockparteizeitungen im Bunde mit ihren teil-weise selbst MfS-belasteten Chefredakteuren Überprüfungen strikt abgelehnt hätten.[36] Die Übernahme der alten Kader und der „IM-Journalisten" erfolgte ohne viel Federlesens aus durchsichtigen Grün-den. Dies bestätigte in einem Interview ohne Umschweife Erich Schu-mann von der Essener WAZ-Gruppe, die 70 Prozent des Thüringer Zeitungsmarktes beherrschen soll: „Also wir waren da ganz pragma-tisch, wir haben gesagt, die Redakteure, die dort arbeiten, haben durch diesen Wandlungsprozeß oder Selbstreinigungsprozeß, wie ich das nenne, schon gezeigt, daß wir auf dem richtigen Wege sind, und drit-tens war uns klar, daß wir überhaupt keine Redakteure hätten, die in der Lage gewesen wären, eine für die dortige Bevölkerung ausgerich-tete Tageszeitung zu machen. Das wäre unmöglich gewesen, unab-

hängig davon, daß es ja kaum denkbar gewesen wäre, wir beschäftigen
jetzt in den drei Redaktionen etwa 400 fest angestellte Redakteure, 400
Redakteure, die nun regionalen Journalismus kennen, regionalen lo-
kalen Journalismus kennen, dorthin zu transportieren."[37]

Mit einer Darstellung der Interessenlage aus der Sicht der Betroffenen komplettiert Gerd Schwinger, der Chefredakteur des Suhler
„Freien Worts", das Szenario vom Zusammenwirken der unheiligen
Ost-West-Allianz bei der gemeinsam betriebenen Vergangenheitsver-
drängung: „Jetzt sag ich Ihnen was ganz Ehrliches. Dieses Thema ist
nie wirklich offensiv und ehrlich diskutiert worden. [...]. Ich könnte
es mir einfach machen und könnte sagen, im Jahr 89/90 und in Wendezeiten war es die Macht des Faktischen, daß man schlicht und er-
greifend andere Sorgen hatte. Es war die Wende, es war die Frage nach
der eigenen beruflichen Zukunft.[...]. Also die Macht des Faktischen,
daß man zu diesem Thema gar nicht vordrang. Das wäre der einfache
Teil der Antwort. Er ist nicht natürlich nicht der vollständige Teil und
vor allen Dingen nicht der eigentliche Teil. Meine Beobachtung ist, daß
das Thema Stasi – so wie es im gesamten öffentlichen Bereich stigmatisiert ist – auch in unserem Hause stigmatisiert war, und ich habe be-
obachtet insgesamt eine dumpfe Angst, über dieses Thema überhaupt
lebendig, ehrlich, vorurteilsfrei zu diskutieren."[38]

Die „Macht des Faktischen" obsiegte offenbar. Die Auswirkungen der Weiterbeschäftigung „alter Seilschaften" verfolgen ostdeutsche Beobachter mit Argwohn. Der Bürgerrechtler und Publizist
Konrad Weiß spricht von Verleumdung und falscher Berichterstattung
insbesondere in Anzeigenblättern, die zu einem Refugium für alte
SED-Journalisten geworden seien.[39] Weiß belegt dies mit konkreten,
jedoch wie er betont, bewusst unspektakulär ausgewählten Beispielen
aus dem „Cottbusser Wochenblatt" und anderen kostenlos verteilten
Regional- und Stadtteilzeitungen, in denen namentlich bekannte ehemalige SED-Funktionäre teilweise unter Pseudonym offenkundig im
PDS-Auftrag den politischen Gegner denunzieren. Die resignative

Stimmung in den neuen Bundesländern sei deshalb auch ein Ergebnis der PDS-Einflussnahme auf die Medien und die Kultur, denn es wäre blauäugig zu glauben, dass die Unzufriedenheit im Osten nicht zu einem guten Teil das Produkt dieser „permanenten ideologischen Diversion" sei. Dies bedeutet für Konrad Weiß: „Ich bin fest überzeugt, daß SED-Strukturen im Untergrund fortbestehen und daß es eine konspirative Parteihierarchie gibt, die auch Einfluß auf die Medien in Deutschland nimmt. Jedenfalls spricht eine Reihe von Indizien dafür."[40]

Der CDU-Politiker Rainer Eppelmann ergänzte Konrad Weiß in einem Rundfunkinterview mit seinen Eindrücken über die Ursachen für die „Hofberichterstattung" in Teilen der Brandenburger Presse: „Sicher geht es da um Unterschiede. MAZ ist noch anders als MOZ[41]: Hofberichterstattung, damit meinte ich, daß man ausgesprochen freundlich mit der sozialdemokratischen Regierung umgegangen ist. Mit großer Häme sich über die CDU ausgelassen hat und die Recken der Nation in Brandenburg sind natürlich die Genossinnen und Genossen der PDS. Ich möchte unterstellen, daß man dann selber drinne ist, oder zumindest dem politisch auch auf dem Hintergrund seiner eigenen Biographie sehr, sehr nahe steht."[42]

Zu diesen biographischen Hintergründen musste nicht unbedingt eine SED-Mitgliedschaft gehören, sondern es konnte nicht selten auch das Parteibuch einer ehemaligen Blockpartei in Verbindung mit einer besonders niederträchtigen Spitzeltätigkeit für das MfS stehen. Dies gilt beispielsweise auch für den Anfang 1995 als IM enttarnten Chefredakteur der „Märkischen Allgemeinen Zeitung" (MAZ), Peter Mugay, der vor der „Wende" Redakteur beim CDU-Zentralorgan „Neue Zeit" war. Gegen Mugay bestanden zwar schon zuvor Verdachtsmomente, doch Konrad Weiß wundert sich, dass die F.A.Z.-Verlagsgruppe, die Herausgeberin der MAZ, ihm vier Jahre lang das Vertrauen geschenkt habe, obwohl Mugay in seinen Kommentaren regelmäßig Bürgerrechtler und demokratische Politiker ver-

leumdet habe. „Obskure Figuren wie der Stasi-MdB Kutzmutz oder
der gescheiterte CDU-Politiker Peter-Michael Diestel" seien hingegen
von Mugay herzlich bedient worden[43]

Nicht nur bürgerliche Politiker in den neuen Bundesländern ver-
muten hinter der gezielten Stimmungsmache von seiten der ehemaligen SED-Bezirksorgane auch die Machenschaften alter Seilschaften.
Der Bürgerrechtler Reinhard Bohse, der frühere Pressesprecher des
ehemaligen Leipziger Oberbürgermeisters Hinrich Lehmann-Grube,
attackierte ganz offensichtlich die tendenziell destruktive Kommunal-
Berichterstattung der „Leipziger Volkszeitung", ohne sie namentlich
zu erwähnen. Bohse machte auf eine bisher kaum beachtete Kompo-
nente der Verweigerungsstrategie von ehemaligen SED-Journalisten
aufmerksam: „Offensichtlich wollen die Journalisten, die in der DDR
ihr Handwerk lernten und Privilegierte dieses Systems waren, sich
nicht schon wieder auf Politik einlassen. Das neue System ist ihnen
fremd oder sie begreifen es nur so, wie es ihnen damals vermittelt wurde. In ihrer Not oder Beschränkung schreiben viele Journalisten der
öffentlichen Meinung nach dem Mund, und in ihrer Kritik spüre ich
Häme und Schadenfreude über die neue Situation, die sie nicht wollen. Das kommt bei vielen Lesern gut an, widerspiegelt diese doch am
besten eigene Vorurteile. Nicht zuletzt deshalb wohl überstanden aus-
gerechnet die ehemaligen Bezirksparteiblätter die Revolution."[44]

Obwohl es ein allgemein übliches, auflagen- und quotenfördern-
des Prinzip der Medien ist, möglichst schlechte Nachrichten zu verbreiten, bieten Bohses Beobachtungen auch eine plausible Erklärung
dafür, dass die Bewohner der neuen Bundesländer die allgemeine
Lage überwiegend pessimistisch beurteilen, ihre persönliche Situation
jedoch für nicht schlechter und häufiger sogar für besser als früher
halten.

Gegen den Vorwurf der unfairen oder tendenziösen Berichterstattung musste sich der (West)-Chefredakteur der „Leipziger Volkszeitung", Hartwig Hochstein, des Öfteren verteidigen. Er tut dies mit

dem lapidaren Hinweis, sein Blatt sei nur der Überbringer der schlechten Nachricht und nicht „Miesmacher der Nation".[45] Hochstein zeigte im Jahre 1995 zwar Verständnis für die Leser, die bei der Morgenlektüre auf Namen stießen, die ihnen in der Vergangenheit unangenehm aufgefallen seien, aber viele könnten das nicht mehr sein. Zwei Drittel der Redakteure aus SED-Zeiten würden nicht mehr im Verlag beschäftigt.[46] Stattdessen seien Journalisten vom „Tageblatt", den „Mitteldeutschen Neuesten Nachrichten" oder von „Wir in Leipzig" und einige Westler zum Redaktionsteam gestoßen. Wenn in der Redaktion über die Vergangenheit diskutiert werde, verliefen die Fronten eher zwischen „Alt- und Neu-LVZlern von hier als zwischen ‚Ossis' und ‚Wessis'". Dabei lässt Hochstein offen, ob sich die „Wessis" bei diesen Diskussionen möglicherweise auch mit den „Altlasten" verbünden.

Kommunikationswissenschaftler haben bisher vornehmlich in den Jahren 1992/93, methodisch allerdings nicht unumstrittene Untersuchungen und Repräsentativ-Befragungen zum beruflichen Selbstverständnis ostdeutscher Journalisten durchgeführt. Dabei haben sie teilweise zum besseren Verständnis auch Vergleichsdaten über die Befindlichkeiten westdeutscher Journalisten erhoben.[47]

Übereinstimmung herrscht in der Forschung weitgehend darüber, dass die ostdeutschen Journalisten, die bereits vor der Wende in ihrem Beruf tätig waren, im höheren Maße als ihre westdeutschen Kollegen eine advokatorisch-erzieherische Aufgabe erfüllen wollen. Sie bevorzugen dabei den – ohnehin in Deutschland stärker als in anderen gesellschaftspolitisch vergleichbaren Ländern ausgeprägten – Meinungsjournalismus. Nicht selten mit missionarischem Eifer bemühen sie sich, ihr Publikum über wirtschafts- und sozialpolitische Fragen aufzuklären. Dabei stellen sie häufig die diesbezüglichen Rechte und Ansprüche unter Vernachlässigung der damit verbundenen Pflichten in den Vordergrund. Ratgeberseiten in den Zeitungen und Lebenshilfe-Sendungen in den elektronischen Medien der neuen Bundesländer haben deshalb seit 1990 nach wie vor Konjunktur. Dies hat insofern seine Berechtigung, weil tatsächlich ein erheblicher Nachholbedarf beim Erkennen wichtiger Elemente und Voraussetzungen für die Funktionsfähigkeit der immer noch schwer verständlichen sozialen Marktwirtschaft besteht. Dabei erscheint es jedoch fraglich, ob damit allenthalben das Bestreben in der ostdeutschen Publizistik einhergeht, „daß Deutschland möglichst rasch zusammenwächst".[48] Stattdessen schimmert nicht selten auch ein Anflug von Häme über die auftretenden Hemmnisse im Transformationsprozeß auf dem Wege zur inneren Einheit durch. Ein Eindruck, den, wie bereits erwähnt, ebenfalls Reinhard Bohse und Rainer Eppelmann aus der Lektüre ostdeutscher Regionalzeitungen gewonnen haben.

Die Tendenz, sich zum Anwalt einer angeblich vom Westen „kolonialisierten" Bevölkerung zu machen, verstärkte sich in den Medien der noch bestehenden DDR seit dem Sommer 1990. Zuvor bestand aber auch eine weit verbreitete, jedoch bisher weniger beachtete Neigung vieler altgedienter Journalisten, sich auf einen neutralen Beobachterposten zurückzuziehen. Dafür dürfte sich seinerzeit vor allem das Gros der außerhalb ihrer Zentralredaktionen eingesetzten Lokaljournalisten aus Unsicherheit und Zukunftsangst entschieden haben. So machten im Februar 1990 die drei Mitarbeiter der Bitterfelder Lokalredaktion der Hallenser „Freiheit" kein Hehl aus ihrer selbstverordneten Rolle als neutrale Chronisten. Sie hatten sich damals vorgenommen, vorerst auf die Bewertung der aktuellen Parteipolitik zu verzichten und lediglich „Sachthemen" zu kommentieren.[49] Die Parteien und deren Kandidaten wollten sie vor der Volkskammerwahl am 18. März lediglich vorstellen, damit sich die Leser ein eigenes Urteil bilden könnten.

Der anfängliche Hang zur neutralen Berichterstattung beruhte bei vielen älteren ehemaligen DDR-Journalisten natürlich auch auf der Selbsterkenntnis, dass ihr handwerkliches Rüstzeug in der Regel nicht den neuen Anforderungen im hektischer gewordenen Medienbetrieb entsprach. Die Fähigkeit zum selbständigen Recherchieren konnten sie weder während des Volontariats oder der Leipziger Journalistenausbildung noch im anschließenden Berufsalltag erwerben. Dem standen die jahrelang erfahrene vormundschaftliche Anleitung und das permanente Misstrauen der SED-Medienwächter entgegen. Deshalb mangelte es ihnen auch an dem Vermögen, Nachrichtengebung und Kommentierung voneinander trennen zu können. Als ebenso schwerwiegend erwiesen sich die aus dem verinnerlichten Parteideutsch entstandenen sprachlichen Defizite, deren Nachwirkungen noch heute bei der Lektüre ostdeutscher Zeitungen spürbar sind.

Professionelle Defizite ehemaliger DDR-Journalisten können durch Fortbildungsmaßnahmen behoben oder zumindest gemindert werden. Anders steht es, so Irene Charlotte Streul, um deren „geistig-moralische Verfassung", die Zweifel an ihrer Eignung aufkommen ließen, denn: „Identitätsprobleme, unverarbeitete Schuldgefühle und ein geringes Selbstwertgefühl sind einige der Schwierigkeiten, die die ‚gewendeten' Journalisten daran hindern, die für sie völlig neue journalistische Kontrollfunktion als sogenannte vierte Gewalt wahrzunehmen. So verhalten sie sich oft defensiv, wo kritisches Nachfragen angebracht wären, weil ihnen aufgrund der früheren politischen Verstrickung ihre fehlende Legitimation zur Kontrolle der demokratisch gewählten Politiker durchaus bewußt ist."[50] Diesem prägnanten Psychogramm von zutiefst verunsicherten „gewendeten" Journalisten ist allenfalls hinzuzufügen, dass es natürlich auch Gegenbeispiele unter ehemaligen Parteijournalisten mit einem nach wie vor überzogenen Selbstwertgefühl gibt, das sich aus einer auch zu DDR-Zeiten praktizierten, hochgradig opportunistischen Verhaltensweise speist. Sie ermöglicht ihnen auch eine reibungslose Anpassung an den Wechsel politischer Systeme. Nicht zuletzt deshalb wäre Zurückhaltung und die Prüfung des Einzelfalls geboten gewesen, wenn westdeutsche Verleger und Chefredakteure für eine Weiterbeschäftigung belasteter Journalisten „gute Gründe" anführten, weil diese die psychosoziale Befindlichkeit der Ostdeutschen kennen und aus eigener Betroffenheit die richtigen Themen in einer verständlichen Sprache zum richtigen Zeitpunkt bringen würden sowie um die Schwierigkeiten wüssten, mit einer „entwerteten Biographie" fertig zu werden.[51] Diese Kriterien erfüllen auch die keineswegs in jedem Falle auf die Herstellung der inneren Einheit bedachten PDS-Parteigänger unter den ostdeutschen Journalisten.

PDS-Präferenzen soll es angeblich – folgt man diesbezüglichen Befragungsergebnissen von 1992/93[52] – unter den in Ostdeutschland beschäftigten Journalisten allerdings kaum geben. Nur die Republikaner besäßen für sie eine geringere, nicht zu Buche schlagende Anziehungskraft als die PDS, während 32 Prozent von ihnen die Grünen und 23 Prozent die SPD favorisieren würden. CDU und FDP kämen danach zusammen nur auf elf Prozent und acht Prozent hätten durchweg alle Parteien negativ bewertet. Fraglich erscheint indessen, ob sich alle PDS-Anhänger auch als solche offen erklärt haben und ob man tatsächlich mit „Fug und Recht bezweifeln" kann, dass vergangenheitsorientiertes Denken bei ihnen keine Rolle mehr spielen soll.[53] Jüngere und vor allem talentierte Journalistinnen und Journalisten mit Berufserfahrungen aus DDR-Zeiten hatten zumeist nach der Wende geringere Umstellungsprobleme, weil sie endlich ihre früher im Verborgenen blühende Kreativität entfalten konnten.

6.5 Medienpolitik unter den Regierungen Modrow und de Maizière

Die Forderung nach einem Mediengesetz besaß im Spätherbst 1989 im Gefolge der demokratischen Revolution nach dem Zusammenbruch der SED-Informationsdiktatur bei Politikern aller Parteien, Bürgerrechtlern, Journalisten und Kommunikationswissenschaftlern eine hohe Priorität. Dem entsprach die Ankündigung des Justizministers der noch amtierenden Regierung Stoph, Hans-Joachim Heusinger

(LDPD), auf einer Pressekonferenz am 2. November 1989, eine staatliche Kommission mit der Ausarbeitung eines Mediengesetz-Entwurfes zu beauftragen.[54] Heusinger begründete im übrigen die generell notwendige „neue Qualität der Gesetzgebung" mit der „erforderlichen Wende in allen gesellschaftlichen Bereichen" sowie mit dem „Aufbruch zu einem besseren Sozialismus".[55] Die konstituierende Sitzung der von Heusinger geleiteten etwa 60 Personen umfassenden Regierungskommission „Mediengesetz" fand am 20. Dezember 1989 statt. Beteiligt waren Angehörige der zuständigen Ministerien, Vertreter der am „Runden Tisch" mitwirkenden Parteien und politischen Gruppierungen sowie der publizistischen Berufsverbände und wissenschaftliche Experten.[56] Die Kommission leistete die Vorarbeit zu dem Volkskammerbeschluss über die Gewährleistung der Meinungs-, Informations- und Medienfreiheit vom 5. Februar 1990, [57] der zunächst an die Stelle des ursprünglich intendierten, aber schließlich aus Zeitgründen nicht mehr zu realisierenden Mediengesetzes treten sollte. Dieser Beschluss bestätigte in erster Linie die Verbindlichkeit jener Grundrechte, die in den Artikeln 27 und 28 der DDR-Verfassung zuvor nur auf dem Papier standen.

Der Sprecher der Übergangsregierung Modrow, Wolfgang Meyer, teilte am 30. November 1989 mit, seine Behörde – das bisherige Presseamt – sei in den „Presse- und Informationsdienst der Regierung der DDR" umgewandelt worden. Gleichzeitig wies Meyer Presseberichte zurück, wonach die staatlichen Medien Hörfunk, Fernsehen und die Nachrichtenagentur ADN noch unter einem „SED-Diktat" stehen würden. Diese seien vielmehr „jetzt nicht mehr parteigebunden".[58] Mit einem Ministerratsbeschluss „über das Fernsehen der DDR und den Rundfunk der DDR" vom 21. Dezember 1989,[59] der die Auflösung der Staatlichen Komitees für Fernsehen und Rundfunk sowie die Bestellung von Generalintendanten durch den Ministerrat für beide Medien festlegte, sollte offenkundig eine neue Qualität von „Staatsferne" demonstriert werden. Mit der Bildung eines Fernsehrates beziehungsweise eines Medienrates beim Hörfunk sollte dies unterstrichen werden.

In seiner Regierungserklärung vom 19. April 1990 begründete Lothar de Maizière die Notwendigkeit eines Gesetzes zur Erneuerung, aber auch zur Regulierung der Medienlandschaft: „Wohl nirgends war in der Vergangenheit der Widerspruch zwischen Anspruch und Wirklichkeit so kraß wie in unserer Medienlandschaft. Die neue Regierung erklärt: Presse, Rundfunk und Fernsehen sind frei. Eine demokratische Ordnung setzt unabhängige Medien und den Wettbewerb der Meinungen voraus. Die Abkehr von dem früheren Informations- und Meinungsmonopol der SED und die Zuwendung zu einer pluralistischen Medienstruktur dürfen jedoch weder dem Selbstlauf überlassen noch der Gefahr neuerlicher Monopolbildungen ausgesetzt werden. Mit der Einrichtung eines Ministeriums für Medienpolitik will die Regierung helfen, unterschiedliche Bemühungen zusammenzuführen und den Weg in eine freie und vielfältige Medienlandschaft zu bahnen. Die Ausarbeitung eines Mediengesetzes ist unter Berücksichtigung späterer Länderkompetenzen bald abzuschließen. Bis zu seiner Verabschiedung schlagen wir der Volkskammer vor, das Mandat des Medienkontrollrates zu erneuern. Angesichts des Konkurrenzdrucks bundesdeutscher Printmedien scheint es geboten, schnellstmöglich kartellrechtliche Bestimmungen zu erlassen. Ebenso dringend ist eine Gebührenregelung für Rundfunk und Fernsehen."[60]

Der Medienkontrollrat, dessen Einsetzung auf Ziffer 12 des Volkskammerbeschlusses vom 5. Februar 1990 beruhte, konnte seine ihm zugedachten Kompetenzen nur eingeschränkt wahrnehmen. Den Chefredakteur der evangelischen Kirchenzeitung Thüringens „Glaube und Heimat", Gottfried Müller, berief de Maizière zum Medienminister, in dessen Ministerium der aus dem früheren Presseamt hervorgegangene „Presse- und Informationsdienst" der Regierung Modrows überführt wurde. Den Journalisten Matthias Gehler, Redaktionsmitglied des früheren CDU-Zentralorgans „Neue Zeit", er-

nannte de Maizière zum Regierungssprecher im Range eines Staatssekretärs im Amt des Ministerpräsidenten. Zu Gehlers Vertreterin bestellte der Ministerpräsident das Mitglied des Demokratischen Auf-
bruchs, die Physikerin Angela Merkel.

Ungeachtet der aus unterschiedlichen politischen Vorstellungen
gespeisten medienpolitischen Initiativen von Seiten der Regierungen
Modrow und de Maizière, der Parteien, der Bürgerrechtler, sonstiger
politischer Gruppierungen sowie der einschlägigen Berufs- und In-
teressenverbände mussten jedoch in der Schlussphase der DDR aufgrund einer Vielzahl im Wege stehender objektiver Gründe sämtliche
Bemühungen scheitern, gesetzliche Regelungen für ein privatwirtschaftlich organisiertes Pressewesen und einen öffentlich-rechtlichen
Rundfunk (Hörfunk und Fernsehen) zu erlassen. In der Bundesrepublik gab man bereits Anfang der fünfziger Jahre erstmals den später
mehrfach wiederholten Versuch auf, ein bundesweit geltendes Presse-
rechtsrahmengesetz zu schaffen, da das deutsche Presserecht im weiter gefassten Sinn auf einem Geflecht von unterschiedlichen Rechts-
quellen beruht. Dazu zählen das im Grundgesetz und in den Landes-
verfassungen verankerte Verfassungsrecht, die Landespressegesetze
sowie zahlreiche durch den Bund erlassene Rechtsvorschriften, die
sich beispielsweise auf Arbeits-, Zivil-, Straf-, Wettbewerbs-, Urheber-,
Kartell- und Verlagsrechtsnormen stützen. Das Programmrecht für
den öffentlich-rechtlichen Rundfunk liegt, abgesehen von den nationalen Hörfunkanstalten – Deutsche Welle und DeutschlandRadio –,
bei den Bundesländern. Diese nehmen ihr Programmrecht durch Lan-
desrundfunkgesetze und untereinander abgeschlossene Staatsverträge
wahr. In die Gesetzgebungskompetenz des Bundes fällt lediglich der
sendetechnische Bereich.

Angesichts dieser vielschichtigen Rechtsmaterie hatte auch die
Regelung medienpolitischer Fragen in der DDR bis zu deren Beitritt
zur Bundesrepublik Deutschland am 3. Oktober 1990 vor dem Hintergrund der sich seit dem Frühjahr 1990 abzeichnenden Wiederver-

einigung, der Währungs-, Wirtschafts- und Sozialunion vom 1. Juli sowie der Verhandlungen über den Einigungsvertrag lediglich einen Übergangscharakter. Dies galt auch für ein umstrittenes Rundfunküberleitungsgesetz, dessen Entwurf Anfang Juni 1990 vorgelegt und erst am 26. September in Kraft trat, bis es nur wenige Tage darauf am 3. Oktober mit dem Vollzug der deutschen Einheit seine Gültigkeit verloren hatte.[61] Stattdessen galt nunmehr der Artikel 36 des Einigungsvertrages, der vorsah, dass spätestens bis zum 31. Dezember 1991 die „Einrichtung", damit waren der ehemalige DDR-Hörfunk und das Fernsehen gemeint, durch einen gemeinsamen Staatsvertrag der Länder aufzulösen und in Anstalten des öffentlichen Rechts einzelner oder mehrerer Länder zu überführen war.

Die Auswirkungen der demokratischen Revolution auf die Umgestaltung der Presse, des Hörfunks und des Fernsehens der DDR waren bereits vor der Wiedervereinigung ein gesamtdeutsches Politikum, dem bisher noch zu wenig Beachtung geschenkt wurde. So saßen am Runden Tisch westdeutsche Berater ebenso wie später im kurzfristig bestehenden Medienministerium Gottfried Müllers. Drei Tage nach dem Volkskammer-Beschluss über die vom Runden Tisch erarbeitete Vorlage zur Gewährleistung der Meinungs-, Informations- und Medienfreiheit tagte am 8. Februar 1990 in Bonn zum ersten und einzigen Male im Bundesministerium des Innern eine deutsch-deutsche Medienkommission, deren Zustandekommen auf die Begegnung von Helmut Kohl und Hans Modrow in Dresden am 19./20. Dezember 1989 zurückging.[62]

Bei den medienpolitischen Entscheidungen der Regierung de Maizière nahmen Vertreter des Bundespresseamts und des Bundesinnenministeriums eine beratende Funktion ein. Daraus und vor allem nach der Einsetzung von Rudolf Mühlfenzl als Rundfunkbeauftragten für die neuen Bundesländer entstanden mancherorts Legenden über eine westdeutsche „Kolonisierung" der ostdeutschen Medien. Mühlfenzls Rolle bei der Abwicklung des DDR-Rundfunks wird indes von seinen Kritikern überzeichnet, weil er sich durchaus auch Verdienste bei der Weiterbeschäftigung von Mitarbeitern erworben hat. Als falsch hat sich dagegen beispielsweise erwiesen, die zentralistischen DDR-Rundfunkstrukturen bis zur Auflösung der in Berlin residierenden „Einrichtung" am 31. Dezember 1991 strikt beizubehalten. Dies ging zu Lasten des zügigen Aufbaus der Landesrundfunkanstalten.[63] Eine aktengestützte, unter Mitwirkung von Zeitzeugen durchgeführte Untersuchung der damaligen Abläufe könnte eine noch heute in Ostdeutschland vorhandene mentale Hypothek der vermeintlichen westdeutschen Bevormundung ablösen. In diesem Zusammenhang wäre beispielsweise auch eine differenzierte Darstellung der Rolle der Treuhandanstalt bei ihrer Verkaufspolitik der ehemaligen SED-Bezirkszeitungen vonnöten. Überzeugende Alternativvorschläge sind dazu jedenfalls nicht gemacht worden.

Der Beitritt der DDR zur Bundesrepublik Deutschland am 3. Oktober 1990 bedingte die grundsätzliche Akzeptanz der westdeutschen Medienstrukturen, die bei aller Kritik an einzelnen Missständen und Auswüchsen der Kommerzialisierung maßgeblich zur Stabilität der pluralistisch verfassten, parlamentarischen Demokratie beigetragen haben. Eine Erfahrung, in deren Genuss ehemalige DDR-Bewohner nach der Erduldung von zwei Informationsdiktaturen – der des NS- und der des SED-Regimes – erst fast sechs Jahrzehnte später kommen konnten.

Anhang

Wichtige Daten

1945   **2. Mai** Besetzung des Berliner Funkhauses in der Masu-
                       renallee durch die Rote Armee.

         8. Mai Kapitulation der deutschen Wehrmacht.

        13. Mai Erstes einstündiges, von kommunistischen Jour-
                     nalisten mit Genehmigung des sowjetischen
                     Stadtkommandanten gestaltetes Programm des
                     Berliner Rundfunks.

        15. Mai Erstausgabe der *Täglichen Rundschau* als Tages-
                     zeitung des Kommandos der Roten Armee für
                     die deutsche Bevölkerung. Ab 9. Juni 1945 her-
                     ausgegeben von der Sowjetischen Militäradmini-
                     stration in Deutschland (SMAD); eingestellt am
                     30. Juni 1955.

        21. Mai Erstausgabe der *Berliner Zeitung* als Organ der
                     Roten Armee für die Berliner Bevölkerung. Die
                     Tageszeitung wurde am 20. Juni 1945 dem Berli-
                     ner Magistrat übergeben und seit dem 5. April
                     1946 vom Berliner Verlag herausgegeben. Die
                     Berliner Zeitung fungierte bis zum Ende des
                     SED-Regimes als Organ der SED-Bezirksleitung
                     Berlin.

9. Juni   Bildung der SMAD. Deren Informationsverwal-
tung übernimmt in der SBZ die Leitung des
Rundfunks, die Vergabe von Zeitungslizenzen,
den Einsatz von Zensuroffizieren und die
Papierzuteilung für Druckerzeugnisse.

10. Juni   Befehl Nr. 2 der SMAD gestattet Zulassung von
Parteien und Massenorganisationen in der SBZ
und die Lizenzerteilung für deren Presseorgane.

15. Juni   Erstausgabe des KPD-Zentralorgans *Deutsche
Volkszeitung*; eingestellt am 21. April 1946.

7. Juli   Erstausgabe des SPD-Organs *Das Volk*; eingestellt am 21. April 1946 (zusammengelegt mit der
Deutschen Volkszeitung und als SED-Zentralorgan *Neues Deutschland* fortgeführt.

9. Juli   Die SMAD gründet das *Sowjetische Nachrichtenbüro (SNB)*, dessen Agenturmeldungen von
den SBZ-Medien übernommen werden müssen.

22. Juli   Erstausgabe des CDU-Organs *Neue Zeit*; eingestellt am 5. Juli 1994.

3. August   Erstausgabe des LDPD-Organs *Der Morgen*;
eingestellt am 11. Juni 1991.

15. September   *Sender Leipzig* beginnt mit Eigenprogramm. Er
firmiert ab 27. Oktober als Mitteldeutscher
Rundfunk.

9. Oktober Erstausgabe *Die freie Gewerkschaft* als Organ des FDGB; eingestellt am 31. Dezember 1946.

29. Oktober Eintragung der *Zentrag (Zentrale Druckerei-, Einkaufs- und Revisionsgesellschaft mbH)* beim Handelsgericht Berlin-Mitte. Die *Zentrag* unterstand später unmittelbar dem SED-Zentralkomitee und verfügte 1989 über rund 90 Verlage, Druckereien, Papierfabriken und andere Unternehmen (1952 waren es bereits 41 Betriebe). Am 31. Mai 1990 unterstellte die DDR-Regierung die *Zentrag* der Unabhängigen Kommission für die Feststellung und Bewertung der Vermögen der Parteien und Massenorganisationen.

20. November Die Mitteldeutsche Rundfunk GmbH übernimmt die Rundfunkversorgung für Sachsen, Sachsen-Anhalt und Thüringen.

7. Dezember Erstausgabe des von der SMAD lizensierten *Nachtexpress* als nichtorganisationsgebundene Berliner Abendzeitung; eingestellt am 30. April 1953.

21. Dezember Das Rundfunkwesen in der SBZ wird *der Deutschen Zentralverwaltung für Volksbildung* unterstellt.

24. Dezember *Sender Schwerin* wird als Zweigstelle des *Berliner Rundfunks* in Betrieb genommen.

1946   **9. Februar**   Erste Ausgabe der *Einheit* als theoretische Mo-
                            natszeitschrift von KPD und SPD, die nach drei
                            Ausgaben von der SED fortgeführt wird.

           7. April   Erste Mitgliederversammlung des *Verbandes der
                            Deutschen Presse im FDGB*. Seit 1953 selbstän-
                            diger Verband. 1972 Umbenennung in *Verband
                            der Journalisten der DDR*, der sich 1990 auflöst.

           15. April   Erste Ausgabe der satirischen Zeitschrift *Frischer
                            Wind*; ab April 1954 als *Eulenspiegel* fortgesetzt.

           23. April   Erstausgabe des SED-Zentralorgans *Neues
                            Deutschland* auf Beschluss des aus der Zwangs-
                            vereinigung von KPD und SPD hervorgegange-
                            nen neuen Parteivorstandes.

           1. Mai   Erstausgabe der vom Leipziger Magistrat her-
                            ausgegebenen *Leipziger Zeitung*; eingestellt am
                            16. Januar 1948.

           19. Mai   Wiedererscheinen der *Leipziger Volkszeitung* als
                            regionales SED-Organ.

           20. Juni   *Sender Potsdam* wird als Zweigstelle des Berliner
                            Rundfunks gegründet.

           7. Juli   Erstausgabe der vom Kulturbund herausgegebe-
                            nen Wochenzeitung *Sonntag*; 1990 Fusion mit
                            der westdeutschen linksorientierten *Volkszei-
                            tung* zum *Freitag*.

15. August Gründung der *Generalintendanz des deutschen demokratischen Rundfunks* in der SBZ.

10. Oktober Lizenzierung des *Allgemeinen Deutschen Nachrichtendienstes (ADN)* durch die SMAD als GmbH; ab April 1953 staatliche Nachrichtenagentur der DDR.

1947 **2. Januar** Erstausgabe des FDGB-Organs *Tribüne* erscheint zunächst nur in Ost-Berlin als Tageszeitung und in den Ländern der SBZ bis 1952 als Wochenzeitung; 1996 eingestellt.

Januar Erstausgabe der vierzehntäglich vom FDJ-Zentralrat bis 1983 herausgegebenen Studentenzeitschrift *Forum*.

12. Februar Erstausgabe der *Jungen Welt* als zunächst wöchentlich und ab März 1950 täglich erscheinendes Organ des Zentralrats der Freien Deutschen Jugend.

17. April Formale Aufhebung der Vorzensur der Printmedien in der SBZ durch den SMAD-Befehl Nr. 90.

1948 **22. März** Erstausgabe der *Nationalzeitung*, die nach der am 25. Mai erfolgten Gründung der National-Demokratischen Partei Deutschlands (NDPD) ab 12. September 1948 deren Parteiorgan wird; eingestellt am 1. Juli 1990 und Fusion mit *Der*

Morgen, der ebenfalls im Juni 1991 eingestellt wird.

18. Juli Erstausgabe des *Bauern-Echos* als Parteiorgan der am 29. April 1948 gegründeten Demokratischen Bauernpartei Deutschlands (DBD); 1996 eingestellt.

1. August Einrichtung eines Postzeitungsamtes in Ost-Berlin auf Weisung der SMAD über das alle periodisch erscheinenden Druckschriften des In- und Auslandes vertrieben werden müssen.

1949   **1. Mai** Inbetriebnahme des *Deutschlandsenders*

15. Juli Erstausgabe der im Berliner Verlag erscheinenden Boulevardzeitung *BZ am Abend*; 1996 Erscheinen eingestellt (Nachfolgetitel: *Berliner Kurier*).

1. August Die SMAD übergibt – bis auf die Berichterstattung über die Sowjetunion und Jugoslawien – ihre Kontrollfunktion über den Rundfunk in der SBZ deren Behörden.

7. Oktober Konstituierung der Deutschen Demokratischen Republik.

12. Oktober Die DDR-Regierung übernimmt die Verwaltung des Rundfunks von der SMAD.

12. Oktober Bildung des *Amtes für Information beim Ministerpräsidenten der DDR*; ab 1. Januar 1953 *Presseamt beim Ministerpräsidenten der DDR*.

30. Oktober Offizieller Beginn der Projektierung des Fernsehzentrums in Berlin-Adlershof.

1950 **2. Januar** Erstausgabe des *Vorwärts* als Montagsausgabe von *Neues Deutschland*; eingestellt im Dezember 1958.

9.-10. Februar Konferenz des SED-Parteivorstands mit rund 200 Parteijournalisten, Volkskorrespondenten und Funktionären unter dem Motto „Unsere Presse – Die schärfste Waffe der Partei".

1. März Die Sowjetische Kontrollkommission (SKK), die Nachfolgerin der SMAD, überträgt die Lizenzierung von Zeitungen dem *Amt für Information beim Ministerpräsidenten der DDR*.

11. Juni Grundsteinlegung für das Fernsehzentrum in Berlin-Adlershof.

25. November Erstes Versuchsprogramm des DDR-Fernsehens.

1951 **5. Januar** Eröffnung des neuorganisierten Instituts für Publizistik und Zeitungswissenschaft an der Philosophischen Fakultät der Leipziger Universität;

ab 20. September 1954 Fakultät für Journalistik und ab 31. Januar 1969 Sektion für Journalistik. Neugründung am 2. Dezember 1993 als Institut für Kommunikations- und Medienwissenschaft.

7.-8. März Zweite Pressekonferenz des ZK der SED unter dem Motto: „Kühner vorwärts auf dem Wege zu einer Presse von neuem Typus".

13. Dezember Beschluss des ZK der SED „Zur Verbesserung der Arbeit der Betriebszeitungen". Bis 1989/90 erscheinen über 600 Betriebszeitungen.

1952 **9.-12. Juli** Die 2. SED-Parteikonferenz beschließt „planmäßige Errichtung des Sozialismus in der DDR".

23. Juli Die Volkskammer beschließt die Aufteilung der fünf Länder in der DDR in 14 Bezirke und 217 Kreise. Die SED-Zeitungen in den bisherigen Ländern werden Organe der jeweiligen SED-Bezirksleitungen.

14. August Verordnung des DDR-Ministerrates über die Bildung des *Staatlichen Rundfunkkomitees*, das nach sowjetischem Vorbild den Rundfunk umgestalten soll.

1. September Arbeitsbeginn des *Staatlichen Rundfunkkomitees*.

4. September   Offizielle Eröffnung des Funkhauses an der Nalepastraße in Ost-Berlin.

14. September   Auflösung des *Berliner* und des *Mitteldeutschen Rundfunks* und deren Landessender. An deren Stelle treten drei neue Sender: *Berlin I* mit politischem Schwerpunkt, *Berlin II* (zuvor *Deutschlandsender*) und *Berlin III* mit volkstümlichen Sendungen.

21. Dezember   Der *Deutsche Fernsehfunk* beginnt am Geburtstag Stalins und drei Tage vor Beginn des Fernsehens in der Bundesrepublik (NWDR) offiziell mit regelmäßigen Versuchssendungen.

1953   **2. April**   Verordnung über die Umbildung von ADN von einer GmbH zu einer staatlichen Institution (DDR-Gesetzblatt I, Nr. 46, S. 521).

17. Juni   Volksaufstand in der DDR.

14. Juli   Erstausgabe des *Scheinwerfer* als „Kampfblatt" der Polit-Abteilung der Maschinentraktorenstation Kyritz. In der Folgezeit entstehen ca. 600 Dorfzeitungen, die Anfang der sechziger Jahre nach Abschluss der Zwangskollektivierung der Landwirtschaft wieder eingestellt wurden.

22. Dezember   Erstausgabe der *Wochenpost*; eingestellt am 23. Dezember 1996.

1954   **Januar** Erstausgabe der Monatszeitschrift *Das Magazin.*

1955   **15. April** Der Kurzwellendienst des DDR-Rundfunks be-
                             ginnt mit Sendungen in französischer Sprache;
                             ab 20. Mai 1959 sendete der Dienst unter dem
                             Namen *Radio Berlin International.*

         11. September Umstrukturierung der drei Programme des
                             DDR-Rundfunks. *Radio DDR* sendet ein zen-
                             trales Programm mit wenigen regionalen Fen-
                             stern; der *Berliner Rundfunk* wendet sich
                             vor allem an die Bevölkerung Ost-Berlins; der
                             Deutschlandsender wird politisch von der West-
                             Abteilung des ZK der SED angeleitet, untersteht
                             aber weiterhin organisatorisch dem *Staatlichen
                             Rundfunkkomitee.*

              Dezember Ende 1955 sind 13 579 Fernsehgeräte in der DDR
                             angemeldet.

1956   **3. Januar** Ende der Versuchssendungen und Start des
                             regulären Programms des DDR-Fernsehens.

             17. August Sendebeginn des in der DDR stationierten *Deut-
                             schen Freiheitssenders 904* als Sprachrohr der in
                             der Bundesrepublik verbotenen KPD; eingestellt
                             am 1. Oktober 1971.

              Dezember Durch die Angleichung der Norm des DDR-
                             Fernsehens an die der Bundesrepublik wird der
                             wechselseitige Empfang der Sendungen möglich.

1957   **2. September**   Wegfall des sendefreien Montags im DFF.

11. Oktober   Beginn der tägliche Ausgabe der *Aktuellen Kamera*.

1958   **2. Februar**   Die *Berliner Welle*, das zweite Programm des *Berliner Rundfunks*, sendet auf UKW.

Oktober   *Radio DDR* strahlt ein zweites Programm aus.

8. Oktober   Beginn der Ausstrahlung von Vormittagsprogrammen im DDR-Fernsehen.

1959   **17.-18. April**   3. Pressekonferenz des ZK der SED in Leipzig mit rund 800 Teilnehmern unter dem Motto „Die Presse – Kollektiver Organisator der sozialistischen Umgestaltung".

1960   **21. März**   Sendebeginn des *Schwarzen Kanals* mit Karl Eduard von Schnitzler; eingestellt am 30. Oktober 1989 nach 1519 Ausstrahlungen.

1. Oktober   Sendebeginn des für Bundeswehrangehörige bestimmten *Deutschen Soldatensenders 935* in der DDR; eingestellt am 1. Juli 1972.

1961   **13. August**   Mauerbau in Berlin.

4. September Ausstrahlung eines ARD-Vormittagsprogramms über grenznahe Sender in die DDR.

3. Oktober Eröffnung des *Ostsee-Studios Rostock* des DDR-Fernsehens.

1962 **12. April** Verordnung über die Herausgabe und Herstellung aller periodisch erscheinenden Presseerzeugnisse (DDR-Gesetzblatt II, Nr. 24, S. 239).

1964 **1. Mai** Eröffnung des *Studios Halle* des DDR-Fernsehens.

15.-18. Mai Anläßlich des „Deutschlandtreffens 1964" der FDJ sendet die *Berliner Welle* für die Teilnehmer durchgehend das Serviceprogramm *DT64;* ab 29. Juni 1964 wird das *Jugendstudio 64* ein Programmfenster des *Berliner Rundfunks* und DDR-weit über UKW und Kurzwelle gesendet; am 1. Dezember 1987 Umwandlung zum *Jugendradio DT64* innerhalb des DDR-Rundfunks mit eigener Intendanz; ab 1993 Ausstrahlung als Programm des *Mitteldeutschen Rundfunks* unter dem Namen *SPUTNIK* über UKW und Satellit.

11.-12. Dezember 4. Journalistenkonferenz des ZK der SED in Berlin unter dem Motto „Ideologische Waffen für Frieden und Sozialismus. Die Aufgaben von Presse, Rundfunk und Fernsehen beim umfassenden Aufbau des Sozialismus in der DDR".

1966   **3. Januar**   Beginn der Ausstrahlung eines gemeinsamen Fernsehvormittagsprogramm von ARD und ZDF über grenznahe Sender in die DDR.

14. Juli   Anordnung über das Statut des *Allgemeinen Deutschen Nachrichtendienstes* (DDR-Gesetzblatt II, Nr. 105, S. 481).

1968   **4. September**   Beschluss des DDR-Ministerrats über die Aufteilung des *Staatlichen Rundfunkkomitees* in das *Staatliche Komitee für Rundfunk* und das *Staatliche Komitee für Fernsehen beim Ministerrat der DDR*.

1969   **3. Oktober**   Sendebeginn des 2. Programms des DDR-Fernsehens mit vollem Wochenprogramm und regelmäßigen Farbsendungen.

1971   **3. Mai**   Erich Honecker löst Walter Ulbricht als SED-Parteichef ab.

14. November   Beschluss des *Staatlichen Komitee für Rundfunk*, die Sendungen des *Deutschlandsenders* und der *Berliner Welle* einzustellen. Deren Frequenzen werden dem neuen Sender *Stimme der DDR* zur Verfügung gestellt.

1972   **3. Januar**   Der *Deutsche Fernsehfunk* wird in *Fernsehen der DDR* umbenannt.

           7. November   Beschluss des SED-Politbüros über „die Aufgaben der Agitation und Propaganda bei der weiteren Verwirklichung der Beschlüsse des VIII. Parteitages der SED".

     16.-17. November   Konferenz des ZK der SED über die Funktion von Agitation und Propaganda.

1973   **21. Februar**   Verordnung über die Tätigkeit von Publikationsorganen anderer Staaten und deren Korrespondenten in der DDR (DDR-Gesetzblatt I, Nr. 10, S. 99). Verschärft durch eine Durchführungsbestimmung vom 11. April 1979 (DDR-Gesetzblatt I, Nr. 10, S. 81).

     3. September   Der erste Journalist aus der Bundesrepublik wird in der DDR akkreditiert.

1974   **7. Oktober**   Änderung der DDR-Verfassung (u. a. Streichung aller gesamtdeutschen Bezüge).

1975   **17. November**   Anordnung über den Vertrieb von Presseerzeugnissen – Postzeitungsvertriebsordnung – (DDR-Gesetzblatt I, Nr. 48, S. 769).

1976   **11. Februar** Anordnung über Allgemeine Bedingungen für die Veröffentlichung von Anzeigen in Zeitungen, Zeitschriften und anderen Druckerzeugnissen (DDR-Gesetzblatt I, Nr. 48, S. 155).

1977   **18. Mai** Beschluss des SED-Politbüros über die „weiteren Aufgaben der politischen Massenarbeit der Partei"; 21.-22. Mai Konferenz des ZK der SED über diesen Beschluss.

1982   **13. September** Strukturänderungen in beiden Programmen des DDR-Fernsehens durch Erhöhung des Anteils an Unterhaltungssendungen und westlichen Spielfilmen.

1983   **1. April** Mit Beginn des zweiten Quartals 1983 werden aufgrund der Papierknappheit eine Reihe von Fachzeitschriften und Wochenzeitungen entweder eingestellt oder in ihrem Umfang beziehungsweise in ihrer Erscheinungsweise erheblich reduziert.

   1. Mai Änderung der Programmstruktur im Hörfunk; Unterhaltungs- und Magazinsendungen erhalten ein stärkeres Gewicht.

1985   **13. April** In Ost-Berlin wird bekannt, dass 1984 je eine
                             Ausgabe von zwei evangelischen Wochenzeitun-
                             gen auf Weisung des Presseamtes eingestampft
                             werden mussten.

1986   **13. April** Rundfunkanordnung des DDR-Ministerrates
                             über die Errichtung von Gemeinschaftsanten-
                             nenanlagen unter bestimmten Auflagen (DDR-
                             Gesetzblatt I, Nr. 10, S. 111).

1987   **7. Juni** Westliche Fernseh-Korrespondenten werden in
                             Ost-Berlin massiv in ihrer Arbeit behindert, als
                             sie über Auseinandersetzungen zwischen Ju-
                             gendlichen und der Volkspolizei in der Nähe des
                             Brandenburger Tores berichten wollten.

            1. Dezember Programmreform im DDR-Hörfunk.

1988   **Januar** Der Postzeitungsvertrieb der DDR liefert drei
                             Nummern der sowjetischen Auslandszeitschrift
                             Neue Zeit nicht aus.

              3.-4. März XII. Kongress des *Verbandes der Journalisten
                             der DDR*.

               19. Juni Bundesdeutsche Kamerateams werden in Ost-
                             Berlin von DDR-Sicherheitskräften in ihrer Ar-
                             beit behindert und tätlich angegriffen.

18. November   ADN-Meldung über die Streichung des sowjetischen Monatsmagazins *Sputnik* von der Postzeitungsliste; Wiederaufnahme am 20. Oktober
1989.

12. Dezember   Nach zahlreichen bekannt gewordenen Eingriffen des Presseamtes bei evangelischen Kirchenzeitungen muss die Ost-Berliner Kirchenzeitung
Die Kirche Artikel streichen beziehungsweise
verändern.

1989   **Januar**   Nach einjähriger Unterbrechung erscheint wieder der *grenzfall*, eine inoffzielle Publikation der
Initiative für Frieden und Menschenrechte.

1. September   Sendebeginn von *Elf99*, dem Jugendprogramm
des DDR-Fernsehens.

10. September   Vier Mitglieder der CDU wenden sich in ihrem
„Brief aus Weimar" gegen eine Medienpolitik,
die „die auf Verdrängen, Verschweigen und Be-
schönigen" setzt.

5. Oktober   Eine Fernsehdiskussionsrunde zum 40. Jahrestag
der DDR muss abgebrochen werden, weil der
Moderator kurz vor der Sendung von der ZK-
Abteilung Agitation angewiesen wurde, keine
kritischen Zuschauerfragen beantworten zu lassen.

11. Oktober   Das SED-Politbüro spricht sich für „lebensver-
bundene Medien" aus.

18. Oktober Rücktritt Erich Honeckers als SED-Generalsekretär. Nachfolger wird Egon Krenz, der in seiner Antrittsrede fordert, „unsere Presse kann
nicht Tribüne eines richtungslosen, anarchistischen Geredes werden".

30. Oktober Die *Aktuelle Kamera* berichtet zum ersten Mal in
einer Live-Schaltung von der Leipziger Mon-
tagsdemonstration.

4. November Großdemonstration auf dem Ost-Berliner Alexanderplatz für Presse-, Meinungs- und Versammlungsfreiheit, die vom DDR-Fernsehen
und vom *Berliner Rundfunk* direkt übertragen
wird.

9. November Maueröffnung.

30. November Aufhebung der Arbeitsbeschränkungen für aus-
ländische und westdeutsche Journalisten mit
Wirkung vom 8. Januar 1990 (DDR-Gesetzblatt
I, Nr. 1, S. 12).

3. Dezember Rücktritt des von Egon Krenz geleiteten SED-
Politbüros.

9. Dezember In der Wochenendbeilage der *Leipziger Volkszeitung* werden erstmals zwei Seiten oppositionellen Parteien und Gruppierungen zur Selbstdarstellung zur Verfügung gestellt.

21. Dezember Der DDR-Ministerrat beschließt die Auflösung der *Staatlichen Komitees für Rundfunk und Fernsehen.* An ihre Stelle treten der *Rundfunk der DDR* und das *Fernsehen der DDR,* jeweils unter einem Generalintendanten (DDR-Gesetzblatt I, Nr. 26, S. 273).

1990   **18. Januar** Bildung eines provisorischen Hörfunkrates im *Rundfunk der DDR* mit Vertretern der am Runden Tisch beteiligten Parteien und Bürgerbewegungen.

5. Februar Volkskammerbeschluss über „die Gewährleistung der Meinungs-, Informations- und Medienfreiheit". Neben Hörfunk und Fernsehen untersteht auch ADN nicht mehr der Regierung (DDR-Gesetzblatt I, Nr. 7, S.39). Die Einhaltung dieses Beschlusses soll ein am 13. Februar gebildeter Medienkontrollrat der DDR überwachen.

8. Februar Rückbenennung der *Stimme der DDR* in *Deutschlandsender.*

15. Februar Der DDR-Ministerrat hebt die Lizenzierungspflicht von Presseerzeugnissen auf und ersetzt sie durch die Anmeldung zur Registrierung.

12. März Rückbenennung des *Fernsehens der DDR* in *Deutscher Fernsehfunk (DFF).*

18. März Erste freie Wahlen zur Volkskammer.

12. April Gottfried Müller (CDU) wird Minister für Medienpolitik in der neuen DDR-Regierung.

15. Mai Die Generalintendanz des Hörfunks legt dem Medienkontrollrat ein Konzept für den Kultursender *DS Kultur* vor, der am 16. Juni an die Stelle des *Deutschlandsenders* und *Radio DDR II* tritt.

23. Juni Umwandlung der Nachrichtenagentur *ADN* in eine GmbH.

28. Juni Demonstration von Mitarbeitern des Hörfunks und der Presse für den Erhalt des *DFF* und des *Rundfunks der DDR* als eigenständige Anstalten mit neuen Strukturen.

1. August *Radio DDR I* sendet unter dem Namen *Radio Aktuell* ein populäres Programm.

31. August Unterzeichnung des Einigungsvertrages in Berlin. Im Artikel 36 wird festgelegt: „ Der ‚Rundfunk der DDR‘ und der ‚Deutsche Fernsehfunk‘ werden als gemeinschaftliche, staatsunabhängige, rechtsfähige Einrichtung von den in Artikel 1, Absatz genannten Ländern … bis spätestens 31. Dezember 1991 weitergeführt, soweit sie Aufgaben wahrnehmen, für die die Zuständigkeit der Länder gegeben ist." Die „Einrichtung" soll ein Rundfunkbeauftragter leiten.

6. September   Der Intendant von *Radio Berlin International,* Klaus Fischer, erklärt, dass der Sender seine Sendungen nach dem Beitritt der DDR zur Bundesrepublik einstellen müsse. Dies geschah am 2. Oktober 1990; die *Deutsche Welle* übernahm die Frequenzen von *RBI* um Mitternacht.

13. September   Die Volkskammer beschließt in zweiter Lesung ein Gesetz zur Überleitung des Rundfunks in die Gesetzgebungszuständigkeit der Länder.

3. Oktober   Wiedervereinigung Deutschlands und Inkrafttreten des Einigungsvertrages.

Überblick über das Pressewesen der DDR (1988)

Für das Jahr 1988 wurden in der DDR Lizenzen für 1812 Presseerzeugnisse mit einer jährlichen Durchschnitts-Gesamtauflage von 46.008.370 Exemplaren ausgestellt. Das sind

39	Tageszeitungen	9.704.500	Exemplare
30	Wochen- und Monatszeitungen	9.429.200	"
667	Betriebszeitungen	2.220.800	"
4	Kreiszeitungen	149.100	"
542	Zeitschriften	21.888.930	"
530	Mitteilungsblätter	2.615.840	"
1812		46.008.370	Exemplare

Zu den einzelnen Zeitungs- und Zeitschriftengruppen

1. Tageszeitungen

39	Tageszeitungen	9.704.500	Exemplare
17	Organe der SED	6.835.000	"
	davon		
	Neues Deutschland	1.098.000	Exemplare
	Berliner Zeitung	425.100	"
	BZ am Abend	203.900	"
	14 Bezirkszeitungen	5.108.000	"
4	Organe von Massenorganisationen	2.034.700	Exemplare
	Junge Welt	1.435.000	Exemplare
	Tribüne	412.600	"
	Sport-Echo	185.000	"
	Nowa Doba	2.100	"
1	Organ der DBD		
	Bauern-Echo	94.200	Exemplare
6	Organe der CDU	267.200	Exemplare
	Neue Zeit	113.300	"

```
5  Organe der LDPD  ...............   274.900 Exemplare
      Der Morgen  ..................    61.700     "
      4 Gebietszeitungen  ...........   213.200     "

6  Organe der NDPD  ...............   198.500 Exemplare
      National-Zeitung  ..............    55.600     "
      5 Gebietszeitungen  ...........   142.900     "
```

Insgesamt erhalten 1000 Einwohner in der DDR 583 Exemplare der Tageszeitungen; jeder Haushalt 1,5 Tageszeitungen. Der Anteil der Parteizeitungen der SED an der Durchschnitts-Gesamtauflage beträgt 70,4 Prozent. Die vier befreundeten Parteien geben insgesamt 18 Tageszeitungen mit einer Auflage von 834.800 Exemplaren (8,6 Prozent der Durchschnitts-Gesamtauflage) heraus.

2. Wochen- und Monatszeitschriften

```
 30  Titel  .........................  9.429.200 Exemplare

  5  Massenillustrierte  ...............  4.056.000 Exemplare
        NBI  ........................    791.000     "
        Für Dich  ....................    935.000     "
        FF dabei  ....................  1.480.000     "
        Eulenspiegel  .................    490.000     "

  2  Wochenzeitungen mit Massencharakter ..  1.445.000 Exemplare
        Wochenpost  .................  1.220.000     "
        Neue Deutsche Bauernzeitung  ..    225.000     "

  3  Magazine  ......................  1.443.000 Exemplare
        Das Magazin  .................    565.000     "
        Neues Leben  ................    538.000     "
        Armee-Rundschau  ............    340.000     "

 20  Wochen- und Monatszeitungen
     mit spezifischem Leserkreis  ............  2.485.200 Exemplare
```

Dazu gehören u.a.: „Horizont" (130 000), „Volksarmee" (200 000), „Weltbühne" (31 000), „Sonntag" (22 500), „Deutsche Lehrerzeitung" (158 000), „Trommel" (745 000), „Presse der Sowjetunion" (86 000), „Gärtnerpost" (25 000), „Das neue Handwerk" (236 000), „Fußballwoche" (285 000), „Humanitas" (49 000).
Die durchschnittliche Streuungsdichte der Wochen- und Monatszeitungen beträgt 567 Exemplare je 100 Einwohner, je Haushalt 1,44 Exemplare.

3. Zeitschriften

542 Titel	21.888.930 Exemplare
101 Massenillustrierte	4.232.590 Exemplare
33 Kulturpolitik, Literatur und Kunst	1.169.200 "
77 Erziehungs- und Bildungswesen	5.734.000 "
darunter 14 Kinder- und Jugendzeitschriften	4.663.400 "
60 Gesundheits- und Sozialwesenl	725.365 "
20 Sport und Freizeitgestaltung	2.512.750 "
71 Mathematik/Naturwissenschaften	312.895 "
101 Ökonomie und Technik der Wirtschaftsbereiche	2.230.930 "
34 Land-, Forst- und Nahrungsgüterwirtschaft	1.077.350 "
11 Mode und Wohnkultur	3.513.100 "
34 Theologie und Religion	380.750 "

4. Mitteilungsblätter und Pressestimmen

530 Titel	2.615.840 Exemplare
176 Tageszeitungen	1.806.355 Exemplare
354 Regionale Mitteilungsblätter	809.485 "

Quelle: Mitteilung der Abteilung Agitation vom 1. Januar 1988. In: Gunter Holzweißig, DDR-Presse unter Parteikontrolle. Analysen und Berichte des Gesamtdeutschen Instituts, Bonn 1991, S.124 ff. und in: Die SED-Herrschaft und ihr Zusammenbruch. Hrsg. von Eberhard Kuhrt in Verbindung mit Hannsjörg F. Buck und Gunter Holzweißig im Auftrag des Bundesministeriums des Innern, Opladen 1996, S. 75 f.

Weisungsstränge der SED-Medienanleitung und -kontrolle

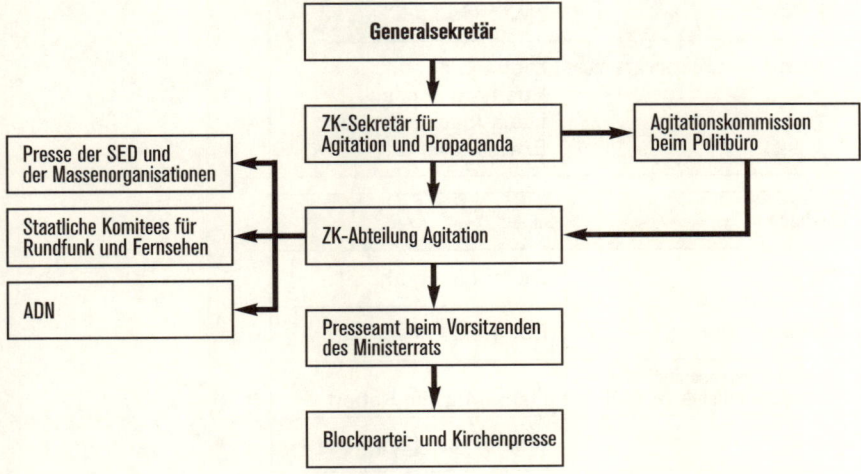

Struktur des Presseamts beim Vorsitzenden des Ministerrats

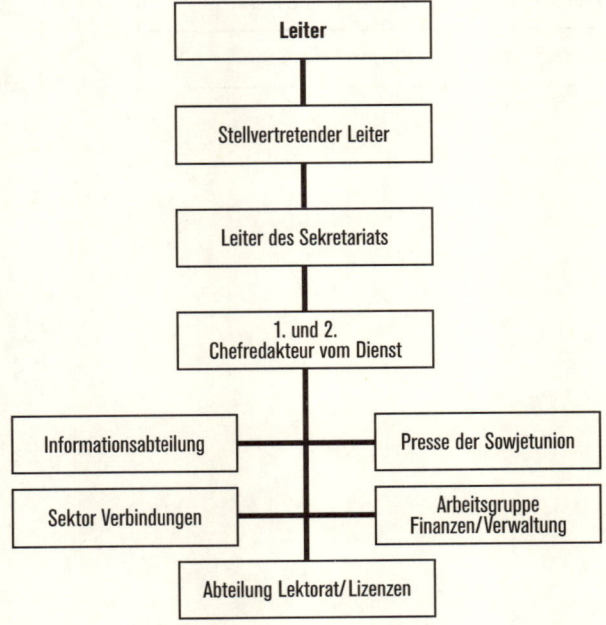

Organigramm der SED-ZK-Abteilung Agitation

Abteilungsleiter	Heinz Geggel
Stellvertretende Abteilungsleiter	Dieter Langguth Eberhard Fensch Hans-Joachim Kobert Erwin Müller

Sektoren	Leiter
Presse	Dieter Langguth
Rundfunk/Fernsehen	Eberhard Fensch
Arbeit mit den ausländischen Korrespondenten in der DDR	Hans-Joachim Kobert
B-Sektor	Oberst Kurt Langnese
Agitation	Erwin Müller
Sichtagitation	Peter Seifert
Was und Wie/Information	Ulrich Kalinowski
Bibliothek und Zeitungsarchiv	Jürgen Danisch

(Stand 1989)

Dokumente

1 *Walter Ulbricht als Medienkontrolleur – ein frühes Beispiel*

Ich schlage vor, feststellen zu lassen, wie die SED-Presse der Ost-
zone in den letzten 10 Tagen zu den vom Parteitag aufgeworfe-
nen neuen Fragen im Zusammenhang mit Befehl 234 *[SMAD-
Befehl zur Lebensmittelüberwachung; G. H.]* Stellung
genommen hat. Diese Kritik würde ich vorschlagen, den Zeitungen mit dem Pressedienst zuzuschicken. Damit müsste gleichzeitig an Hand des guten Beispiels von Sachsen gezeigt werden, in
welcher Weise die neuen Aufgaben im Mittelpunkt der Zeitung
zu stellen sind.

Quelle: *Eilige Hausmitteilung Walter Ulbrichts vom 21. Oktober 1947 an den
im SED-Parteivorstand für Kultur, Schulung und Presse zuständigen Funktionär, Otto Meier (SAPMO-BArch, DY IV 30/2/9.02/64, Blatt 43)*

2 *Hermann Axen über die Presse als „schärfste Waffe der Partei"
und „Nur-Journalisten"*

Unsere Parteileitungen unterschätzen noch die Bedeutung der
Zeitung, die – wie Genosse Stalin lehrt – „ die Arbeiterbewegung
führen, ihr den Weg weisen und sie vor Fehlern bewahren" muß.
Worin kommt diese Unterschätzung zum Ausdruck? Viele Par-
teileitungen scheinen sich dessen nicht bewußt zu sein, daß die
Presse das tägliche Sprachrohr der Partei zu den Massen ist, daß

die Presse die tägliche und regelmäßige Verbindung zwischen
Leitung und Mitgliedschaft, zwischen Partei und Massen und
umgekehrt zwischen Massen und Partei ist. Mit anderen Worten,
sie unterschätzen die Rolle der sozialistischen Presse als der
stärksten Waffe der Partei.[…]
Der Unterschätzung der Bedeutung der Presse als schärfste
Waffe der Partei durch die meisten Parteileitungen entspricht die
in den Kreisen unserer Redakteure vorhandene Unterschätzung
ihrer Aufgaben und Pflichten als Parteifunktionäre. Vieler unserer Redakteure hat sich – wie wir es bezeichnen – einer „Nur-
Journalisten-Ideologie" bemächtigt. […]
Wir sprechen von der Ideologie des „Nur-Journalismus" als einer
Gefahr, weil sie viele unserer Genossen Redakteure, ihnen bewußt oder unbewußt, von den Massen isoliert und sie – in der
Perspektive gesehen – nur in das Fahrwasser des Opportunismus
und bürgerlichen Routine- Journalismus führen kann.
Welche Folgen der „Nur-Journalismus" haben kann, das sehen
wir an dem Beispiel der Redakteure der „Leipziger Volkszeitung". Bei der Überprüfung unserer dortigen Redakteure wurde
festgestellt, daß man einer ernsthaften Auseinandersetzung und
Erörterung der Probleme möglichst aus dem Wege geht, daß
wichtige Artikel, ja Leitartikel unkontrolliert direkt in den Satz
gehen, daß eine solche Ideologie bei manchen Redakteuren vorhanden ist – man bedenke: Redakteure, die Erzieher der Partei
und der Massen sein sollen! –, daß diese äußern: „Ich sage lieber
nichts, ich habe Frau und Kind", oder: „Ich sage auch nichts,
sonst macht man nur einen Fehler, und dann bekommt man eins
auf den Kopf!"

*Quelle: Hermann Axen, Die Entwicklung der Parteipresse zu einer Presse von
neuem Typus. In: Unsere Presse – Die schärfste Waffe der Partei. Referate und
Diskussionsreden auf der Pressekonferenz des Parteivorstandes der SED vom
9.-10. Februar 1950 in Berlin, Berlin 1950, S. 23 und 25*

3 *„Parteiliche" Satire statt „verantwortungsloser Nörgelei" –*
der „Eulenspiegel" und die DEFA-Kurzfilmfilmreihe
„Das Stacheltier" im Visier des SED-Zentralkomitees

Die Direktive „Die Aufgaben der satirischen Zeitschriften, satirischen Sendungen des Rundfunks und der satirischen Filme" wird bestätigt. Sie sind in den Parteiorganisationen des „Eulenspiegels" des „Stacheltiers", der Unterhaltungsabteilung des Staatlichen Rundfunkkomitees in Mitgliederversammlungen zu beraten.

Die Arbeit der Redaktionen ist einzuschätzen und es ist zu beschließen, wie die vorhandenen Tendenzen einer kleinbürgerlichen, verantwortungslosen Nörgelei durch eine parteiliche Satire überwunden werden können, die die feindlichen und rückständigen Ideologien und ihre Träger entlarvt und die die Schwächen in unserer politischen, ökonomischen und kulturellen Entwicklung vom Standpunkt der Arbeiterklasse kritisiert.

Um eine qualifizierte politisch-ideologische Leitung der Redaktion des „Eulenspiegels" zu gewährleisten, wird der Genosse Heinz Schmidt ab 15.12.1955 mit der Funktion des Chefredakteurs betraut.

Da das „Stacheltier" ein wichtiges Mittel der aktuellen politischen Agitation ist, geht die Anleitung von der Abteilung Kunst, Literatur und kulturelle Massenarbeit auf die Abteilung Agitation/Presse-Rundfunk ab 15.12.1955 über.

Ab sofort berät ein Mitglied der Kommission für Agitation mit den Chefredakteuren des „Eulenspiegels" des „Stacheltiers" und der Unterhaltungsabteilung des Staatlichen Rundfunkkomitees wöchentlich einmal ihre Arbeit, gibt Hinweise für die Argumentation und bezeichnet die Schwerpunkte der Thematik.

Die Direktive ist im „Sonntag" zu veröffentlichen, ohne daß sie als Direktive des Sekretariats des ZK gekennzeichnet wird.

Quelle: Protokoll Nr. 1/56 der SED-ZK-Sekretariatssitzung vom 11. Januar 1956 (SAPMO-BArch, DY 30/J IV 2/3/499)

4 *Verschärfte „politisch-operative Maßnahmen" des MfS – Erich Mielkes Anordnung zur Sicherung von Hörfunk- und Fernsehsendern nach der Niederschlagung des „Prager Frühlings"*

Auf Grund der besonderen Bedeutung des Fernsprech- und Fernschreibewesens sowie der Rundfunk- und Fernsehsender und der dazugehörigen Funkhäuser im Rahmen der politischen, ökonomischen und militärischen Sicherung der Deutschen Demokratischen Republik sind umgehend geeignete politisch-operative Maßnahmen einzuleiten und durchzuführen, die ausschließen, daß Personen unter Ausnutzung dieser Einrichtung feindliche Handlungen durchführen.

Es sind insbesondere solche politisch-operativen Maßnahmen einzuleiten, die gewährleisten, daß

keine unbefugten oder feindlich eingestellten Personen in die technischen Anlagen der Rundfunk-und Fernsehsender und Studios eindringen und wirksam werden können;

es feindlichen Elementen nicht gelingt, unter Benutzung dieser Einrichtungen feindliche

Losungen, Aufrufe und desorientierende Sendungen auszustrahlen;

politisch unzuverlässige Personen an wichtigen Stellen des Rundfunks, Fernsehens und der Fernmeldetechnik nicht in irgend einer anderen Art und Weise feindlich wirksam werden können;

alle Schwerpunktobjekte, wie Fernmeldeämter, Rundfunkverstärkerämter, Verstärkerämter, Trägerfrequenzämter, Knotenämter, unbemannte Verstärkerämter, Anschaltpunkte, Funkbetriebs- und Relaisstellen gegen jegliche feindliche Handlungen, insbesondere Diversionsakte und als solche getarnte Havarien gesichert werden.

Durch die Einleitung dieser Maßnahmen ist zu sichern,

die maximale Kontrolle von Sprechern und solchen Technikern, welche die Möglichkeit haben, sich unmittelbar und direkt in Rundfunk- und Fernsehsendungen einzuschalten;

daß an Schalt- und Kontrollstellen der Rundfunk- und Fernsehstudios nur solche Bürger eingesetzt werden, die der Partei und Regierung treu ergeben sind;

daß Schwerpunkte der vorgenannten Einrichtungen durch Angehörige des Ministeriums für Staatssicherheit, der Deutschen Volkspolizei, durch Sicherheitsbeauftragte und patriotische Kräfte besetzt werden. (Die Schwerpunktobjekte sind in meinem Befehl 36/67 sowie der 1. und 2. Durchführungsbestimmung zum Befehl aufgeführt).

Über die eingeleiteten politisch-operativen Maßnahmen ist bis zum 04.09.1968 an mich umfassend zu berichten.

Quelle: Monika Tantzscher, "Maßnahme Donau und Einsatz Genesung". Die Niederschlagung des Prager Frühlings 1968/69 im Spiegel der MfS-Akten. Reihe B: Analysen und Berichte des BStU, Nr. 1/1994, S. 99 f

5   *Politbüro-Rüge für Karl Eduard von Schnitzler wegen Szenen aus Wolfgang Menges ARD-Fernsehspiel „Das Millionenspiel" im „Schwarzen Kanal"*

1. Das Politbüro hat die Fernsehsendung „Schwarzer Kanal" vom 26. Oktober 1970 gesehen. Die Wiederholungssendung im 2. Fernsehen am 27. Oktober 1970 sowie alle anderen Wiederaufführungen sind nicht zu senden.

2. Das Politbüro hält die Sendung für politisch unerträglich, da

sie objektiv der westlichen Barbarei dient.

Der Leiter des Staatlichen Komitees für Fernsehen, Genosse Adameck, wird beauftragt:

Garantien zu schaffen, daß keine solche Westsendungen bzw. große Auszüge aus Westsendungen gesendet werden.

In der Parteiorganisation des Fernsehens ist die Frage zu behandeln. Die Genossen der Parteiorganisation sollen Vorschläge machen, wie verändert werden kann.

3. Genosse E. Honecker wird beauftragt, mit Genossen Adameck und dem Parteisekretär der Parteiorganisation beim Deutschen Fernsehfunk zu sprechen.

Quelle: Auszug aus dem Protokoll der Politbürositzung Nr. 47/70 vom 27. Oktober 1970 (SAPMO-BArch, DY 30/J IV 2/2/1307)

6   *Erich Honecker auf dem X. SED-Parteitag über die Medien: „Kampfinstrumente der Arbeiter-und-Bauern-Macht"*

[…] Genossinnen und Genossen! Die Massenmedien spielen in unserer Zeit eine außerordentliche Rolle. Sie sind ideologische Kampfinstrumente in den Händen der Arbeiter-und-Bauern-Macht wie auf der anderen Seite in den Händen der imperialistischen Bourgeoisie.

Presse, Rundfunk und Fernsehen der DDR haben sich auch in der Zeit seit dem IX. Parteitag als zuverlässige Instrumente unserer sozialistischen Ordnung, als schlagkräftige Waffen in der Auseinandersetzung mit dem Imperialismus erwiesen. Sie leisteten einen wichtigen Beitrag zur politischen Orientierung der Werktätigen und zur Befriedigung ihrer geistig-kulturellen Bedürfnisse. Weiter angestiegen ist der Verbreitungsgrad unserer Massenmedien. So erscheinen in der DDR heute 1770 verschiedene Zeitungen und Zeitschriften, deren Gesamtauflage die 40-Millionen-Grenze erreicht. 90 Prozent aller Haushalte der DDR sind inzwischen mit Fernsehempfängern ausgestattet, davon 17 Prozent mit Farbgeräten. Praktisch jede Familie besitzt einen oder mehrere Rundfunkempfänger.

Für Presse, Rundfunk und Fernsehen kommt es vor allem darauf an, die aktive Verbreitung unserer sozialistischen Ideologie, die innen- und außenpolitische Information, die geistig-kulturelle Bereicherung und Unterhaltung im weitesten Sinne des Wortes als eine einheitliche Aufgabe zu verstehen und zu verwirklichen. Die Bemühungen um weltanschauliche Tiefe, schnelles politisches Reagieren und Massenwirksamkeit müssen ideenreich fortgesetzt werden.

Vor allem gilt es, die Rolle von Presse, Rundfunk und Fernsehen als Tribüne des gesellschaftlichen Erfahrungsaustausches der Werktätigen weiter auszubauen. Das bedeutet, daß die Werktätigen mit ihren Ideen, Initiativen, Vorschlägen und kritischen Hinweisen selbst zu Wort kommen, daß die Arbeit mit den Leser-, Zuschauer- und Hörerbriefen sowie mit Volkskorrespondenten aktiviert wird.

„Neues Deutschland" als Organ des Zentralkomitees der SED steht vor der Aufgabe, auch künftig beispielgebend voranzugehen. Eine große Verantwortung in der Massenarbeit tragen ebenso die Bezirkszeitungen unserer Partei, die täglich mit einer Gesamtauflage von rund 5 Millionen Exemplaren erscheinen. Was die über 600 Betriebszeitungen betrifft, so lehrt die Erfahrung, daß sie ihrer gesellschaftlichen Funktion um so besser gerecht werden, je gezielter sie von den Leitungen der Parteiorganisationen als ihr Organ behandelt und genutzt werden. Nachdem das Fernsehen der DDR in den letzten Jahren durchaus wirksame Programmleistungen auf den Bildschirm gebracht hat, geht es jetzt vor allem darum, daß das gesamte Programm,

einschließlich einer weiteren Verbesserung der alternativen Gestaltung des I. und II. Programms, noch besser den hohen Maßstäben unserer gesellschaftliche Entwicklung und den vielseitigen Interessen und Ansprüchen der Millionen Zuschauer gerecht wird.

Quelle: Protokoll des X. Parteitages der Sozialistischen Einheitspartei
Deutschlands. Berlin 1981, Band 1, S. 142 f

7 *Spitzelbericht aus der Druckerei des CDU-Zentralorgans*
   „Neue Zeit"

Aus dem Kreis von Redakteuren und Produktionsarbeitern der
VOB Union-Druckerei der CDU in Berlin-Mitte wurde fol-
gendes bekannt:
Ein Teil von Produktionsarbeitern sprach in den letzten Tagen
davon, ob es denn tatsächlich notwendig sei, im Zusammenhang mit dem X. Parteitag der SED Sonderschichten zu fahren
und eine Vielzahl von Überstunden zu leisten. Eine derartige
Diskussion ergab sich auf Grund der Tatsache, weil im CDU-
Zentralorgan „Neue Zeit" das Referat des Genossen Honecker
und weitere wichtige Materialien des Parteitages im vollen
Wortlaut gedruckt wurden.
Bei diesen Diskussionen gingen sie davon aus, daß es sich doch
um eine CDU-Zeitung handelt und da müßte es doch genügen,
wenn nur die wichtigsten Passagen zusammengefaßt und in
konzentrierter Form wiedergegeben werden. Daraus ergeben
sich ein höherer Nutzeffekt, weil doch überall gespart werden
soll. Wer sich dann für die Materialien im vollen Wortlaut inter-
essiere, könne sich auch das ND oder die angekündigten Broschüren kaufen. Dadurch können wertvolle Rohstoffe, Arbeitszeit und Lohnkosten eingespart werden.

Der Stellv. Chefredakteur XXX sowie die Redakteure XXX
und XXX waren mit der vorgenannten Meinung einverstanden.
Sie selbst äußerten sinngemäß, daß es keine neuen wesentlichen
Dinge gibt, es ist wie immer dasselbe. Setzt und druckt das mal
ruhig, wir müssen es doch sowieso machen. Man wisse doch
jetzt schon, daß die wenigsten Leute lesen was wir drucken. Es
geht, wie auch sonst, alles an den Altstoffhandel. Die vorgenannten Redakteure zogen in weiteren Diskussionen die Siche-
rungsmaßnahmen ins Lächerliche. In diesem Zusammenhang
brachten sie folgendes zum Ausdruck:
Alle CDU-Funktionäre mußten sich z. B. in Vorbereitung des
Parteitages im MdI fotografieren lassen, sofern sie etwas mit der
Redaktion oder der Presse zu tun haben.
Die Bilder wurden für Sonderausweise benötigt, ohne welchen
man nicht das Gebäude des ND, Am Mehringplatz, betreten
darf. XXX erklärte, daß er während seines Aufenthaltes in der
ND-Druckerei wieder viele Herren von der Staatssicherheit in
schwarzen Anzügen sehen konnte, die herumpatrouillierten
und jeden Schnipsel Papier aufhoben, der irgendwo hinfiel, damit auch nichts nach außen dringen kann. Es handelte sich angeblich um Materialien des Parteitages, die bereits fertig gedruckt waren, obwohl der Parteitag noch nicht eröffnet worden
ist. [...]

Quelle: Anlage (Informationsbericht der MfS-Kreisdienststelle Berlin-Mitte)
zum Schreiben vom 15. April 1981 des 1. Sekretärs der SED-Kreisleitung
Günter Kaiser an den 1. Sekretär der SED-Bezirksleitung Berlin Konrad Nau-
mann, der es an Joachim Herrmann weiterleitete (SAPMO-BArch, DY IV
30/2/2.037/14, Blatt 46-48)

8 *Notizen des ND-Chefredakteurs Günter Schabowski von der*
Agitationskommissions-Sitzung bei Joachim Herrmann am 15.
Dezember 1982

1. Zunächst wurden die ND-Spiegel der Ausgaben vom 18./19.
bis zum 31. Dezember erläutert und daran die Ableitungen für
die anderen Zeitungen getroffen.
Dabei zu einzelnen Ausgaben folgende Bemerkungen von A.
H.[Achim Herrmann; G. H.]:
21.12.: Im Kasten „DDR-Fernsehen berichtet" auch die Zeiten
des Rundfunks mit aufnehmen und nicht von Direktübertra-
gung, sondern nur von Übertragung schreiben (Fernsehen
überträgt zeitversetzt);
24.12.: Keine Angst vor Weihnachtsstimmung, aber nicht vorher – und auch danach wird wieder gearbeitet. In dieser Ausgabe nichts mehr zum 60. Jahrestag der UdSSR. Wie im Vorjahr
Kasten mit Feiertagswünschen.
28.12.: ADN wird mit einem Wortberichterstatter bei der Gratulationscour für Genossen Mielke anwesend sein, falls die
Notwendigkeit besteht, die vorbereitete Meldung zu erweitern.
[…]
2. Zum Aufenthaltsprogramm unserer Delegation in Moskau:
Es wird keine Abflugs- und auch keine Rückkehrmeldung
geben. Am Montag und Dienstag die bereits bekannten Pro-
grammpunkte. Rede Andropow und Rede E. H. [Erich
Honecker: G. H.] – wie besprochen im Wortlaut, alle anderen
in den kurzen Fassungen (ADN gibt sowohl ND- als auch Be-
zirkszeitungs-Fassungen).
Jede Formulierung im Sinne von „Welt ohne Waffen" wird in
jedem Fall ersatzlos gestrichen.
Obwohl nicht vorgesehen, eingestellt sein auf Begegnung! […]

Quelle: SAPMO-BArch, DY 30/IV 2/2.040/12, Blatt 100-101

9   *Die Aufgabe der Medien im Kriegsfall*

Die Massenmedien der DDR haben als ideologische Instrumente der Partei mit hoher Überzeugungskraft alle Bürger der
DDR zur bedingungslosen Erfüllung ihrer Pflichten bei der
Verteidigung des Sozialismus zu mobilisieren, die psychologi-
sche Kriegführung des Gegners offensiv zu zerschlagen, gezielt
auf die Bevölkerung und die Streitkräfte des Gegners einzuwir-
ken und die Weltöffentlichkeit über die Gerechtigkeit unseres
Kampfes gegen den Imperialismus zu informieren.

*Quelle: Aus der von Erich Honecker bestätigten Führungsanordnung des Vor-
sitzenden des Zentralen Nachrichten- und Informationsbüros über die
Führung der Massenmedien der Deutschen Demokratischen Republik
während der Mobilmachung und im Verteidigungszustand vom 20. Juni 1986
(SAPMO-BArch, DY 30/IV 2/9.02)*

10   *West-Fernsehempfang in Weißenberg: „echte Zufriedenstellung", „Arbeitsfreudigkeit der Bürger" und keine „Übersied-
lungsersuchen"*

Bezugnehmend auf das Schreiben der Bezirksdirektion Dresden der Deutschen Post an den Rat der Stadt Weißenberg vom
1. März 1988 fand am 14.03.1988 eine Beratung bzw. Konsultation des Rats mit dem demokratischen Block unserer Stadt, d.
h. dem Ortsausschuß der Nationalen Front sowie den Vorsitzenden der befreundeten Parteien statt. Im Ergebnis dieser Beratung möchten wir Ihnen die Meinung dieses Gremiums, die
im Auftrage ihrer Mitglieder sprechen, mitteilen.
Seit 1987 im Mai wird in Weißenberg über die Satellitenemp-
fangsanlage empfangen. Hierbei handelt es sich zur Zeit um die
Regionalprogramme WDF und Bayern. Wir müssen feststellen,

daß seit dieser Zeit eine echte Zufriedenstellung der Bürger seit
Bestehen der Gemeinschaftsantennenanlage zu verzeichnen ist,
die sich fast alle Bürger der Stadt mit einem enormen Zeit- und
Arbeitsaufwand selbst geschaffen haben. In Gesprächen mit
den Bürgern ist ständig zu erkennen, daß sich die Einstellung
der Bevölkerung seitdem zum Positiven hin entwickelt hat, da
sie nun durch einen breiteren Informationsfluß mit vielen Dingen noch realer konfrontiert wird.

Wir schätzen ein, daß dadurch auch die Arbeitsfreudigkeit der
Bürger gestiegen ist, und wir zur Zeit auch keinerlei politische
Probleme mehr mit den Bürgern haben. Von den Mitgliedern
der Interessengemeinschaft *[vermutlich für die Montage der
Anlage verantwortlich; G. H.]* liegen auch keine Übersied-
lungsersuchen mehr vor. Wir bitten Sie als demokratischer
Block der Stadt Weißenberg, unsere Bevölkerung bei der positi-
ven Lösung des Problems zu unterstützen.

Wir wissen auch, daß eine Maßnahme des Abbaus der Spiegel-
anlage auf keinerlei Verständnis der Bürger stoßen würde und
uns als Rat bzw. demokratischer Block in der Folgezeit enorme
politische Probleme in der Zusammenarbeit mit unseren Bürgern aufwerfen würde, da sie den Wünschen der Bürger der
Stadt sowie auch der angeschlossenen Gemeinden des Gemein-
deverbandes voll widersprechen würde.

Wir bitten Sie daher nochmals, das Problem für unsere Bürger
zu lösen.

*Quelle: Abschrift eines vom Bürgermeister und den Vertretern der Nationalen
Front, der LDPD, der NDPD sowie der SED-Wohnparteiorganisation der
Stadt Weißenberg (Kreis Bautzen) unterzeichneten Schreibens vom 14. März
1988 an die Bezirksdirektion Dresden der Deutschen Post (SAPMO-BArch,
DY 30/IV 2/2.039/276, Blatt 36)*

11 *Themen der Inoffiziellen Publizistik im Sommer 1989 – Leitartikel der „UmweltBlaetter"*

Wir wollen uns diesmal wirklich nicht schon wieder beklagen, denn Eure Papierspenden und mehr noch die Vermittlung von Einkaufsmöglichkeiten haben den „Umweltblättern" trotz weiterhin schlechter Papiersituation wieder in die Wege geholfen. Es hat leider eine Weile gedauert und es war eine ereignisreiche Zeit, so daß wir den Teil der Blätter, den wir beim vorigen Mal wegen Papiermangel nicht drucken konnten, nur teilweise in die neue Ausgabe übernehmen konnten. Wir wollten, daß die „Umweltblätter" ein aktuelles Blatt bleiben und das wird bei der steigenden Aktions- und Demonstrationsflut in der DDR zunehmend aufwendiger. Wir erwägen natürlich eine Trennung in einen aktuellen und einen thematischen Teil. Das ist aber bei unserer gegenwärtigen Druckkapazität erst recht nicht leistbar. Wir werden weitersehen.

Wir beschäftigen uns zuerst mit einer Wahlnachlese und dann mit den Demonstrationen und Aktionen des letzten Monats. Bei den Demonstrationen gegen das chinesische Massaker konnten wir wegen der Vielzahl einfach nicht mehr ins Detail gehen. Das gleiche gilt für die Demonstrationen in Leipzig. Hinsichtlich der Vorgänge in China fehlen uns noch immer genauere Vorstellungen über die Inhalte der chinesischen Protestbewegung. Mit Augenzeugenberichten versuchen wir uns dem Problem anzunähern. Falls Ihr nähere Auskünfte habt, wären wir Euch für Hilfe dankbar.

In diesem Jahr konnten erstmals Gruppenvertreterinnen zu einer Konferenz ins westliche Ausland reisen, zur europäischen ökumenischen Versammlung für Frieden und Gerechtigkeit (an sich eine Selbstverständlichkeit, aber man sollte es doch als Fortschritt anerkennen). Besonders hat uns gefreut, daß der Be-

richt einer Gruppenvertreterin über diese Versammlung die offizielle Fassade durchleuchtet und sich mit den dortigen Eman-
zipationsgruppen solidarisiert. Wir haben einen neueren Bericht über die Vorgänge um die Hamburger Hafenstraße hinzu-
gesetzt und werden in Zukunft versuchen, mehr über solche
Gruppen in der BRD und anderen westlichen Ländern zu bringen und überhaupt den außenpolitischen Teil weiterentwickeln.
Einer Kritik an dem vortragend durch das Land ziehenden
Rechtsanwalt Henrich und einem Aufsatz von Salomea Genin
zuliebe haben wir die „Umweltblätter" auf einen Umfang an-
wachsen lassen, der eigentlich nicht mehr lesbar ist.
Eure Redaktion „Umweltblätter"

*Quelle: „UmweltBlaetter". INFO-Blatt des Friedens- und Umweltkreises
Zionskirchgemeinde. Hrsg. von der Umweltbibliothek Berlin, Juli 1989*

12 *Warum „die Leute ins Flitzen jekommen" sind: erstmals Glasnost im DDR-Fernsehen – Egon Krenz am 19. Oktober 1989 im
Gespräch mit dem Reparaturschlosser Roland Berus im Werk-
zeugmaschinenkombinat „7. Oktober" in Berlin-Weißensee*

Krenz: „Woran liegt das, daß bei euch welche weggegan-
gen sind?"
Berus: „Ich würde sagen, das is' ne Vielzahl von Dingen,
die sich addiert haben, die zusammengekommen sind. Det
is jetzt nich damit zu sagen, wat weeß icke, weil wa nich
reisen können oder weil't schlecht einkoofen gibt; det is
'ne Vielzahl von Dingen, die sich anjestaut hat; denn bin
ick ooch der Meinung, daß da echte Fehler jemacht wurden, weil nicht darüber diskutiert wurde in den letzten

Jahren oder, na ja doch, Jahren; bis vor drei Wochen hat man ja kaum von Problemen jehört.

Ja und nun sind die Leute ins Flitzen jekommen; ob et nun die richtje Art und Weise ist, wat ick persönlich nicht unbedingt dafür bin; man muß darüber reden, man muß sich mit allen Problemen beschäftigen, aber det is nich damit jetan, daß wa nu sagen, wir wollen mehr reisen oder, det is die Addition *[von; G. H.]* allen, wat hier die Leute echt verärjert hat und wo ville Leute ooch keenen Ausweg mehr gesehen haben. Darum sind se jerannt. (...)"

Krenz: „Über eins müssen wir auch im klaren sein, nachdenken darüber müssen wir alle ..."

Berus: „Alle, na logisch!"

Krenz: „... hier bei euch wie wir in der Führung, ja."

Berus: „Na logisch. Det is normal. Tja, ick bin der Meinung, man muß bedeutend mehr uff die Leute einjehen, uff ihre Probleme und ihre Wünsche und so weiter. Wenn det jelingt, ick gloobe, dann is ooch mit det Flitzen kommts dann zum Stehen."

Quelle: „Aktuelle Kamera" vom 19. Oktober 1989; Text: RIAS-Monitor-Dienst vom 19. Oktober 1989

13 *„Spiegel"-Interview mit Angelika Unterlauf über ihre Tätigkeit als Sprecherin bei der „Aktuellen Kamera": „Ich hab' mich geschämt für manche Meldungen."*

Spiegel: Wie haben Sie es zwölf Jahre lang durchgehalten, diese bürokratischen Bandwurmsätze über die Lippen zu bringen?

Unterlauf: Das war für uns ein Sport, eine Art Artistik. Die Is-
men und die Genitive haben wir besonders geliebt. Das konnten wir gut. Vor sechs Jahren gab es das Zugeständnis, daß wir
die vollen Titel Honeckers nur noch einmal in jeder Sendung
sagen mußten und nicht fünfmal. Dadurch konnte die Redaktion eine Nachricht mehr unterbringen.

Spiegel: Können Sie sich an den fürchterlichsten Versprecher
Ihrer Tätigkeit erinnern?

Unterlauf: Vor zwölf Jahren war das. In einer Meldung über eine DDR-Ausstellung in Österreich stand der Satz: „600 Bücher
sind auf dem Weg nach Wien." Und ich hab' gesagt: „600 Bürger sind auf dem Weg nach Wien."

Spiegel: Was haben Sie gedacht, als Sie die Meldung über die
Öffnung der Mauer auf den Tisch bekamen?

Unterlauf: Ich hab' sie nicht begriffen. Irgendwie war mir klar,
daß es etwas Besonderes war, aber ich hab' sie nur auf die Aus-
siedler bezogen.

Spiegel: Vor wenigen Wochen haben Sie verlesen, das Neue Forum sei „staatsfeindlich", nun ist es auf einmal staatstragend.
Haben Sie eigentlich immer geglaubt, was Sie da vorgetragen
haben?

Unterlauf: Bis vor ein paar Jahren habe ich geglaubt, ich müßte
von allem überzeugt sein, was ich sage. Ich hab' Zweifel immer
weggedrückt, um dem Zuschauer gegenüber überzeugend zu
wirken. Aber die Diskrepanz wurde immer stärker, besonders
seit Gorbatschow. Als ich dieses Hager-Zitat mit dem Tapezie-
ren bringen mußte, war es am schlimmsten. Da hab' ich überhaupt überlegt, zum Rundfunk zurückzugehen, damit ich wenigstens mein Gesicht nicht mehr hinhalten muß. Ich hab' mich
geschämt für manche Meldungen.

Spiegel: Für welche?

Unterlauf: Das „Sputnik"-Verbot und die Schließung der

Grenzen zur Tschechoslowakei.

Spiegel: Die Eingriffe des Zentralkomitees in die „Aktuelle Kamera", wie spielten die sich ab?

Unterlauf: Das Telefon reichte bis ins Cockpit unserer Sendeleitung. Das ging manchmal so weit, daß die ganze Sendung gefährdet war, weil die Leute im ZK nicht einig waren, wie verfahren werden sollte. Oder die haben sich die „heute"-Sendung im ZDF angesehen und wollten unbedingt darauf reagieren. Die Chefredaktion mußte machen, was die wollten. Jetzt klingelt das Telefon nur noch selten.

Spiegel: Was hätten Sie gemacht, wenn die Demonstration von Leipzig auf chinesische Art beendet worden wäre?

Unterlauf: Ich hätte die Nachricht nicht gelesen. Wenn es eine Rechtfertigung gewesen wäre, ganz bestimmt nicht.

Spiegel: Können Sie sich vielleicht den Wortlaut vorstellen, Sie haben doch Erfahrungen mit solchen Formulierungen.

Unterlauf: Dann wären die Demonstranten als Konterrevolutionäre bezeichnet worden. als Randalierer, Kriminelle, Asoziale, Neonazis. Das hätte ich nicht gelesen.

Spiegel: Sie hätten im Studio gesagt, das lese ich nicht?

Unterlauf: Bestimmt. Gerettet hätte mich wahrscheinlich, wenn ich mich krank gemeldet hätte.

Spiegel: Sind Sie in den letzten Wochen bei Demonstrationen mitmarschiert?

Unterlauf: Ja, am 4. November auf dem Alexanderplatz, da war ich dabei. Ich bin einen Tag früher aus Bayern zurückgekommen von Verwandten.

Spiegel: Zwei Wochen später war auf dem Alexanderplatz wieder eine Kundgebung. Da trat eine Hausfrau auf und sagte: Diese Gesichter der Gestrigen, die kann ich nicht mehr sehen, diese Gesichter von Krenz, Schabowski, Unterlauf.

Unterlauf: Das kann ich verstehen. Ja. Ich kann mich ja manchmal selber nicht mehr sehen. Ich hab' ja auch selbst überlegt, kann ich überhaupt noch rausgucken, kann ich den Leuten überhaupt noch unter die Augen treten. Ich hab' schließlich mitgemacht.

Quelle: Der Spiegel, Nr. 49 vom 4. Dezember 1989

14 *„Und sagt nicht, Freunde, wir mußten." – Selbstanklage eines Journalisten*

[…] Es kann doch nicht sein, Freunde, daß wir wieder mal nichts gewußt haben. So gar nichts, so überhaupt nichts. Den Satz haben wir doch unseren Eltern schon empört zurückgegeben, und sie hatten nur, weiß Gott, mehr Recht, mehr Angst zu haben. Warum glauben wir jetzt, da es uns betrifft? Vielleicht: Weil wir weiter an uns glauben wollen, wenigstens an uns? Vielleicht: weil wir etwas zu verdrängen haben? Aber haben wir denn nicht gesagt, wenn Faschismus in Rede stand und Stalinismus: Nichts Verdrängtes ist wirklich bewältigt? Und wieso sagen wir das nicht, wir tapferen Journalisten, wir, die wir so unnachgiebig kritisch sind, die wir den Kompromiß so verabscheuen, wieso eigentlich sagen wir das nicht, wenn unsere eigenen Kompromisse gemeint sind, unsere Meinung erwartet wird zu unserer Meinung – die wir gestern hatten? […]
Ich habe, was aus dem Hause mir vernehmlich wurde, nie sonderlich geschätzt und gesagt hab' ich: „Die Abteilung Agitation ist das Zentrum der Konterrevolution." So ganz leise, so ganz unter uns. […]
Und sagt nicht, Freunde, wir mußten. Wir mußten schon: wenn wir weitermachen wollten. Aber mußten wir weitermachen wollen? Wir haben doch selbst gestrichen, wovon wir wußten,

es würde gestrichen werden, und gefragt werden würden wir
zudem: Warum hast du das nicht gestrichen, bist du doof? Und
doof wollten wir nicht sein, wir sind doch nicht doof. Wir haben das Maul gehalten in den Blättern, und, unter uns, wißt ihr
noch, Freunde, unter uns haben wir sarkastische Bemerkungen
getauscht. Mein Gott, was konnten wir spöttisch sein. Aber den
Beruf, den haben wir nicht getauscht. Aus lauteren Motiven
mitunter, im Ernst, wir wollten uns ja wirklich engagieren.
Aber unsere Leser sind nicht verpflichtet, heute für unsere Motive von gestern zu schlucken. Kann sein, sie kauen noch an unseren Artikeln.
Wir kriegen es, ich weiß, schwer in die Reihe mit unserem ge-
wachsenen Selbstbewußtsein und -verständnis als kritische
Journalisten, aber für möglich halten sollten wir es immerhin:
Wenn einmal die Rechnung aufgemacht, wer und was dieses
Land so um und um gewandelt hat, da wird unser wohl kaum
sonderlich gedacht sein. Oder auf eine Weise, die uns nicht sehr
gefallen wird.

*Quelle: Henryk Goldberg, Deutsches Neuland. Selbstanklage eines Journali-
sten namens seiner Zunft bei Gelegenheit nachdenklicher Einkehr am Jahresende. In: Junge Welt, 30./31. Dezember 1989*

15 *Nachrichtengebung im Hörfunk mit Halbwahrheiten – Rückblick eines Verantwortlichen*

Fast zwei Jahrzehnte – von 1970 bis zum Oktober 1989 – übte
ich die Funktion des Chefredakteurs der Zentralen Hauptabteilung Nachrichten aus, war somit verantwortlich für die Nachrichtengebung auf allen Inlandprogrammen des Rundfunks der
DDR – ca. 90 Sendungen am Tag.

Die Informationspolitik war eine wichtige, in gewissen Zeiten
die wichtigste Stütze der Führung und des Apparates der SED.
Dieses Monopol funktionierte kurz gesagt so: Es gab eine
Wirklichkeit und es gab eine über sie verbreitete Wahrheit der
Partei. Eine gängige Floskel brachte das ganz richtig auf den
Punkt: die Sicht der Dinge. Diese Sicht war nicht unbedingt die
offenkundige Lüge. Die gab es auch, aber geläufiger war ein
Konglomerat von Verzerrungen, Weglassungen, Betonungen –
nennen wir es bei aller Unschärfe des Begriffs: Halbwahrheiten.
Die Dehnung ergab sich aus der Nähe oder Ferne eines Problems. Mit den Jahren dominierte die Weglassung. Über den
Verfall der Altbausubstanzen in den Städten oder die grassie-
rende Umweltkatastrophe im mitteldeutschen Raum wurde
nicht berichtet. Der genau Beobachtende konnte so aus dem
Verschweigen erfahren, wo die drängenden und schließlich un-
lösbaren Probleme des realen Sozialismus lagen. Wohin andererseits eine neutrale Betrachtungsweise führen konnte, zeigte
sich in den gesteuerten Informationen über den Iranisch-Iraki-
schen Krieg. Da man es mit keiner Seite verderben wollte, wurde aus den Frontberichten beider Seiten in absolut gleicher Zeilenzahl nacheinander zitiert. Da jede Seite über Jahre hinweg
nur Erfolge meldete, mußten sich die Kriegsparteien schon
nach kurzer Zeit mehrfach vernichtet haben. Das störte nie-
manden, wichtig war nur die Vermittlung eines angeblich ob-
jektiven Bildes, das in Wahrheit nur eine Summierung des Ma-
nipulierten war.

*Quelle: Manfred Klein, In: Verantwortung für den Hörfunk – Versuche und
Versagen (Auszug). In: So durften wir glauben zu kämpfen ... Erfahrungen
mit DDR-Medien. Hrsg. von Edith Spielhagen, Berlin 1993, S. 84*

16 *Joachim Herrmann am 18. Januar 1990 vor dem Untersu-chungsausschuss der Volkskammer: „Erfolgspropaganda als ein Gesetz"*

Vorsitzender Abgeordneter Dr. Toeplitz: Wir müssen für unser Protokoll die Personalien feststellen. Der Name ist klar: Joa-chim Herrmann. Geburtsdatum?
Joachim Herrmann: 29. Oktober 1928.
Dr. Toeplitz: Sie waren also als Sekretär (für Agitation – d. R.) eingeordnet. Wer war Ihr Chef oder Kontrolleur, nur der Gene-ralsekretär oder […]?
Herrmann: […] Es gab ein absolutes Gesetz der Anleitung der Massenmedien durch den Generalsekretär. Ich betone nochmals, daß ich damit nicht eine Spur von Verantwortung von meiner eigenen Handlungsweise und Person wegwischen will. Aber der Generalsekretär hatte – wie auch vorher General-sekretäre – einen großen Wert auf die Medien und ihre Anlei-tung gelegt und auf die unbedingte Einhaltung der Parteidiszi-plin und die Durchsetzung der Beschlüsse der Parteitage, der Zentralkomiteetagungen und vor allen Dingen der Tagungen des Politbüros sowie seiner eigenen Weisungen, die bis ins De-tail erfolgten, insbesondere was das „Neue Deutschland" be-traf. Er ist dabei gewiß von der Rolle ausgegangen, die die Me-dien spielen […] Jedenfalls war er der einzige, der mir außer den Kollektiven des Sekretariats und des Politbüros Weisungen erteilen konnte, der Generalsekretär, und er hat es auch getan.
Abgeordneter Prof. Dr. Klemm: Ist Ihnen damals der Wider-spruch zum Bewußtsein gekommen, der zwischen dem Artikel 1 und dem Artikel 27 (der Verfassung – d. R.) bestanden hat. Das muß Sie doch irgendwie beschäftigt haben. Das ist unmög-lich. Viele Mitglieder Ihrer ehemaligen Partei haben das ge-merkt.

Herrmann: Es gab die Erfolgspropaganda als ein Gesetz – ich will das mal hier ohne Umschweife so sagen -, und zwar mit dem Argument, wenn man das nicht mit einem Argument versieht, kann man darüber nicht zu Schlüssen kommen, daß, wenn man daran etwas ändere, der Gegner, ich meine der politische Gegner, ich meine jetzt nicht irgendwelche Kräfte in der DDR, ich meine den politischen Gegner, der damals wie heute die DDR nicht gedeihen lassen will. […] Damit der davon nicht profitiert, wenn wir selbst Eingeständnisse unserer Unzulänglichkeiten, unserer Probleme, unserer Schwierigkeiten machen. […]

Abgeordnete Frau Kralowetz: […] Ich möchte als Beispiel nur die Sache mit dem „Sputnik" anführen. Wie stehen Sie dazu?

Herrmann: Es gab in dieser betreffenden Ausgabe des „Sputnik" einige Beiträge, über deren Richtigkeit ich auch heute noch ernsthaft diskutieren würde. Aber es gab eine Aufforderung sogar von sowjetischen Genossen: Dann meldet euch doch zu Wort, und wir werden diese Sache veröffentlichen. – Dagegen gab es eine Einstellung: Eine öffentliche Diskussion mit der Sowjetunion würde nur negative Auswirkungen auf unsere Beziehungen zur Sowjetunion haben. So war das. Es gab den Vorschlag konkret zu dieser Ausgabe des „Sputnik", daß einige Autoren gesucht werden, die dieser Meinung sind und dazu im „Sputnik" eine Veröffentlichung vornehmen. Dieser Vorschlag wurde gestrichen, und es erfolgte die Weisung des Generalsekretärs, den „Sputnik" von der Liste des Postzeitungsvertriebs zu streichen und in ADN eine Meldung zu veröffentlichen.

Dr. Toeplitz: Und wer verantwortet die Lüge dieser Meldung, daß das Postministerium diese Zeitschrift gestrichen habe?

Herrmann: Das sind dann zwei: der, der sie diktiert hat, und der – Letzterer bin ich –, der sie an ADN weitergeleitet hat.

Dr. Toeplitz: Denn es war eine Lüge. Der Postminister – er war zufällig von meiner Partei – hat es über den Rundfunk erfahren, daß die Zeitung abgesetzt wurde.

Abgeordneter Bormann: Ich möchte feststellen, daß eindeutig Journalisten der Presse wie auch Redakteure von Fernsehen und Rundfunk seit August 1989 von Ihnen massiv an ihrer Tätigkeit gehindert wurden, bis hin zu Verboten.

Herrmann: Da möchte ich dazu sagen: Das akzeptiere ich voll und ganz. Es gab eine Konzeptions- und Sprachlosigkeit, und die ist nicht auf irgendeinen Journalisten zurückzuführen, sondern nur auf diese Struktur des Apparats. Ich muß wirklich sagen, wir standen dieser Angelegenheit deshalb hilflos gegenüber, weil es dazu keine Konzeption gab. [...]. Aber es gab eine Anweisung, darüber nicht zu schreiben, weil die Frage stand: In welcher Weise? Und dazu hätte man die Politik ändern müssen.

Dr. Toeplitz: Ich möchte, Herr Herrmann, ein Beispiel anführen, das große Empörung ausgelöst hat. Nachdem die Massenflucht über Ungarn eingesetzt hatte, gab es in dem ADN-Kommentar die zynische Bemerkung: Wir trauern ihnen nicht nach, diesen Tausenden von jungen Menschen. Wer trägt dafür die Verantwortung für diesen Zynismus? Da war nicht Sprachlosigkeit, sondern Zynismus gefordert.

Herrmann: Der Kommentar ist dem Generalsekretär vorgelegt worden ohne diesen Satz. Er ist reingeschrieben worden. Ich habe nichts dagegen getan, sondern habe den Kommentar an ADN weitergegeben.[...]

Quelle: Neues Deutschland, 27./28. Januar 1990

17 *Anweisungen Joachim Herrmanns an das SED-Bezirksorgan „Ostsee-Zeitung"*

Joachim Herrmann, ehemals Politbüromitglied und Herrscher
über alle Medien, behauptete vor dem Volkskammerausschuß,
er hätte mit den Medien immer kameradschaftlich zusammengearbeitet.
So sahen die Anweisungen an die OZ aus:
Wir bitten von der Behandlung des 17. Juni 1953 in Veröffentlichungen abzusehen.
In der Ausgabe für Sonnabend steht der Gruß Erich Honeckers
an die 12. Weltfestspiele an der linken Spitze Seite 1.
Ein Nachdruck der Veröffentlichung im ND „20.000 Ehemalige wollen zurück" in anderen Zeitungen ist nicht vorgesehen.
Ebenso ist von eigenen Beiträgen bzw. Kommen-
tierungen in dieser Angelegenheit abzusehen.
Am morgigen Donnerstag findet die Übergabe der zwei-
millionsten Wohnung in Anwesenheit des Generalsekretärs
statt:
Wir bitten, darüber auf Seite 1 vom Freitag sehr groß aufge-
macht zu berichten.
Wir bitten Euch, bis auf weiteres von jeglicher weiterer Vor-
ankündigung des DEFA-Films „Der rote Kandidat", ein DE-
FA-Film über einen entscheidenden Abschnitt im Leben von
Ernst Thälmann, abzusehen. Das gilt sowohl für redaktionelle
Beiträge jeglicher Art wie auch für Annoncen.
Für die Ausgaben vom Sonnabend erhaltet Ihr den Aufruf zum
35. Jahrestag der Gründung der DDR: Wir bitten Euch, den
Schriftgrad so zu wählen, daß die Seiten 1 und 2 ausschließlich
diesem Material gewidmet sind.
In Stellungnahmen von Eltern und Pädagogen sollten Be-
kenntnisse zu unserer Politik der Stärkung des Sozialismus
und der Sicherung des Friedens (Interview Erich Honeckers)
wiedergegeben werden. Dabei gilt es, die großen Leistungen
unserer Volksbildung in den 35 Jahren DDR, in Geborgenheit

und Zukunftsgewißheit für unsere Kinder und Enkel in
der sozialistischen Gesellschaft hervorzuheben … !

Quelle: Ostsee-Zeitung, 20./21. Januar1990

18 *Ausgewählte Weisungen – weitergeleitet vom Presseamt an die
Blockparteizeitungen*

Der sowjetische Film „Wir bleiben treu" ist in keiner Weise zu erwähnen, auch nicht als Kinoanzeige.   *5.1.1989*

Über die möglichen Ergebnisse der KSZE-Konferenz ist nicht zu
spekulieren. Nach Abschluß werden wir sie kommentieren.
                                                      5.1.1989

Tiefflüge sind kein Thema für uns.   *5.1.1989*

Es wird empfohlen, keine Beiträge von Heinz Boschek, einem
freien Mitarbeiter, zu veröffentlichen.   *5.1.1989*

Bei der Berichterstattung über Israel wollen wir daran denken,
daß die DDR mit vielen arabischen Ländern befreundet ist und
daß kein Porzellan zerschlagen werden sollte. In der Berichterstattung über die Regierungsbildung in Westberlin halten wir uns
an ADN. Eigene Betrachtungen über diese Vorgänge sind zur
Zeit nicht angebracht.   *16.2.1989*

Die Investitionen in der DDR konzentrieren sich ganz auf den
produktiven Bereich. Außerdem erfordert der Wohnungsbau ge-
waltige Anstrengungen. Wünsche nach zusätzlichen Mitteln im
kulturellen Bereich sind z. Z. völlig unangebracht. *23.2.1989*

Mit den Wahlen gibt es keine prinzipielle Änderung der sozialistischen Demokratie. Es gibt im Wahlprozeß zwar einige Neuerungen, aber die Prinzipien der sozialistischen Demokratie bleiben in ihrer Kontinuität erhalten.   *8.4.1989*

Wir berichten nichts über die durch die CSSR führende Erdgas-
trasse.   *13.4.1989*

Wir veröffentlichen keine Zahlen über zu erwartende Teilnehmer
des Pfingsttreffens. Die Vorbereitung sollte gekennzeichnet sein
vom Stolz der Jugend auf ihr Land, das ihr eine sichere Perspektive bietet. Auch die Freude auf das Fest soll zum Ausdruck kommen.   *20.4.1989*

In Vorbereitung des DDR-Jubiläums sollten die Grundwerte unseres Lebens in den Medien eine besondere Rolle spielen. 40 Jahre DDR sind 40 erfolgreiche Jahre und nicht 40 verlorene Jahre,
wie in anderen Ländern die eigene Entwicklung teilweise einge-
schätzt wird. In Vorbereitung des DDR-Jubiläums ist erfolgreich
Bilanz zu ziehen, aber auch über Aktivitäten zur Leistungsstei-
gerung ist zu berichten.   *20.4.1989*

Wir bringen nichts mehr über den Wismut-Betrieb.   *27.4.1989*

Wir werden die Formulierung „in den Farben der DDR" nicht
überziehen. Schließlich wollen wir, daß der Sozialismus in seiner
Gesamtheit ein Markenzeichen wird.   *4.5.1989*

Wir wollen künftig spärlicher über deutsch-deutsche Aktivitäten
berichten. Es wird auch nicht jeder Minister aus der BRD, der in
die DDR kommt, in unserer Aktuellen Kamera zu sehen sein.
                                                           4.5.1989

Der 65. Geburtstag von Gisela May ist ihrem eigenen Wunsch entsprechend zu ignorieren. *12.5.1989*

Gegenwärtig ist Vorsicht bei der Berichterstattung über China geboten. Der dortige Reformkurs hat positive und negative Aspekte. Auf keinen Fall sollten die Studentenunruhen kommentiert werden. *12.5.1989*

Zu dem Streitfall, ob der ehemalige DDR-Athlet Schmidt beim Olympischen Tag auftreten kann oder nicht, sollten wir uns gegenwärtig nicht äußern. *15.6.1989*

Wir haben künftig keinen Grund mehr, auf aggressive Angriffe von BRD-Medien mit Zurückhaltung zu reagieren. Es geht um offensive Auseinandersetzungen um die Propagierung der Werte des Sozialismus, um die wirksame Entlarvung der Gebrechen des Kapitalismus. *29.6.1989*

Die Berichterstattung über die Sowjetunion wird angehoben. Das Ergebnis der Zusammenkunft von Michail Gorbatschow und Erich Honecker gibt dazu die Wegweisung. Insbesondere wird mehr über die ökonomische und die wissenschaftlich-technische Zusammenarbeit unserer beiden Staaten berichtet.

29.6.1989

Wir beschäftigen uns nicht mit der Ausreiseproblematik.

27.7.1989

Bitte nichts über Konflikte mit Ausländern veröffentlichen.

2.8.1989

Ausführlich sollte über das Leben in China in seiner Normalität berichtet werden. Evtl. Verbindungen zwischen China und den Roten Khmer werden nicht erwähnt.   *10.8.1989*

Wir enthalten uns in den Zeitungen jeglicher Kritik an Versorgungsschwierigkeiten.   *10.8.1989*

Es ist nichts über ehemalige DDR-Bürger zu veröffentlichen, die aus Enttäuschung über die BRD den Wunsch haben, wieder in die DDR zurückzukehren.   *31.8.1989*

Das Thema Ausreise kann nicht die tägliche Diskussion in der DDR bestimmen. Die Ereignisse schaden unserem Ansehen. Wir nehmen nichts auf die leichte Schulter. Angemessene Reaktionen sind erfolgt. Mit Hilfe der Westmedien sollen die – trotz mancher Mängel und Unvollkommenheiten, die überwunden werden müssen – unübersehbaren Erfolge von 40 Jahren sozialistischer Politik der DDR für die Menschen verleugnet werden. Denn: In die These von der totalen Krise des Sozialismus (Blüm: „Marx ist tot, Jesus lebt") paßt das Bild der DDR nicht. Wir lassen uns nicht provozieren.   *7.9.1989*

Bitte gegenwärtig nichts über Rückkehrer in die DDR bringen.
                                                                       7.9.1989

Quelle: Neue Zeit, 19. Januar 1990

19 *Unabhängigkeitserklärung des SED-Bezirksorgans*
    „Sächsische Zeitung"

Die Demokratisierung des Landes verträgt sich nicht länger damit, daß die auflagenstärkste Zeitung des Bezirkes von einer Partei getragen wird. Wir wollen künftig keiner Partei, sondern im demokratischen Sinne Ihnen, den Lesern, verpflichtet sein. Nach der Wahl einer neuen Chefredaktion und nach gründlicher Debatte über den weiteren Weg haben wir mehrheitlich beschlossen, uns vom bisherigen Herausgeber, dem Bezirksvorstand der SED/PDS, zu trennen und eine unabhängige Tageszeitung in einem selbständigen Verlag „Sächsische Zeitung" zu werden, der sich selbst finanziell tragen muß.

Was wollen wir?

Wir wollen nach Kräften die Erneuerung der Gesellschaft in der DDR fördern, die weder durch Extremismus von rechts noch durch Extremismus von links gefährdet werden soll. Wir setzen uns für humanistische Werte ein.

Wir wollen umfassend, objektiv schnell informieren über Ereignisse, Tendenzen und Hintergründe der internationalen, nationalen und regionalen Politik. Im Leserinteresse sollen Konflikte aufgedeckt und zu deren Lösung im kulturvollen Streit der Argumente zwischen gleichberechtigten Partnern beigetragen werden. Machtausübung soll auch mit unserer Hilfe für die Bürger stets durchschaubar sein.

Wir wollen eine Wirtschaftsreform unterstützen, die ökologisch orientiert ist und zu hoher Effektivität führt. Unsere Zeitung wird sich für soziale Sicherheit und Hilfe für alle Schwachen einsetzen.

Wir sind für die Suche nach Lösungen der nationalen Frage unter einem friedlichen europäischen Dach, unter dem Nationalismus, Gewalt, Ausländerfeindlichkeit und Neonazismus keinen Platz haben.

Wir wollen eine sächsische Zeitung sein, die die reichen Traditionen unserer Region bewahren hilft. Auf dem Weg zu einer unabhängigen Tageszeitung soll uns ein Redaktionsbeirat, dem Persönlichkeiten des öffentlichen Lebens angehören werden, kritischer Partner sein. Uns ist bewußt: Vieles wird völlig neu zu durchdenken und zu praktizieren sein. Sie als Leser sind dabei für uns die Hauptperson. Wir bauen auf Ihre Mitwirkung.

Quelle: Sächsische Zeitung, 20./21. Januar 1990

20 *Beschluss der Volkskammer über die Gewährleistung der Meinungs-, Informations- und Medienfreiheit vom 5. Februar 1990*

Zur allseitigen Durchsetzung der in der Verfassung vor allem in den Artikeln 27 Abs. 1 und 2; 28 Abs. 2; 30 Abs. 1, aber auch in Artikel 6 Abs. 5 festgelegten Grundrechte und -pflichten sowie zur Durchsetzung von Verpflichtungen der DDR aus internationalen Abkommen und Erklärungen zu den Grundrechten der Meinungs-, Informations- und Medienfreiheit sind sofortige Maßnahmen erforderlich. Die DDR fördert einen freien Informationsaustausch und eine breite internationale Zusammenarbeit im Bereich von Information und Kommunikation in Übereinstimmung mit den Zielen und Grundsätzen des Völkerrechts, insbesondere der Konvention über zivile und politische Rechte von 1966, der KSZE-Schlußakte von 1975 und der UNESCO-Massenmediendeklaration von 1978.
Zu diesem Zweck faßt die Volkskammer folgenden Beschluß, der bis zum Erlaß von gesetzlichen Regelungen zu den Medien gilt:
1. Alle Bürgerinnen und Bürger haben das Recht auf freie Meinungsäußerung. Dieses Recht schließt die Freiheit ein, sich um Informationen und Ideen aller Art, ungeachtet der Grenzen mündlich, schriftlich oder gedruckt, in Form von Kunstwerken oder durch jedes andere Mittel seiner Wahl zu bemühen, diese zu empfangen und mitzuteilen.
2. Es ist verboten, die Medien für Kriegshetze, Aufruf zur Gewalt, die Bekundung von Glaubens-, Rassen- und -Völkerhaß

sowie für militaristische, faschistische, revanchistische und andere antihumanistische Propaganda zu mißbrauchen. Ebenso verboten sind Veröffentlichungen, die geeignet sind, die Würde des Menschen zu verletzen oder den Schutz der Jugendlichen und Kinder zu gefährden.

3. Aus der Wahrnahme seiner verfassungsmäßig garantierten Rechte auf freie und öffentliche Meinungsäußerung dürfen niemandem Nachteile erwachsen. Die Bürgerinnen und Bürger der DDR haben das Recht auf wahrhaftige, vielfältige und ausgewogene Information durch die Massenmedien. Das Recht auf Gegendarstellung bei Tatsachenbehauptungen ist in demselben Medium zu gewährleisten.

4. Die Bürgerinnen und Bürger der DDR haben das Recht auf wahrhaftige, vielfältige und ausgewogene Information durch die Massenmedien. Das Recht auf Gegendarstellung bei Tatsachenbehauptungen ist in demselben Medium zu gewährleisten.

5. Jegliche Zensur der Medien der DDR ist untersagt.

6. Die Medien haben alle Veröffentlichungen verantwortungsbewußt und sorgfältig auf Wahrheit, Inhalt und Herkunft zu prüfen. Sie haben die Würde und die Persönlichkeitsrechte der Bürgerinnen und Bürger zu respektieren.

7. Die öffentlichkeitswirksamen Mitarbeiter in den Medien sind persönlich für ihre Arbeit verantwortlich. Die Mitarbeiter der Medien haben das Recht, die Ausarbeitung eines Materials zu verweigern, wenn Themenstellung und Auftrag ihren persönlichen Überzeugungen widersprechen. Sie sind nicht verpflichtet, öffentlich Ansichten zu vertreten, die ihrer persönlichen Meinung zuwiderlaufen. Mitarbeiter der Medien haben das Recht, im Zusammenhang mit ihrer beruflichen Tätigkeit im Rahmen dieses Beschlusses alle ihnen notwendig erscheinenden Informationen einzuholen. Sie sind nicht verpflichtet, die Quellen ihrer Informationen offenzulegen. Ausnahmen sind

nur durch gerichtliche Entscheidung zulässig. Die Bestimmungen des Urheberrechts sind strikt zu beachten.

8. Alle staatlichen Organe, Betriebe Genossenschaften sowie politischen Parteien und gesellschaftlichen Organisationen sind verpflichtet, den Medien alle Auskünfte zu erteilen, die für die Erfüllung ihrer öffentlichen Aufgaben und eine wahrheitsgetreue Information erforderlich sind. Sie unterstützen die Medien durch Informationsdienste und Beauftragte für Öffentlichkeitsarbeit. Einschränkungen der Informationspflicht sind nur durch Gesetz zulässig.

9. Alle staatlichen Organe, politischen Parteien und sonstigen gesellschaftlichen Organisationen und Gruppen, die Kirchen und Religionsgemeinschaften sowie die sozialen und ethnischen Minderheiten haben das Recht auf angemessene Darstellung in den Medien. Die Massenmedien verleihen dem Meinungspluralismus ungehindert öffentlichen Ausdruck. Das Recht zur Herausgabe von Zeitungen, Zeitschriften und anderen Publikationen durch natürliche und juristische Personen der DDR ist zu gewährleisten. Der Ministerrat wird beauftragt, bis 8. Februar 1990 für diesen Zweck im Interesse der Chancengleichheit einen öffentlich kontrollierten gesellschaftlichen Fonds für Druck- und Papierkapazitäten zu schaffen.

Die Lizenzierung im Bereich der Druckmedien ist aufgehoben; es erfolgt lediglich eine Registrierung. Die Volkskammer beauftragt den Ministerrat, in Übereinstimmung mit dem Runden Tisch die Möglichkeiten für die Herausgabe einer unabhängigen überregionalen Tageszeitung umgehend zu schaffen.

10. Die Deutsche Post (Postzeitungsvertrieb) ist verpflichtet, ab 500 Exemplare den Vertrieb von inländischen Presseerzeugnissen auf vertraglicher Grundlage zu übernehmen. Der Eigenvertrieb durch den Herausgeber ist zulässig.

11. Rundfunk, Fernsehen und ADN sind unabhängige öffentli-

che Einrichtungen, die nicht der Regierung unterstehen. Sie
sind Volkseigentum. Bis zur Umgestaltung von Rundfunk und
Fernsehen in öffentlich-rechtliche Anstalten und des ADN in
eine öffentlich kontrollierte Nachrichtenagentur mit ebenfalls
rechtlich verändertem Status garantiert der Staat ihre Finanzie-
rung. Die Lizenzpflicht der Programmanbieter im Bereich von
Film, Fernsehen und Rundfunk ist aufgehoben; es erfolgt lediglich eine Registrierung. Zur Sicherung der Eigenständigkeit der
Medien unseres Landes bedarf jede Eigentumsbeteiligung an
Medien der DDR durch Ausländer der Genehmigung des Medienkontrollrates.

12. Zur Sicherung der Durchführung dieses Beschlusses bildet
die Volkskammer auf Vorschlag des Runden Tisches einen Medienkontrollrat. Die am Runden Tisch mit Stimmrecht vertretenen Parteien und Vereinigungen so wie die nicht am Runden
Tisch vertretenen Fraktionen der Volkskammer benennen je einen Vertreter für den Medienkontrollrat. Gleichfalls entsenden
die Kirchen drei sowie die jüdischen Gemeinden einen Vertreter. Der Medienkontrollrat wählt aus seiner Mitte den Vorsitzenden und gibt sich seine Geschäftsordnung. Die Konstituierung erfolgt bis zum 12. 2. 1990.
Die Regierung sichert die Arbeitsfähigkeit des Medienkontrollrates bis zur Inkraftsetzung einer umfassenden Mediengesetzgebung. Insbesondere die Generalintendanten von Rundfunk
und Fernsehen sowie der Generaldirektor von ADN sind dem
Medienkontrollrat berichtspflichtig.
Die Generalintendanten des Rundfunks und des Fernsehens
und der Generaldirektor von ADN werden vom Ministerpräsidenten berufen und vom Medienkontrollrat bestätigt.

13. Die Medien geben sich Statuten, die ihre Programmatik und
Struktur regeln. Die demokratische Mitbestimmung der journalistischen und künstlerischen Mitarbeiter bei der Erarbeitung

und Durchsetzung der Statuten ist zu sichern. Beim Rundfunk, dem Fernsehen und dem ADN sind gesellschaftliche Räte zu bilden, den anderen Medien wird die Bildung von Räten empfohlen.

14. Der Ministerrat wird beauftragt, eine gesetzliche Regelung für die Produktenwerbung vorzubereiten, die der neuen Volkskammer vorzulegen ist. Der Entwurf des Gesetzes ist öffentlich zu diskutieren. Bis zum Erlaß dieses Gesetzes ist eine Produktenwerbung in den elektronischen Medien nur auf der Grundlage von vom Medienkontrollrat bestätigten Konzeptionen gestattet.

15. Durch die unter Leitung des Ministers der Justiz gebildete Kommission sind Vorschläge für eine Mediengesetzgebung zu erarbeiten. Der Kommission gehören kompetente Vertreter aller Parteien und gesellschaftlichen Gruppen, der Kirchen sowie Wissenschaftler, Journalisten und Vertreter der entsprechenden Verbände an. Der Gesetzentwurf ist der Öffentlichkeit zur Diskussion zu unterbreiten und danach der Volkskammer zur Beratung und Beschlußfassung vorzulegen. Die Beschlußfassung zur Mediengesetzgebung erfolgt erst nach Verabschiedung der neuen Verfassung. Bis dahin bleibt dieser Beschluß in Kraft.

16. Der Ministerrat wird beauftragt, die bisher geltenden Rechtsvorschriften auf ihre Vereinbarkeit mit diesem Beschluß zu überprüfen und gegebenenfalls ihre Anpassung bzw. Aufhebung zu veranlassen.

17. Der Beschluß tritt mit seiner Veröffentlichung in Kraft. Vorstehender Beschluß wurde von der Volkskammer der Deutschen Demokratischen Republik in ihrer 16. Tagung am 5. Februar 1990 gefaßt.

Quelle: Gesetzblatt der DDR, Teil I, Nr.7 vom 12. Februar 1990, S. 39 f

Abkürzungen

A *ADN*   Allgemeiner Deutscher Nachrichtendienst

B *BArch*   Bundesarchiv
   BBC   British Broadcasting Cooperation
   BStU   Bundesbeauftragte für die Unterlagen des Staatssicherheitsdienstes der ehemaligen Deutschen Demokratischen Republik
   BV   Bezirksverwaltung
   BZ   Berliner Zeitung

C *CDU*   Christlich-Demokratische Union
   ČSSR   Tschechoslowakische Sozialistische Republik (1960-1990)

D *DBD*   Demokratische Bauernpartei Deutschlands
   DDR   Deutsche Demokratische Republik
   DEFA   Deutsche Film-Aktiengesellschaft
   DFF   Deutscher Fernsehfunk (der DDR)
   DLF   Deutschlandfunk
   DRA   Deutsches Rundfunkarchiv
   DS   Deutschlandsender
   DSF   Gesellschaft für Deutsch-Sowjetische Freundschaft
   DTSB   Deutscher Turn- und Sportbund
   DZVfV   Deutsche Zentralverwaltung für Volksbildung

F *FDGB*   Freier Deutscher Gewerkschaftsbund

	FDJ	Freie Deutsche Jugend
G	*Gbl.*	Gesetzblatt
I	*IM*	Inoffizieller Mitarbeiter (des MfS)
J	*JHS*	Juristische Hochschule (des MfS)
	JW	Junge Welt
K	*KPD*	Kommunistische Partei Deutschlands
	KPdSU	Kommunistische Partei der Sowjetunion
	KSZE	Konferenz für Sicherheit und Zusammenarbeit in Europa
L	*LDPD*	Liberal-Demokratische Partei Deutschlands
M	*MdI*	Ministerium des Innern
	MDR	Mitteldeutscher Rundfunk
	MfAA	Ministerium für Auswärtige Angelegenheiten
	MfS	Ministerium für Staatssicherheit
N	*ND*	Neues Deutschland
	NDPD	National-Demokratische Partei Deutschlands
	NKFD	Nationalkomitee Freies Deutschland
	NS	Nationalsozialismus (nationalsozialistisch)
	NSDAP	Nationalsozialistische Deutsche Arbeiterpartei
	NVA	Nationale Volksarmee
	NVR	Nationaler Verteidigungsrat
	NWDR	Nordwestdeutscher Rundfunk
	NZ	National-Zeitung
O	*ORB*	Ostdeutscher Rundfunk Brandenburg

P   *PDS*   Partei des Demokratischen Sozialismus

R   *RIAS*   Rundfunk im amerikanischen Sektor (von Berlin)

S   *SAPMO-BArch*
         Stiftung Archiv der Parteien und Massen-
         organisationen der DDR im Bundesarchiv
   SBZ   Sowjetische Besatzungszone
   SED   Sozialistische Einheitspartei Deutschlands
   SKK   Sowjetische Kontrollkommission
   SMAD   Sowjetische Militäradministration in Deutschland
   SNB   Sowjetisches Nachrichtenbüro
   SPD   Sozialdemokratische Partei Deutschlands

T   *TR*   Tägliche Rundschau

U   *UdSSR*   Union der Sozialistischen Sowjetrepubliken

V   *VdJ*   Verband der Journalisten (der DDR)

Z   *ZAIG*   Zentrale Auswertungs- und Informationsgruppe
                (des MfS)
   ZeNIB   Zentrales Nachrichten- und Informationsbüro
   Zentrag   Zentrale Druckerei-, Einkaufs- und Revisionsgesell-
                schaft (der SED)
   ZK   Zentralkomitee der SED
   ZV   Zivilverteidigung

Auswahlbibliographie

Nachschlagewerke

DDR Handbuch. Hrsg. vom Bundesministerium für innerdeutsche Beziehungen. Wissenschaftliche Leitung: Hartmut Zimmermann unter Mitarbeit von Horst Ulrich und Michael Fehlauer. Zwei Bände, 3. überarbeitete und erweiterte Auflage, Köln 1985

Die DDR. 1945-1990. Von Hermann Weber. Hrsg. von Jochen Bleicken, Lothar Gall und Hermann Jakobs. 3. überarbeitete und erweiterte Auflage, München 2000

Fischer Lexikon Publizistik – Massenkommunikation. Hrsg. von Elisabeth Noelle-Neumann, Winfried Schulz und Jürgen Wilke. 7. Auflage, Frankfurt am Main 2000

Lexikon des DDR-Sozialismus. Das Staats- und Gesellschaftssystem der Deutschen Demokratischen Republik. Hrsg. von Rainer Eppelmann, Horst Möller, Günter Nooke, und Dorothee Wilms. Zwei Bände, 2. aktualisierte Auflage, Paderborn/München/ Wien/Zürich 1997

Medien in Deutschland. Von Heinz Pürer und Johannes Raabe, Band 1, Presse, München 1994

Radio im Umbruch. Oktober 1989 bis Oktober 1990 im Rundfunk der

DDR. Darstellungen – Chronik – Dokumentation – Presseresonanz. Hrsg. vom Funkhaus Berlin, Redaktion: Ingrid Pietrzynski, Berlin 1990

SBZ-Handbuch. Staatliche Verwaltungen, Parteien, gesellschaftliche Organisationen und ihre Führungskräfte in der Sowjetischen Besatzungszone Deutschlands 1945-1949. Hrsg. von Martin Broszat und Hermann Weber. München 1990

So funktionierte die DDR. Hrsg. von Andreas Herbst, Wilfried Ranke und Jürgen Winkler. Drei Bände, Reinbek 1994

Wer war wer in der DDR? Ein biographisches Lexikon. Hrsg. von Helmut Müller-Enbergs, Jan Wielgohs und Dieter Hoffmann unter Mitarbeit von Olaf W. Reimann und Bernd-Rainer Barth, Berlin 2000

Wörterbuch der sozialistischen Journalistik. Hrsg. von der Karl-Marx-Universität Leipzig Sektion Journalistik, 1981

Monographien, Beiträge in Sammelwerken und Zeitzeugenberichte

Arnold, Karl-Heinz, Zeitung. Ein Journalist berichtet, Berlin 2000

Bachmann, Ralf, Ich bin der Herr. Und wer bist du? Ein deutsches Journalistenleben, Berlin 1995

Baerns, Barbara, Journalismus und Medien in der DDR. Ansätze, Perspektiven, Probleme und Konsequenzen des Wandels, Königswinter 1990

Barck, Simone/Langermann, Martina/Lokatis, Siegfried (Hrsg.), Zwischen „Mosaik" und „Einheit". Zeitschriften in der DDR, Berlin 1999

Bürger, Ulrich (Pseudonym von Ulrich Ginolas), Das sagen wir natürlich so nicht. Donnerstagsargus bei Herrn Geggel, Berlin 1990

Claus, Werner (Hrsg.), Medien-Wende – Wende-Medien?. Dokumentation des Wandels im DDR-Journalismus Oktober 1989 – Oktober 1990, Berlin 1991

Czepuck, Harry, Meine Wendezeiten. Erinnerungen, Erwägungen, Erwartungen, Berlin 1999

Dengler, Gerhard, Viele Beulen im Helm. Mein Leben als SED-Funktionär, Libri Books on Demand ISBN 3-8311-0682-7

Diller, Ansgar, Der Rundfunk als Herrschaftsinstrument der DDR, In: Materialien der Enquete-Kommission „Aufarbeitung von Geschichte und Folgen der SED-Diktatur in Deutschland" (12. Wahlperiode des Deutschen Bundestages) hrsg. vom Deutschen Bundestag. Baden-Baden und Frankfurt am Main 1995, Band II/2, S. 1214-1242

Diller, Ansgar, Der nationale Hörfunk. In: Rundfunkpolitik in Deutschland. Wettbewerb und Öffentlichkeit. Hrsg. von Dietrich Schwarzkopf, München 1999, Band 2, S. 978-1007

Feldmann, Klaus, Nachrichten aus Adlershof. Mit einem Vorwort von Herbert Köfer, dem ersten Nachrichtensprecher des Deutschen Fernsehfunks, Berlin 1996

Heil, Karolus Heinz, Das Fernsehen in der Sowjetischen Besatzungszone Deutschlands 1953 – 1963. Bonner Berichte aus Mittel- und
Ostdeutschland. Hrsg. vom Bundesministerium für gesamtdeutsche Fragen, Bonn und Berlin 1967

Geserick, Rolf/Kutsch, Arnulf (Hrsg.), Acht Beiträge zum Gedenken
an Elisabeth Löckenhoff, München u. a. 1988

Geserick, Rolf, 40 Jahre Presse, Rundfunk und Kommunikationspoli-
tik in der DDR, München 1989

Graf, Andreas G., Öffentlichkeit und Gegenöffentlichkeit in der ge-
schlossenen Gesellschaft der DDR. In: Materialien der Enquete-
Kommission „Überwindung der Folgen der SED-Diktatur im
Prozeß der deutschen Einheit" (13. Wahlperiode des Deutschen
Bundestages) hrsg. vom Deutschen Bundestag, Baden-Baden und
Frankfurt am Main 1999, Band IV/2, S. 1689-1744

Herlt, Günter, Sendeschluß. Ein Insider des DDR-Fernsehens berichtet. Mit einem Vorwort von Klaus Feldmann, Berlin 1995

Herrmann, E. M. (Pseudonym von Elisabeth Löckenhoff), Die Presse
in der Sowjetischen Besatzungszone Deutschlands. Bonner Berichte aus Mittel- und Ostdeutschland. Hrsg. vom Bundesministerium für gesamtdeutsche Fragen, Bonn 1957

Herrmann, E. M. (Pseudonym von Elisabeth Löckenhoff), Zur Theorie und Praxis der Presse in der Sowjetischen Besatzungszone
Deutschlands. Berichte und Dokumente, Berlin 1963

Hickethier, Knut (unter Mitarbeit von Peter Hoff), Geschichte des
deutschen Fernsehens, Stuttgart und Weimar 1998

Holzweißig, Gunter, Massenmedien in der DDR. 2. völlig überarbeitete Auflage, Berlin 1989

Holzweißig, Gunter, DDR-Presse unter Parteikontrolle. Kommentierte Dokumentation. Analysen und Berichte des Gesamtdeutschen Instituts, Nr. 3, Bonn 1991

Holzweißig, Gunter, Die Presse als Herrschaftsinstrument der SED. In: Materialien der Enquete-Kommission „Aufarbeitung von Geschichte und Folgen der SED-Diktatur in Deutschland" (12. Wahlperiode des Deutschen Bundestages) hrsg. vom Deutschen Bundestag. Baden-Baden und Frankfurt am Main 1995, Band II/3, S. 1689-1722

Holzweißig, Gunter, Medien und Medienlenkung. In: Am Ende des realen Sozialismus (1). Die SED-Herrschaft und ihr Zusammenbruch. Hrsg. von Eberhard Kuhrt in Verbindung mit Hannsjörg F. Buck und Gunter Holzweißig im Auftrag des Bundesministeriums des Innern, Opladen 1996, S. 51-81

Holzweißig, Gunter, Zensur ohne Zensor. Die SED-Informationsdiktatur, Bonn 1997

Holzweißig, Gunter, „Verzerrende Beiträge zur Geschichte". Zehnter Jahrestag des „Sputnik"-Verbots. In: Deutschland Archiv, Heft 6/1998, S. 976-980

Holzweißig, Gunter, Die Medien in der DDR während der Zeit der Wende und im Alltag der neuen Bundesländer unter besonderer Berücksichtigung der Tageszeitungen. In: Materialien der Enquete-Kommission „Überwindung der Folgen der SED-Diktatur im Prozeß der deutschen Einheit" (13. Wahlperiode des Deutschen Bundestages) hrsg. vom Deutschen Bundestag, Baden-Baden und Frankfurt am Main 1999, Band IV/2, S. 1745-1783

Holzweißig, Gunter, Massenmedien in der DDR. In: Mediengeschichte der Bundesrepublik Deutschland. Hrsg. von Jürgen Wilke. Köln 1999, S. 573-601

Kapitza, Arne, Transformation der ostdeutschen Presse. „Berliner Zeitung", „Junge Welt" und „Sonntag/Freitag" im Prozeß der deutschen Vereinigung, Opladen 1997

Kluge, Ulrich/Birkefeld, Steffen/Müller, Silvia, Willfährige Propagandisten. MfS und SED-Bezirkszeitungen: „Berliner Zeitung" – „Sächsische Zeitung" – „Neuer Tag", Stuttgart 1997

Kutsch, Arnulf (Hrsg.), Publizistischer und journalistischer Wandel in der DDR. Vom Ende der Ära Honecker bis zu den Volkskammerwahlen im März 1990, Bochum 1990

Ludes, Peter (Hrsg.), DDR-Fernsehen intern. Von der Honecker-Ära bis „Deutschland einig Fernsehland", Berlin 1990

Ludes, Peter, Das Fernsehen der DDR als Herrschaftsinstrument. In: Materialien der Enquete-Kommission „Überwindung der Folgen der SED-Diktatur im Prozeß der deutschen Einheit" (13. Wahlperiode des Deutschen Bundestages) hrsg. vom Deutschen Bundestag, Baden-Baden und Frankfurt am Main 1999, Band IV/3, S. 2194-2217

Mosebach, Bernd, Alles bewältigt? Ehemalige Journalisten der DDR arbeiten ihre Vergangenheit auf, Frankfurt am Main u. a. 1996
Mühl-Benninghaus, Wolfgang, Rundfunkgeschichte. Sowjetische Be-

satzungszone. DDR. Die Wende. In: Was Sie über den Rundfunk
wissen sollten. Materialien zum Verständnis eines Mediums. Berlin 1997, S. 371-394

Mühl-Benninghaus, Wolfgang, Rundfunk in der SBZ/DDR. In:
Rundfunkpolitik in Deutschland. Wettbewerb und Öffentlichkeit. Hrsg. von Dietrich Schwarzkopf. München 1999, Band 2, S.
795-837

Müller, Silvia, Der Rundfunk als Herrschaftsinstrument der SED. In:
Materialien der Enquete-Kommission „Aufarbeitung von Ge-
schichte und Folgen der SED-Diktatur in Deutschland" (12.
Wahlperiode des Deutschen Bundestages) hrsg. vom Deutschen
Bundestag. Baden-Baden und Frankfurt am Main 1995, Band
II/4, S. 2287-2326

Müncheberg, Hans, Blaues Wunder aus Adlershof. Der Deutsche
Fernsehfunk – Erlebtes und Gesammeltes, Berlin 2000

Polkehn, Klaus, Das war die Wochenpost. Geschichte und Geschich-
ten einer Zeitung, Berlin 1997

Raue, Günter, Geschichte des Journalismus in der DDR (1945–1961),
Leipzig 1986

Reichert, Steffen, Transformationsprozesse: Der Umbau der LVZ,
Münster 2000

Reinhardt, Rudolf, Zeitungen und Zeiten. Journalist im Berlin der
Nachkriegszeit, Köln 1988

Richert, Ernst (in Zusammenarbeit mit Carola Stern und Peter Die-

trich), Agitation und Propaganda. Das System der politischen Massenführung in der Sowjetzone, Berlin und Frankfurt am Main 1958

Riedel, Heide, Hörfunk und Fernsehen in der DDR, Köln 1977

Riedel, Heide (Hrsg.), Mit uns zieht die neue Zeit …40 Jahre DDR-Medien, Berlin 1994

Schabowski, Günter, Der Absturz, Berlin 1991

Schneider, Beate/Stürzebecher, Dieter, Wenn das Blatt sich wendet. Die Tagespresse in den neuen Bundesländern, Baden-Baden 1998

Schnitzler, Karl-Eduard von, Meine Schlösser oder wie ich mein Vaterland fand, Berlin 1989

Schnitzler, Karl-Eduard von, Der Rote Kanal. Armes Deutschland, Hamburg 1992

Schnitzler, Karl-Eduard von, Provokation, Hamburg 1994

Selbmann, Erich, DFF Adlershof. Wege übers Fernsehland. Zur Geschichte des DDR-Fernsehens, Berlin 1998

Schubert, Renate, Ohne größeren Schaden? Gespräche mit Journalistinnen und Journalisten der DDR, München 1992

Simon, Günter, Tischzeiten. Aus den Notizen eines Chefredakteurs 1981 bis 1989, Berlin 1990

Spielhagen, Edith (Hrsg.), So durften wir glauben zu kämpfen … Erfahrungen mit DDR-Medien, Berlin 1993

Steul, Willi (Hrsg.), Genosse Journalist, Mainz 1996

Streul, Irene Charlotte, Rundfunk und Vereinigung der beiden deutschen Staaten. In: Rundfunkpolitik in Deutschland. Wettbewerb und Öffentlichkeit. Hrsg. von Dietrich Schwarzkopf, München 1999, Band 2, S. 874-926

Strunk, Peter, Zensur und Zensoren. Medienkontrolle und Propagandapolitik unter sowjetischer Besatzungsherrschaft in Deutschland, Berlin 1996

Ulrich, Andreas/Wagner, Jörg (Hrsg.), DT64. Das Buch zum Jugendradio 1964-1993, Leipzig 1993

Walther, Gerhard, Der Rundfunk in der Sowjetischen Besatzungszone Deutschlands. Bonner Berichte aus Mittel- und Ostdeutschland. Hrsg. vom Bundesministerium für gesamtdeutsche Fragen, Bonn und Berlin 1961

Anmerkungen

Zu Kapitel 1

[1] Die Welt, 19. November 1997.

[2] Vgl. dazu: Simone Barck/Martina Langermann/Siegfried Lokatis: „Jedes Buch ein Abenteuer". Zensur-System und literarische Öffentlichkeiten in der DDR bis Ende der sechziger Jahre, Berlin 1997.

[3] Vgl. dazu: Eckard Jesse, Die Totalitarismusforschung und ihre Repräsentanten. Konzeptionen von Carl J. Friedrich, Hannah Arendt, Eric Voegelin, Ernst Nolte und Karl Dietrich Bracher. In: Aus Politik und Zeitgeschichte. Beilage zur Wochenzeitung Das Parlament. B 20/98 vom 8. Mai 1998, S. 3 ff. Eine weiterentwickelte, schlüssige Begriffsdefinition des totalitären Herrschaftssystems bietet Siegfried Mampel (Totalitäres Herrschaftssystem, Berlin 2001, S. 42): „Ein totalitäres Herrschaftssystem bedeutet die Behauptung des Monopols auf politische Macht, die ungehemmt, unkontrolliert und auf Dauer angelegt auf Staatsapparat und Gesellschaft bis hinein in das Denken der Menschen unter Berufung auf eine Ausschließlichkeit beanspruchende Heilslehre, mittels Rechtsbruch und Instrumentalisierung des Rechts und ständiger Aufsicht über alle Lebensbereiche sowie mit Hilfe spezifischer Instrumente (Partei besonderen Typs, Terrorsystem, Indoktrination einschließlich des Medienmonopols, geplante und gelenkte Wirtschaft) ausgeübt wird."

[4] Wilfried Scharf, Zur wissenschaftlichen Behandlung der DDR-

Massenmedien in der Bundesrepublik Deutschland: Theoriedefizit. In: Geserick/Kutsch (1988), S. 45.

⁵ Vgl. dazu Jens Hacker, Deutsche Irrtümer. Schönfärber und Helfershelfer der SED-Diktatur im Westen, Berlin/Frankfurt am Main 1992 (erweiterte durchgesehene Taschenbuchausgabe, Berlin 1994).

⁶ Materialien der Enquete-Kommission „Aufarbeitung von Geschichte und Folgen der SED-Diktatur in Deutschland" (12. Wahlperiode des Deutschen Bundestages), hrsg. vom Deutschen Bundestag, Baden-Baden 1995, Band II/1, insbesondere S. 502 und S. 519.

⁷ Gerhard Lozek, Totalitarismus - (k)ein Thema für Linke? Die Totalitarismus-Auffassung in der europäischen und deutschen Geschichte vor und nach 1945, in: Pankower Vorträge (Heft 1), hrsg. vom Verein „Helle Panke", Berlin 1995, S.31.

⁸ Materialien der Enquete-Kommission „Überwindung der Folgen der SED-Diktatur im Prozeß der deutschen Einheit", (13. Wahlperiode des Deutschen Bundestages), hrsg. vom Deutschen Bundestag, Baden-Baden, 1999, Band I, S. 859.

⁹ Vgl. dazu u. a.: NS-Presseanweisungen der Vorkriegszeit. Edition und Dokumentation. Bearbeitet von Gabriele Toepser-Ziegert und anderen, Band 1 (1933), Band 2 (1934) und Band 3 (1936), München 1984 ff.; Joseph Wulf, Presse und Funk im Dritten Reich, Gütersloh 1964.

¹⁰ Walther (1961), S. 124.

¹¹ Vgl dazu: Walter Hagemann, Publizistik im Dritten Reich, Hamburg 1948, S. 30.

¹² Ralf Georg Reuth, Goebbels, München/Zürich 1990, S. 93.

[13] Markus Huttner, Britische Presse und nationalsozialistischer Kir-
chenkampf. Eine Untersuchung der „Times" und des „Manchester
Guardian" von 1930 bis 1939, Paderborn u. a. 1995, S. 41 f. (dort
insbesondere Anm. 2).

[14] Mampel, a. a. O. Anm. 3, S. 148 f.

[15] SAPMO-BArch, DY 30/IV 2/9.02/64.

[16] SAPMO-BArch, DY 30/IV 2/2.1/98.

[17] SAPMO-BArch, DY 30/J V 2/2/1017.

[18] SAPMO-BArch, DY 30/J IV 2/3/2.

[19] SAPMO-BArch, DY 30/IV 2/2.106/1.

[20] Ebenda.

[21] Frankfurter Allgemeine Zeitung, 24. April 2001.

[22] SAPMO-BArch, DY 30/J IV 2/2/1071.

[23] SAPMO-BArch, DY 30/IV 2/902/13.

[24] Hans Modrow, Macht und Ohnmacht des SED-Apparates. Bisky,
Lothar/Heuer, Uwe-Jens/Schumann, Michael (Hrsg.), Rücksich-
ten. Politische und juristische Aspekte der DDR-Geschichte,
Hamburg 1993, S. 103.

[25] Ebenda, S.112.

[26] BStU, JHS 21805.

[27] Vgl. dazu Gunter Holzweißig: Das Presseamt des DDR-Ministerrats. Agitationsinstrument der SED. In: Deutschland Archiv, 25. Jg.
(1992), Nr. 5, S. 504-512.

[28] Im Besitz des Verfassers.

29 Manfred Gerlach, Mitverantwortlich. Als Liberaler im SED-Staat, Berlin 1991, S. 167-170.

30 Information über Probleme der Anleitung und Kontrolle von Fachzeitschriften der „Arbeitsgruppe für Organisation und Inspektion beim Vorsitzenden des Ministerrates" vom 27. Juli 1976 (BArch, DC 9/528).

31 DDR-Gesetzblatt, II, Nr. 24, S. 239 f.

32 Insbesondere das Bündel BArch, DC 9/528 (enthält u. a. Ministerratsbeschlüsse zur politischen Massenarbeit, zur Kontrolle von Fachzeitschriften und der Fachpresse). Vgl. dazu auch Holzweißig (1991), S. 235 ff.

33 So der Leiter des Sekretariats des Ministerrates in einem internen Vermerk zu einer Veröffentlichung der „Wochenpost" (Nr. 29/1983, S.3) über neue Technologien zur Gewinnung von heimischen Rohstoffen, die vom west-berliner „Tagesspiegel" (15. Juli 1983) zitiert worden war.

34 Nicht unterzeichnete Aktennotiz vom 9. Oktober 1972 des Presseamts (BArch, DC 9/556).

35 SAPMO-BArch, DY 24/A 11.245.

36 Information über Probleme der Anleitung und Kontrolle von Fachzeitschriften der „Arbeitsgruppe für Organisation und Inspektion beim Vorsitzenden des Ministerrates" vom 27. Juli 1976 (BArch, DC 9/528).

37 SAPMO-BArch, DY 24/A 11.245.

38 Hannsjörg F. Buck, Die DDR-Statistik: Manipulation zur Festigung der Diktatur. In: Orientierungen zur Wirtschafts- und Gesellschaftspolitik, Nr. 77, September 1998, S. 59.

[39] SAPMO-BArch, DY 24/A 11.245.

[40] Ebenda, Bl. 132.

[41] Stefan Wolle, Die heile Welt der Diktatur. Alltag und Herrschaft in der DDR 1971-1989, Berlin 1998, S.144.

[42] Bachmann (1995), S. 256 ff.

[43] SAPMO-BArch, DY 30/30145.

[44] Bachmann (1995), S. 289.

[45] Ebenda, S. 290.

[46] Neues Deutschland, 27. September 1979.

[47] Günter Schabowski, Das Politbüro. Ende eines Mythos. Eine Befragung. Hrsg von Frank Sieren und Ludwig Koehne, Reinbek 1990, S. 43.

[48] Kluge/ Birkfeld/ Müller (1997), S. 117.

[49] Ebenda, S. 75 und 95.

[50] BStU, ZA, ZAIG 4568.

[51] SAPMO-BArch, DY 30/IV 2/2.037/15.

[52] Aufzeichnung von Achim Baatzsch (seinerzeit Student der Kommunikationswissenschaften an der Universität Leipzig) über sein Gespräch mit Hans-Herbert Biermann am 3. Februar 1995.

[53] Vgl. dazu Reichert (2000), S. 69-80.

[54] Vgl. dazu Ellen Bos: Leserbriefe in Tageszeitungen der DDR. Zur „Massenverbundenheit" der Presse 1949-1989, Opladen 1993 und die dazu erschienene Rezension von Verena Blaum in: Deutschland Archiv 27. Jg. (1994), Nr. 8, S. 871-873.

55 BStU, BV MfS Halle 2200/69 Bd. I, Bl. 204. Diesen Hinweis ver-
    danke ich Bernd Eisenfeld, der einen ihn betreffenden Vorgang in
    seiner Akte fand.

56 Leserbrief von Roman Wronowsky. In: Berliner Zeitung, 14./16.
    September 1996, S. 28.

57 Das Referat Röhrers ist abgedruckt in: Theorie und Praxis des so-
    zialistischen Journalismus. 15. Jg. (1987), Nr. 4, S. 212-217 (Zitat
    S. 215).

58 Vgl. dazu: Seid untertan der Obrigkeit. Originaldokumente der
    Stasi-Kirchenabteilung XX/4. Hrsg. von Tina Krone und Reinhard
    Schult, Berlin 1992.

59 Ebenda. Vgl. dazu auch Jaqueline Boysen, IM Walter. In: Genosse
    Journalist. Eine Sendereihe im DeutschlandRadio Berlin. Hrsg.
    von Willi Steul, Mainz 1996, S. 76-79.

60 Frankfurter Allgemeine Zeitung, 1. August 1991.

61 Peter Hoff, „Vertrauensmann des Volkes". Das Berufsbild des „so-
    zialistischen Journalisten" und die „Kaderanforderungen" des
    Fernsehens der DDR - Anmerkungen zum politischen und pro-
    fessionellen Selbstverständnis von „Medienarbeitern" während der
    Honecker-Zeit. In: Rundfunk und Fernsehen, 38. Jg. (1990), Nr. 3,
    S. 395 f.

62 Vgl. dazu Gunter Holzweißig, Volkskorrespondenten wieder ge-
    fragt. In: Deutschland Archiv, 8. Jg. (1975), Nr. 12, S. 1283-1290.

63 Auf einer Tagung des Bundespresseamtes, die vom 11. bis zum 12.
    Juni 1992 gemeinsam mit der Arbeitsgruppe Kommunikationsfor-
    schung München (AKM) durchgeführt wurde. In: Pressemarkt
    Ost. Nationale und internationale Perspektiven. Hrsg. von Walter
    A. Mahle. AKM-Studien, Band 38, München, 1992, S. 119-123.

[64] Ebenda, S. 121 f.

[65] SAPMO-BArch, NY 182/921, Blatt 370.

[66] Neue Deutsche Presse, Heft 4/1988, S. 10.

[67] Schritte zur Erneuerung. Schriftlich eingereichte Diskussions-
      beiträge. 10. Tagung des ZK der SED – 8. bis 10. November 1989,
      Berlin 1989, S. 116.

[68] Bürger (1990), S. 228.

[69] Peter Schulze: Dialog im Klartext. In: Freie Presse, 13. Oktober
      1989.

[70] Anita Weiß: Einflüsse der Westsender auf Denk- und Verhaltens-
      weisen Jugendlicher (Manuskriptdruck, Leipzig August 1978,
      S. 14) mit der Stellungnahme von Bernd Heider vom 19. Sep-
      tember 1978, S. 1. Fundort: Bibliothek SAPMO-BArch,
      FDJ/5852.

[71] SAPMO-BArch, DY 30/IV 2/2.039/17.

[72] Heinz Niemann: Meinungsforschung in der DDR. Die geheimen
      Berichte des Instituts für Meinungsforschung an das Politbüro der
      SED, Köln 1993, S. 31.

[73] SAPMO-BArch, DY 30/IV A 2/902/68.

[74] Materialien der Enquete-Kommission „Aufarbeitung von Ge-
      schichte und Folgen der SED-Diktatur in Deutschland" (12. Wahl-
      periode des Deutschen Bundestages) hrsg. vom Deutschen Bun-
      destag. Band. V/1, Baden-Baden 1995, S. 637f.

[75] DIE ZEIT, Nr. 41 vom 8. Oktober 1993.

[76] A. a. O. Anm. 74, S. 655.

[77] Kurt R. Hesse, Westmedien in der DDR. Nutzung, Image und Auswirkungen bundesrepublikanischen Hörfunks und Fernsehens, Köln 1988, S.41 ff.

[78] SAPMO-BArch, DY 30/IV 2/2.037/14.

[79] SAPMO-BArch, DY 30/IV 2/2.039/276.

[80] Für den Wortlaut der Eingabe vgl. Dokument 10.

[81] SAPMO-BArch, DY 30/J IV 2/2/2317.

[82] Vgl. dazu Hubertus Knabe, Der diskrete Charme der DDR. Stasi und Westmedien, Berlin 2001

[83] Rainer Eppelmann, Fremd im eigenen Haus. Mein Leben im anderen Deutschland, Köln 1993, S. 168 f.

[84] Holzweißig (1991), S.317.

[85] SAPMO-BArch, DY 30/J IV A 2/902/66.

[86] Thomas Falkner, Bürgerlicher Journalismus in konterrevolutionären Kampagnen. In: Theorie und Praxis des sozialistischen Journalismus, Heft 4/1983, S. 208.

[87] Wissenschaftliches Kolloquium zu neuen Aspekten der ideologischen Diversion von BRD-Funkmedien gegen den realen Sozialismus. In: Theorie und Praxis des sozialistischen Journalismus, Heft 2/1984, S. 125.

[88] Schubert (1992), S. 26.

[89] Ideologische Diversion gegen die DDR. Hrsg. von der Presseabteilung des MfS. Informationsmaterial für die Öffentlichkeitsarbeit Nr. 4/1987, S. 40.

[90] Günter Bohnsack/Herbert Brehmer, Auftrag, Irreführung. Wie die

Stasi im Westen Politik machte. Hrsg. von Christian von Ditfurth, Hamburg 1992, S.192 ff.

91 Aufzeichnungen von den ehemaligen Mitarbeitern der Abteilung Journalistische Beziehungen im MfAA Rolf Muth und Werner Claus über ihre Tätigkeit, die sich in Kopie im Besitz des Verfassers befinden. Siehe dazu auch: Grashoff, Eberhard/Muth, Rolf, Drinnen vor der Tür. Über die Arbeit von Korrespondenten aus der Bundesrepublik in der DDR zwischen 1972 und 1990, Berlin 2000.

92 Christoph Dieckmann, Missionar der Stasi. In: DIE ZEIT, Nr. 44 vom 25. Oktober 1991.

Anmerkungen zu Kapitel 2

1 So beispielsweise Hans Mahle, 1945 von den Sowjets und Walter Ulbricht beauftragt mit dem Aufbau des SBZ-Rundfunks, in einer Podiumsdiskussion am 25. Juni 1992 in Berlin über den deutschen Nachkriegsjournalismus. In: Unsere Medien – Unsere Republik 2. Medienhistorische Hearings: Deutsche Selbst- und Fremdbilder in den Medien von BRD und DDR. Hrsg. vom Adolf-Grimme-Institut, Marl, März 1994, S.4.

2 Vgl. dazu: Kurt Koszyk, Presse unter alliierter Besatzung. In: Mediengeschichte der Bundesrepublik Deutschland. Hrsg. von Jürgen Wilke, Köln 1999, S. 33.

3 SAPMO-BArch, DY NL 70/5.

4 Vgl. dazu Strunk (1996), S. 127ff.

5 Ebenda, S. 92 ff.

6 Die folgenden Ausführungen stützen sich auf ein Rohmanus-

kript vom September 2001 von Jan Foitzik (Die Rolle von Remigranten in der sowjetischen Medienpolitik), das er dem Verfasser dankenswerterweise zur Verfügung stellte. Foitzik hat in Moskau Akten der SMAD-Propagandaverwaltung ausgewertet.

7   Zitiert nach Mühl-Benninghaus (1999), S. 799.

8   Foitzik a. a. O. Anm. 6, S. 4.

9   Ebenda, S. 5.

10 So Strunk (1996), S. 155.

11 Ebenda, S. 66 ff.

12 Ebenda, S. 70.

13 Ebenda, S. 71.

14 Kurt Koszyk, Übergang. Die Presse in der Sowjetischen Besatzungszone. In: Unsere Medien – Unsere Republik 2. Deutsche Selbst- und Fremdbilder in den Medien von BRD und DDR. Hrsg. vom Adolf-Grimme-Institut, Marl, Heft 1 vom Juni 1992, S. 33. Die Zahlenangaben zu SBZ-Wochenzeitungen und Zeitschriften in den vierziger Jahren differieren in der Literatur erheblich. Dies hat auch definitorische Gründe. Jan Foitzik (a. a. O. Anm. 6, S. 4) gibt für Ende 1946 37 Zeitungen und 52 Zeitschriften an. 1948 habe es dann schon 250 Periodika gegeben. Bei Günter Raue (1986, S. 245 ff) findet sich eine Zeittafel über die Geschichte des Journalismus in der SBZ/DDR, in der auch wichtige Zeitschriftengründungen von 1945 bis 1961 erfasst sind.

15 Foitzik, a. a. O., Anm. 6, S. 7.

16 „Nacht-Express" – die Geschichte einer sowjetisch lizensierten Zeitung. In: Informationsbüro West. Sonderbeilage vom 20. Februar 1953.

17 Nicht völlig ausschließen wollen dies Strunk (1996, S.90) und Barbara Baerns, Deutsch-deutsche Gedächtnislücken: Zur Medienforschung über die Besatzungszeit. In: Publizistik und Journalismus in der DDR. Acht Beiträge zum Gedenken an Elisabeth Löckenhoff. Hrsg. von Rolf Geserick und Arnulf Kutsch, München 1988, S. 61-114.

18 Raue (1996), S.93 f.

19 Zitiert nach Raue (1986), S. 79.

20 Raue (1986), S. 79.

21 Hickethier (1998), S. 96. Die von Knut Hickethier verfasste „Geschichte des deutschen Fernsehens" enstand unter Mitarbeit des ostdeutschen Medienwissenschaftlers Peter Hoff, der die Abschnitte über das DDR-Fernsehen beigetragen hat.

22 Mühl-Benninghaus (1999), S.798.

23 Zur Funktion der DZVfV siehe Strunk (1996), S. 145 ff.

24 Zur Organisation der Landessender in der SBZ vgl. Mühl-Benninghaus (1999), S. 802 ff.

25 Foitzik, a. a. O., Anm. 6, S. 8.

26 Ebenda.

27 Markus Wolf, Spionagechef im geheimen Krieg. Erinnerungen. Düsseldorf und München 1997, S. 48.

28 Mühl-Benninghaus (1999), S. 805 und Walther (1961), S. 16.

29 A. a. O., Anm. 27.

30 Mühl-Benninghaus (1999), S. 806.

31 Raue (1986), S. 135.

[32] Mühl-Benninghaus (1999), S. 807.

Anmerkungen zu Kapitel 3

[1] Zitiert nach: Hermann Weber, Kleine Geschichte der DDR, 2. Auflage Köln 1988, S. 56.

[2] Hermann Axen, Die Entwicklung der Parteipresse zu einer Presse von neuem Typus, in: Unsere Presse – Die schärfste Waffe der Partei. Referate und Diskussionsreden auf der Pressekonferenz des Parteivorstandes der SED vom 9.-10. Februar 1950 in Berlin, Berlin 1950, S. 24. Vgl. auch Dokument Nr. 2 im Anhang.

[3] Ebenda, S. 25 f. Vgl. dazu auch Elisabeth Löckenhoff, Zur Anleitung und Kontrolle der SED-Presse. Rückblick auf die Pressekonferenzen 1950-64, in: Publizistik, 11 (1966) 3-4, S. 299 f.

[4] Klaus Schroeder unter Mitarbeit von Steffen Alisch, Der SED-Staat. Partei, Staat und Gesellschaft 1949-1990, München-Wien 1998, S. 61 ff.

[5] Ebenda, S. 64.

[6] Vgl. dazu das Stichwort „Meinungsmonopol" im „Lexikon des DDR-Sozialismus" (1997), S. 553 ff.

[7] Müller (1995), S. 2292 ff. und Hermann Weber, Schauprozeß-Vorbereitungen in der DDR, in: Hermann Weber/Ulrich Mählert (Hrsg.), TERROR: Stalinistische Parteisäuberungen 1936-1953, Paderborn u.a. 1998, S. 459 ff.

[8] SAPMO-BArch, DY 30/IV 2/2/122.

[9] Vgl. dazu Helmut Müller-Enbergs, Der Fall Rudolf Herrnstadt. Tauwetterpolitik vor dem 17. Juni, Berlin 1991, S. 319 ff.

[10] Vgl. dazu Holzweißig (1997), S. 141 ff.

[11] Konrad Dussel, Die Sowjetisierung des DDR-Rundfunks in den fünfziger Jahren. Die Organisation des Staatlichen Rundfunkkomitees und seine Leitungstätigkeit, in: Zeitschrift für Geschichtswissenschaft 45 (1997) 11, S. 993.

[12] Konrad Dussel, Unterhaltung im Sozialismus. Hörfunkprogramme in der DDR der fünfziger Jahre. In: Deutschland Archiv 31 (1998) 3, S. 404 ff; Mühl-Benninghaus, (1997), S. 377 ff.

[13] Raue (1986), S. 142 f.

[14] Herrmann (1957), S. 58 ff und S. 124 f sowie Medien in Deutschland (1994), S. 374 ff.

[15] Herrmann (1957) S. 72 ff.

[16] Wörterbuch der sozialistischen Journalistik (1981), S. 51.

[17] Raue (1986), S. 178.

[18] Strunk (1996), S. 61.

[19] Polkehn (1997), S. 12 ff.

[20] Vgl. dazu Herrmann (1963).

[21] Horst Sindermann: Objektivität und Aktualität der sozialistischen Presse. In: Einheit, 12. Jg. (1957), S.95.

[22] Ebenda, S. 97.

[23] Auszüge aus diesem Brief vom 27. Oktober 1956, der nie beantwortet wurde, sowie ein Interview mit Rudi Wetzel in: Neue Deutsche Presse, Nr. 2/1990, S. 16f.. Vgl. dazu auch Karl-Heinz Baum: Kopf hoch und nicht die Hände, ist sein Motto, Frankfurter Rundschau, 10. Januar 1989 sowie Klaus Polkehn:

Gegen den Strom - Rudi Wetzel. Nachruf auf den ersten Chefredakteur der „Wochenpost", Wochenpost, Nr. 40 vom 24. September 1992.

24 Rudolf Reinhardt, Auch die SED wollte ihr „Reich". Eine Sternschnuppe am Zeitungshimmel der DDR. In: Frankfurter Allgemeine Zeitung, 7. Mai 1997.

25 Franz Knipping, Der Mann, der Amerikas berühmteste Frau war. Erinnerung an den Publizisten und Politiker Hermann Budzislawski zu seinem 100. Geburtstag. In: Neues Deutschland, 10./11. Februar 2001.

26 Franz Knipping, Das Ende der „Republik". In: Neues Deutschland, 30. November/1. Dezember 1996.

27 Barck u. a. (1999), S. 92 ff.

28 Vgl. dazu Gunter Holzweißig, Konrad Adenauer in den Medien der DDR: Kampagnen der SED-Agitationsbürokratie. In: Hans Günter Hockerts (Hrsg.), Das Adenauer-Bild in der DDR, Rhöndorfer Gespräche Band 15, Bonn 1996, S. 75 ff.

29 SAPMO-BArch, DY 30/J IV 2/2/558.

30 SAPMO-BArch, DY 30/IV/902/100. Die undatierte Niederschrift fertigte der persönliche Referent Albert Nordens, Heinz Stadler, der sich mündlich von Heinz Geggel über die Beratung unterrichten ließ.

31 A. a. O., Anm. 24, S. 86 f.

32 Der gesamte Vorgang befindet sich in SAPMO-BArch, NY 182/1377, Blatt 95-107.

33 SAPMO-BArch, DY 30/J IV 2/2/759.

[34] Neues Deutschland, 19. November 1961.

[35] Vgl. dazu Michael Wolffsohn, Die Deutschland-Akte. Juden und Deutsche in Ost und West. Tatsachen und Legenden, München 1995, S.19.

[36] SAPMO-BArch, DY 30/IV 2/10.02/8.

[37] Walther (1961), S. 124.

[38] Ebenda.

[39] Heinz Priess, Spaniens Himmel und keine Sterne. Ein deutsches Geschichtsbuch. Erinnerungen an ein Leben und ein Jahrhundert, Berlin 1996, S. 281.

[40] Ebenda.

[41] Zur Organisation und Geschichte des „Deutschen Freiheitssender 904") und des „Deutschen Soldatensenders 935" vgl. Jürgen Wilke/Stephan Sartoris, Radiopropaganda durch Geheimsender der DDR im Kalten Krieg. In: Jürgen Wilke (Hrsg.), Pressepolitik und Propaganda. Historische Studien vom Vormärz bis zum Kalten Krieg, Medien in Geschichte und Gegenwart Band 7, Köln u.a. 1997, S. 285 ff.

Anmerkungen zu Kapitel 4

[1] Selbmann (1998), S. 77.

[2] Vgl. dazu Hartmut Mehls (Hrsg.), Im Schatten der Mauer. Dokumente. 12. August bis 29. September 1961, Berlin 1990.

[3] Neues Deutschland, 17./18. Januar 1998.

[4] SAPMO-BArch, DY 30/IV A2/902/38, Blatt 15.

[5] Ebenda.

[6] Müller (1995), S. 2309.

[7] Ehrhart Neubert, Geschichte der Opposition in der DDR 1949-1989, 2. Auflage Berlin 2000, S. 144.

[8] Anja Kreutz/Uta Löcher/Doris Rosenstein, Von „AHA" bis „VISITE". Ein Lexikon der Magazinreihen im DDR-Fernsehen (1952-1990/91), Potsdam 1998, S. 35.

[9] Hickethier/Hoff (1998), S. 286 f.

[10] Gerhard Scheumann, Die fernsehpublizistische Reihe „Prisma" und das „Prisma"-Testament. In: Günter Agde (Hrsg.), Kahlschlag. Das 11. Plenum des ZK der SED 1965. Studien und Dokumente, 2. erweiterte Auflage Berlin 2000, S. 329 f.

[11] Ulrich/Wagner (1993) S. 16 f.

[12] 4. Journalistenkonferenz des Zentralkomitees der SED. 11. und 12. Dezember 1964 in Berlin. Ideologische Waffen für Frieden und Sozialismus. Die Aufgaben von Presse, Rundfunk und Fernsehen beim umfassenden Aufbau des Sozialismus in der DDR, Berlin 1965, S. 241 f.

[13] Günter Agde (Hrsg.), Kahlschlag. Das 11. Plenum des ZK der SED 1965. Studien und Dokumente, 2. erweiterte Auflage Berlin 2000, S. 271.

[14] Ebenda, S. 242.

[15] Ebenda, S. 247.

[16] Herlt (1995), S. 91.

[17] Antwort Schnitzlers auf die Frage des Verfassers bei einer Buchvorstellung Schnitzlers am 10. April 1994 in Berlin-Marzahn nach

den Hintergründen seiner vom Politbüro erhaltenen Rüge Für deren Wortlaut vgl. Dokument 5.

18 Auskunft Erich Selbmanns am 23. Februar 1995 auf einer in Berlin gemeinsam mit dem Verfasser veranstalteten Podiumsdiskussion.

19 Geserick (1989), S. 204.

20 Neues Deutschland, 14. August 1968.

21 Klaus Schroeder unter Mitarbeit von Steffen Alisch, Der SED-Staat. Partei, Staat und Gesellschaft. 1949-1990, München – Wien, S. 185.

22 Ebenda, S. 187

23 Stichwort „Prager Frühling". In: Lexikon Opposition und Widerstand in der SED-Diktatur, Berlin 2000, S. 288.

24 Neues Deutschland, 14. August 1968.

25 Zitiert – auch im Folgenden – nach Müller (1995), S. 2312 ff.

26 Ansgar Diller, Massenkommunikationsmittel im Klassenkampf. Der Staatsicherheitsdienst und die Medien, in: Studienkreis Rundfunk und Geschichte. Mitteilungen 20 (1994) 2-3, S. 107 ff. und Kluge/Birkefeld/Müller (1997), S. 39 ff.

27 Vgl. dazu Dokument 4.

28 Claus-Dieter Röck, Radio Berlin International – Struktur und Entwicklung des Auslandsrundfunks der DDR. Magisterarbeit am Institut für Publizistik- und Kommunikationswissenschaft der Freien Universität Berlin, 1996, S. 57 f. Röck bereitet derzeit eine Dissertation über den „Sender Moldau" vor.

29 Mühl-Benninghaus (1997), S. 386.

30 Vgl. dazu Wolfgang Mühl-Benninghaus, Prag 1968. Programma-
    chen im Zeichen des Kalten Krieges – aus der Distanz betrachtet.
    Die Ostperspektive. In: Studienkreis Rundfunk und Geschichte.
    Mitteilungen. 20. Jg. Nr. 1/1994, S. 10 ff.

31 Ebenda, S. 14.

32 Ebenda.

33 Ludes (1995), S. 2198 und S. 2217.

Anmerkungen zu Kapitel 5

1 Selbmann (1998), S. 273.

2 Vgl. Dokument Nr. 6

3 Ebenda, S. 399 ff.

4 Holzweißig (1989), S. 52 ff.

5 Manfred Krug, Abgehauen. Ein Mitschnitt und Ein Tagebuch,
   Düsseldorf, 1996, S.24.

6 DLF - Programm und Information, Nr. 2/1990, S. 24.

7 Bürger (1990), S. 227.

8 Holzweißig (1991), S. 50.

9 Berliner Morgenpost, 21. Juni 1984.

10 Vorwärts, Nr. 30 vom 23. Juli 1988.

11 BArch-Militärarchiv, VA-01/39534. Das Politbüro bestätigte am
    3. Februar 1987 den diesbezüglichen Beschluss des NVR vom 5.
    Dezember 1986 (SAPMO-BArch, DY 30/J IV/2/2204).Vgl. dazu

auch: Otto Wenzel: Kriegsbereit. Der Nationale Verteidigungs-rat der DDR. 1960 bis 1989, Köln 1995, S. 170 f.

12   SAPMO-BArch, DY 30/J IV 2/3/3391.

13   Vgl. dazu Otto Wenzel, a. a. O. Anm. 11, S. 52.

14   Ebenda, S. 176 f.

15   SAPMO-BArch, DY 30/IV 2/9.02.

16   Ebenda.

17   Vgl. dazu das Stichwort „Nationaler Verteidigungsrat", Lexikon des DDR-Sozialismus (1996), S. 433 ff.

18   Zur B-Struktur und zum Ablauf der B-Übungen bei der Chemnitzer „Freien Presse" und der „Leipziger Volkszeitung" siehe Reichert (2000), S. 81 ff.

19   SAPMO-BArch, DY 30/IV 2/9.02.

20   So jedenfalls der ehemalige Chefredakteur der „Jungen Welt", Hans-Dieter Schütt, gegenüber dem Verfasser am 9. Dezember 1993.

21   Arnold (2000), S. 177 ff.

22   SAPMO-BArch, DY 30/J IV 2/2/1531, Blatt. 128.

23   BStU, JHS 21805, S. 147-150. Vgl. dazu auch Holzweißig (1995), S. 1707-1710.

24   Gespräch des Verfassers mit Gerhard Thomas am 26. Juni 1996. Thomas ist auch der Autor eines instruktiven Artikels über „Evangelische Publizistik in der DDR". In: Studiengang Öffentlichkeitsarbeit. Studienheft 3: Medien. Hrsg. vom Gemeinschaftswerk der Evangelischen Publizistik e. V. Frankfurt/M. o. J. [1994] Blatt 3398-3410.

25   Eine umfangreiche Auflistung dieser Publikationen mit weiter-
     führenden Angaben findet sich bei Ehrhart Neubert, Geschichte
     der Opposition in der DDR. 1949-1989. 2. Auflage Berlin 2000,
     S. 756 ff.

26   Zitiert nach: Lexikon Opposition und Widerstand in der SED-
     Diktatur. Hrsg. von Hans-Joachim Veen, Bernd Eisenfeld, Hans
     Michael Kloth, Hubertus Knabe, Peter Maser, Ehrhart Neubert
     und Manfred Wilke, München 2000, S. 163.

27   Vgl. dazu Neubert, a. a. O., Anm. 25, S. 752 f.

28   Stefan Wolle, Die heile Welt der Diktatur. Alltag und Herrschaft
     in der DDR. 1971-1989, Berlin 1989, S. 294 f.

29   Neues Deutschland, 19. November 1988.

30   A. a. O., Anm. 28, S. 295.

31   Der Morgen, 11./12. November 1989.

32   Vgl. dazu Dokument 10.

33   Junge Welt, 10. Januar 1990.

34   Neues Deutschland, 23./24. Juli 1994.

35   Poltergeist im Politbüro. Siegfried Prokop im Gespräch mit Al-
     fred Neumann, Frankfurt/Oder 1996, S. 56 ff.

36   SAPMO-BArch, vorl. SED 41784.

37   Vgl. dazu Jonathan R. Zatlin, Ausgaben und Eingaben. Das Peti-
     tionsrecht und der Untergang der DDR. In: Zeitschrift für Ge-
     schichtswissenschaft. Heft 10/1997, S. 902 ff.

38   A. a. O, Anm. 36.

39   Vgl. dazu Holzweißig (1991), S. 341 ff. Siehe dazu auch Oliver

Werner, Die „Sputnik"-Krise in der SED 1988/89. In: Revolution und Transformation in der DDR 1989/90. Hrsg. von Günther
Heydemann, Gunther Mai und Werner Müller. Schriftenreihe der
Gesellschaft für Deutschlandforschung, Band 73, Berlin 1999, S.
177 ff.

[40] Die Faksimiles des Schriftwechsels bei Holzweißig (1991), S. 362 f.

[41] BStU, ZA, ZAIG 4244.

[42] Harald Müller, Zwischen Sputnik und Tienanmen. In: Ul-
rich/Wagner (1993), S. 99.

[43] SAPMO-BArch, DY 30/J IV 2/2A/3200.

[44] So Schütt in einem Gespräch mit dem Verfasser am 9. Dezember
1993.

[45] SAPMO-BArch, DY 30/J IV/2A/3249.

[46] Ebenda, Blatt 188.

Anmerkungen zu Kapitel 6

[1] Neues Deutschland, 19. Oktober 1989.

[2] Für den Wortlaut vgl. Dokument 12.

[3] Protokoll der 10. ZK-Tagung vom 8. bis 10. November 1989 – autorisierte Diskussionsbeiträge. SAPMO-BArch DY 30 IV
2/1/710, Blatt 1.

[4] Ebenda, Blatt 2-3.

[5] Ebenda, Blatt 4.

[6] Ebenda, Blatt 51-52. Schabowski hatte seinen Diskussionsbeitrag

handschriftlich im Tagungsprotokoll inhaltlich und stilistisch stark überarbeitet, wobei nicht erkennbar ist, welche Fassung er vorgetragen hat. Seine Ergänzungen, aber auch seine Streichungen vermitteln jedoch einen Eindruck seiner illusionsfreien Lagebeurteilung angesichts der – insbesondere auf dem Feld der innenpolitischen Berichterstattung – nicht mehr aufzuhaltenden Eigendynamik bei den Massenmedien.

7   Ebenda, Blatt 53.

8   Ebenda, Blatt 54.

9   Freie Presse, 3. November und 5. Dezember 1989.

10   Neues Deutschland, 16. November 1989.

11   Interview mit Wolfgang Spickermann am 2. März 1993. In: Justus Wilhelm Bobke, Ost-Berliner Tageszeitungen im Zeichen des politischen Umbruchs am Ende der DDR (1998/90), Kiel 1994, Band II, S. 64.

12   Interview mit Schabowski am 7. Juni 1994. Ebenda, S. 82.

13   Neues Deutschland, 11. Januar 1990.

14   Schneider/Stürzebecher (1998), S. 37.

15   Gunter Holzweißig, DDR-Presse im Aufbruch. In: Deutschland Archiv, 23. Jg. (1990), Nr. 2, S. 228 f. Nachdruck bei Kutsch (1990), S. 15-36.

16   Vgl. dazu Beate Schneider/Jürgen Grubitzsch/Marianne Kamp/Dieter Stürzebecher, Strukturen, Anpassungsprobleme und Entwicklungschancen der Presse auf dem Gebiet der neuen Bundesländer (Kurzfassung). Forschungsbericht für den Bundesminister des Innern, 4 Bände, Hannover und Leipzig im Oktober 1991 und Februar 1992.

[17] Ebenda.

[18] Materialien zur Deutschen Einheit und zum Aufbau in den neu-
en Bundesländern. Stand 1. Juli 1993, S. 721.

[19] Hermann Meyn, Das Geschäft mit der Freiheit. Journalismus vor
und nach der Wende. In: Spielhagen (1993), S. 188 f.

[20] Ebenda.

[21] Hallesches Tagesblatt/LDZ, 18. Dezember 1995.

[22] Schreiben des Vorsitzenden des Staatlichen Fernsehkomitees,
Heinz Adameck, an den Sekretär für Agitation und Propaganda,
Politbüromitglied Joachim Herrmann vom 12. Juli 1988, SAP-
MO-BArch DY 30/IV 2/2. 037/43, Blatt 18.

[23] Joachim Nölte, Chronik medienpolitischer Ereignisse in der
DDR. In: Claus (1991), S. 19.

[24] Konrad Weiß, Der Einfluß der PDS auf die Medien in den ost-
deutschen Bundesländern. In: Hartmut Koschyk/Konrad Weiß
(Hrsg.), Von Erblasten und Seilschaften. Die Folgen der SED-
Diktatur und Gefahren für die Demokratie, München und
Landsberg am Lech 1996, S. 62.

[25] Jens Reich, Warum ist die DDR untergegangen? Legenden und
sich selbst erfüllende Prophezeiungen. In: Aus Politik und Zeitgeschichte. Beilage zur Wochenzeitung „Das Parlament", B
46/1996, S. 6.

[26] Vgl. dazu Gunter Holzweißig, „die andere" – Ein gescheitertes
basisdemokratisches Experiment. In: medium 1/1993, S. 59-61.

[27] Radio im Umbruch (1990), S. 90.

[28] Anneliese Holzschuh, Die Medien proben die Pressefreiheit.

Rundfunk und Fernsehen der DDR im Herbst 1989. In: Deutsch-land Archiv, 23. Jg. (1990), Nr. 2, S. 233.

29 In einem Vortrag am 19. Oktober 1996 in Mainz auf einer Fort-bildungsveranstaltung der Konrad-Adenauer-Stiftung.

30 Eine diesbezügliche Diskussion auf der Meinungsseite und in den Leserbriefspalten der „Berliner Zeitung" im August 1995 zeigte das Spektrum der unterschiedlichen Meinungen innerhalb der Redaktion und der Leserschaft.

31 Mosebach (1996), S. 112.

32 Peter Marx, Spitzel im Auftrag des Volkes. In: Steul (1996), S. 69-75.

33 Frankfurter Allgemeine Zeitung, 1. August 1991.

34 Frankfurter Rundschau, 24. Juli 1990.

35 rtv (Fernsehprogrammzeitschrift; wöchentliche Beilage verschie-dener Tageszeitungen), Nr. 21/1992, S. 17.

36 Peter Marx, Nur nicht dran rühren. Vom Umgang der ehemali-gen SED-Bezirkszeitungen mit ihrer Vergangenheit. In: Steul (1996), S. 144-156.

37 Ebenda, S. 153.

38 Ebenda, S. 146.

39 A. a. O, Anm. 24, S. 63.

40 Ebenda, S. 67.

41 MAZ = „Märkische Allgemeine Zeitung" (Potsdam); früher „Märkische Volksstimme". MOZ = Märkische Oderzeitung (Frankfurt/Oder); früher „Neuer Tag".

[42] Rainer Eppelmann, Ich hätte mir manchmal eine leere Zeitung gewünscht. In: Steul (1996), S.103.

[43] A. a. O., Anm. 24, S.67.

[44] Reinhard Bohse, Zwischen Illusion und Realität – Der lange Weg zur Pressefreiheit. In: Meinungsfreiheit – Medienfreiheit – Zeitenwende – Wendezeiten. Leipziger Rundtischgespräch zum Internationalen Tag der Pressefreiheit am 3. Mai 1995, Leipzig 1995, S. 35.

[45] Leipziger Volkszeitung, 3. Mai 1996.

[46] Hartwig Hochstein, Die „Leipziger Volkszeitung" zwischen Kontinuität und Wandel. A. a. O, Anm. 44, S. 53. Vgl. dazu auch Reichert (2000), S. 247 f.

[47] Beate Schneider/Klaus Schönbach/Dieter Stürzebecher, Journalisten im vereinigten Deutschland. Strukturen, Arbeitsweisen und Einstellungen im Ost-West-Vergleich. In Publizistik, Heft 3 (1993), S. 353-382; Dieter Stürzebecher, Woher kommen sie, wie denken sie, was wollen sie? In: Michael Haller/Klaus Puder/Jochen Schlevoigt (Hrsg.), Presse Ost – Presse West. Journalismus im vereinten Deutschland, Berlin 1995, S. 207-225. Ebenda: Armin Scholl, Rollenverständnis ost- und westdeutscher Journalisten, S. 226-231.

[48] Renate Köcher, Zum Aufgabenverständnis ostdeutscher Journalisten. In: Walter A. Mahle (Hrsg.), Pressemarkt Ost. Nationale und internationale Perspektiven, München 1992, S. 115.

[49] Baerns (1990), S. 44.

[50] Irene Charlotte Streul, Die Umgestaltung des Mediensystems in Ostdeutschland. In: Aus Politik und Zeitgeschichte, Beilage zur Wochenzeitung „Das Parlament", B 46/1996, S.46.

[51] Ebenda.

[52] Beate Schneider u. a., a. a. O. Anm. 47, S. 377.

[53] Ebenda, S. 380.

[54] Junge Welt, 3. November 1989.

[55] Neues Deutschland, 3. November 1989.

[56] Kutsch (1990), S. 134 f.

[57] Für den Wortlaut vgl. Dokument 20.

[58] Neues Deutschland, 1. Dezember 1989.

[59] Gesetzblatt der DDR, Teil I, Nr. 26 vom 29.12.1989, S. 273.

[60] Volkskammer der Deutschen Demokratischen Republik, 10. Wahlperiode, 3. Tagung, Donnerstag, den 19. April 1990, S. 49.

[61] Walter J. Schütz, Der (gescheiterte) Regierungsentwurf für ein Rundfunküberleitungsgesetz der DDR. Chronik und Dokumente. In: Arnulf Kutsch/Christina Holtz-Bacha/Franz R. Stuke (Hrsg.), Rundfunk im Wandel. Festschrift für Winfried B. Lerg, Berlin 1993, S. 263-303; Jürgen Wilke (Fischer Lexikon Publizistik, 2000), S. 240.

[62] Ebenda, Schütz, S. 263.

[63] Detlef Kühn, Erinnerungen an Sachsenradio (unveröffentlichtes Manuskript), S. 4.

Personenregister

Friedrich Thießen (Hg.)
**Zwischen Plan
und Pleite**
Erlebnisberichte aus der
Arbeitswelt der DDR

Spröde Statistiken oder trockene Analysen vermitteln ein unzu-
reichendes Bild von der Arbeitswelt der DDR. Wie sah der Alltag in den Betrieben jenseits der Fünfjahres- und der Volkswirt-
schaftspläne, der offiziellen Schönfärberei und der lärmenden
Siegesmeldungen von der »Produktionsfront« aus? Welchen Her-
ausforderungen sahen sich die Menschen ausgesetzt, die die all-
gegenwärtigen staatlichen Planvorgaben umsetzen mussten? Wie
nutzten sie vorhandene Freiräume und konnten so mit Fleiß und
Findigkeit zu oft beeindruckenden Ergebnissen kommen? Was
waren andererseits die inneren Gründe, die das System scheitern
ließen und den Staat in den Bankrott trieben?
Zur Beantwortung dieser Fragen kommen 50 Zeitzeugen zu
Wort, die über ihre täglichen Erlebnisse in den Betrieben der
DDR erzählen. Ihre Berichte decken alle Wirtschaftsbereiche ab
und stammen aus allen Ebenen der betrieblichen Hierarchie:
vom Arbeiter und der Kellnerin bis zum Kombinatsdirektor, zum
Spitzenwissenschaftler oder Vizepräsidenten der Staatsbank. Aus
der Summe der subjektiven Erfahrungen entsteht so ein authen-
tisches Gesamtbild des DDR-Wirtschaftssystems von innen.

2001. XIII, 342 Seiten. 8 Tafeln
mit 12 s/w-Abb. Broschur.
ISBN 3-412-04401-6

Ursulaplatz 1, D-50668 Köln, Telefon (0 221) 91 39 00, Fax 91 39 011

Köln Weimar

Böhlau